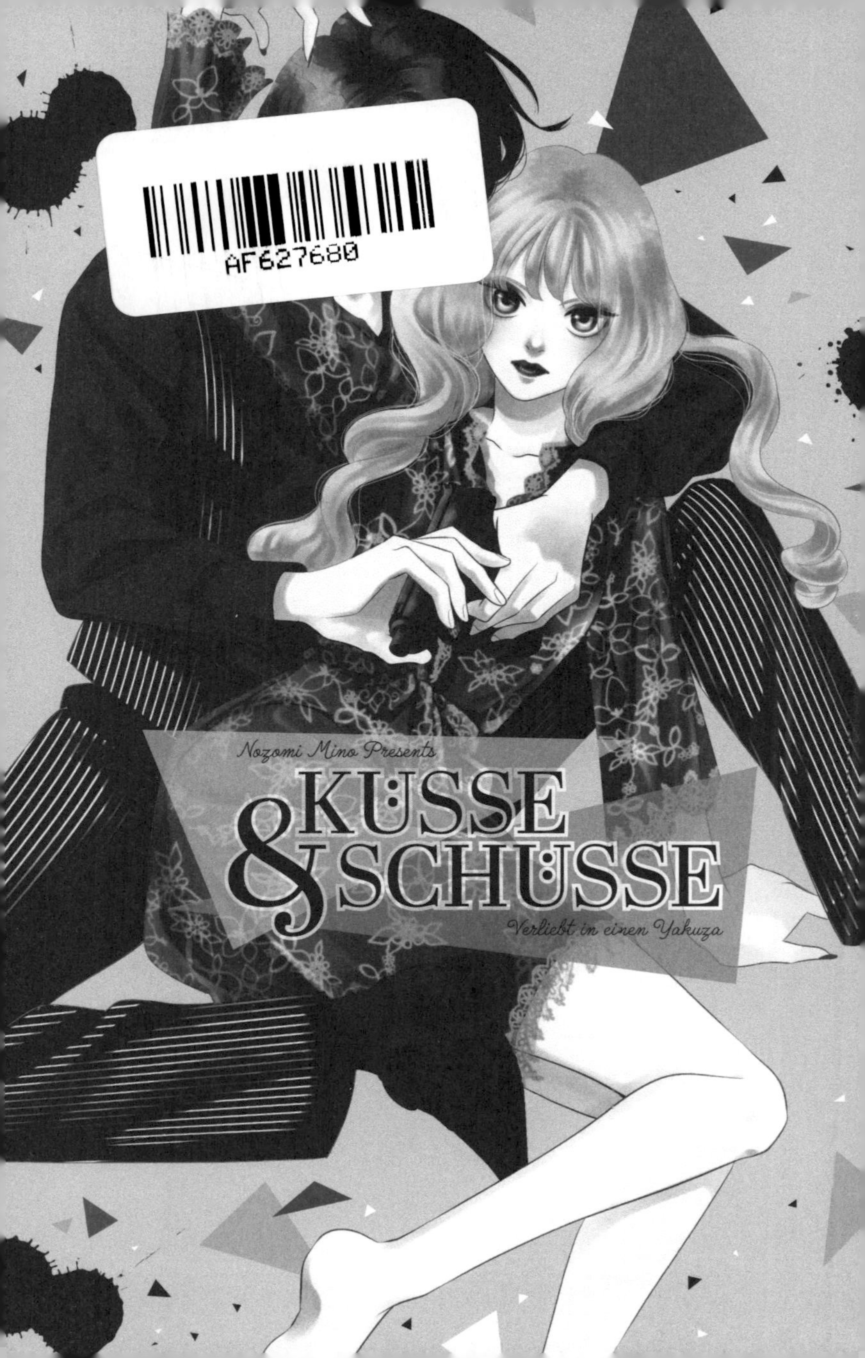
Nozomi Mino Presents
KÜSSE
& SCHÜSSE
Verliebt in einen Yakuza

KÜSSE & SCHÜSSE

Verliebt in einen Yakuza

Inhalt

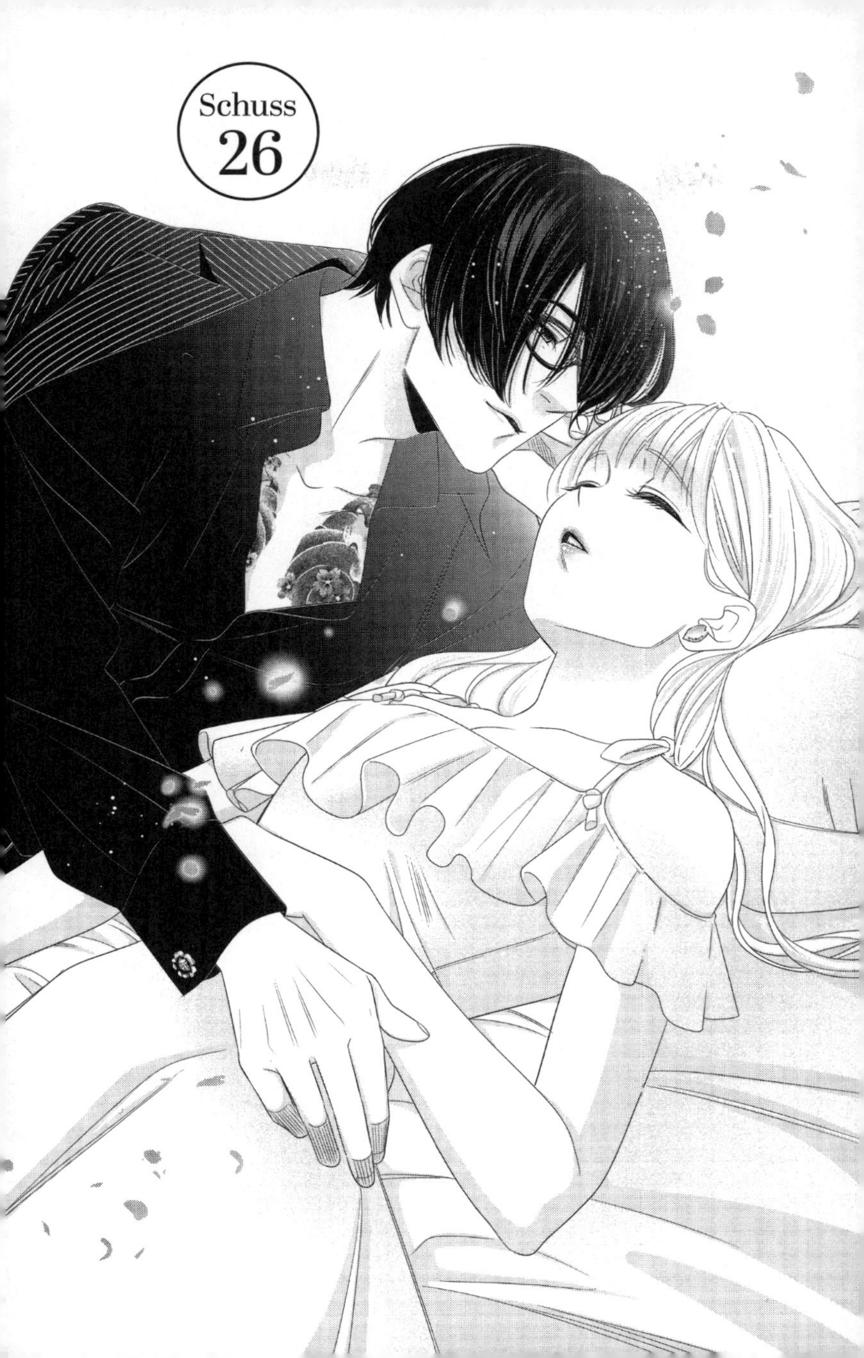
Schuss
26

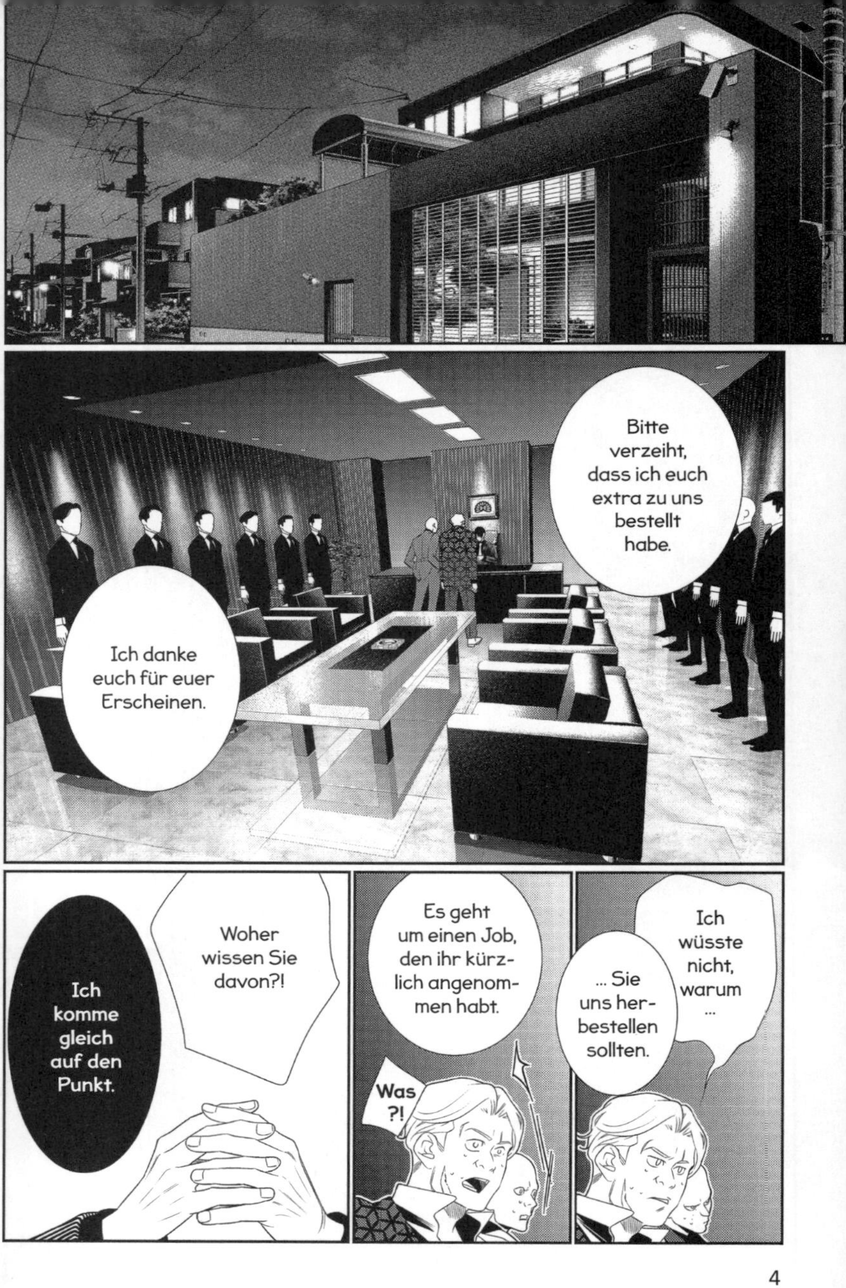

Bitte verzeiht, dass ich euch extra zu uns bestellt habe.
Ich danke euch für euer Erscheinen.
Ich wüsste nicht, warum ...
... Sie uns herbestellen sollten.
Es geht um einen Job, den ihr kürzlich angenommen habt.
Was?!
Woher wissen Sie davon?!
Ich komme gleich auf den Punkt.

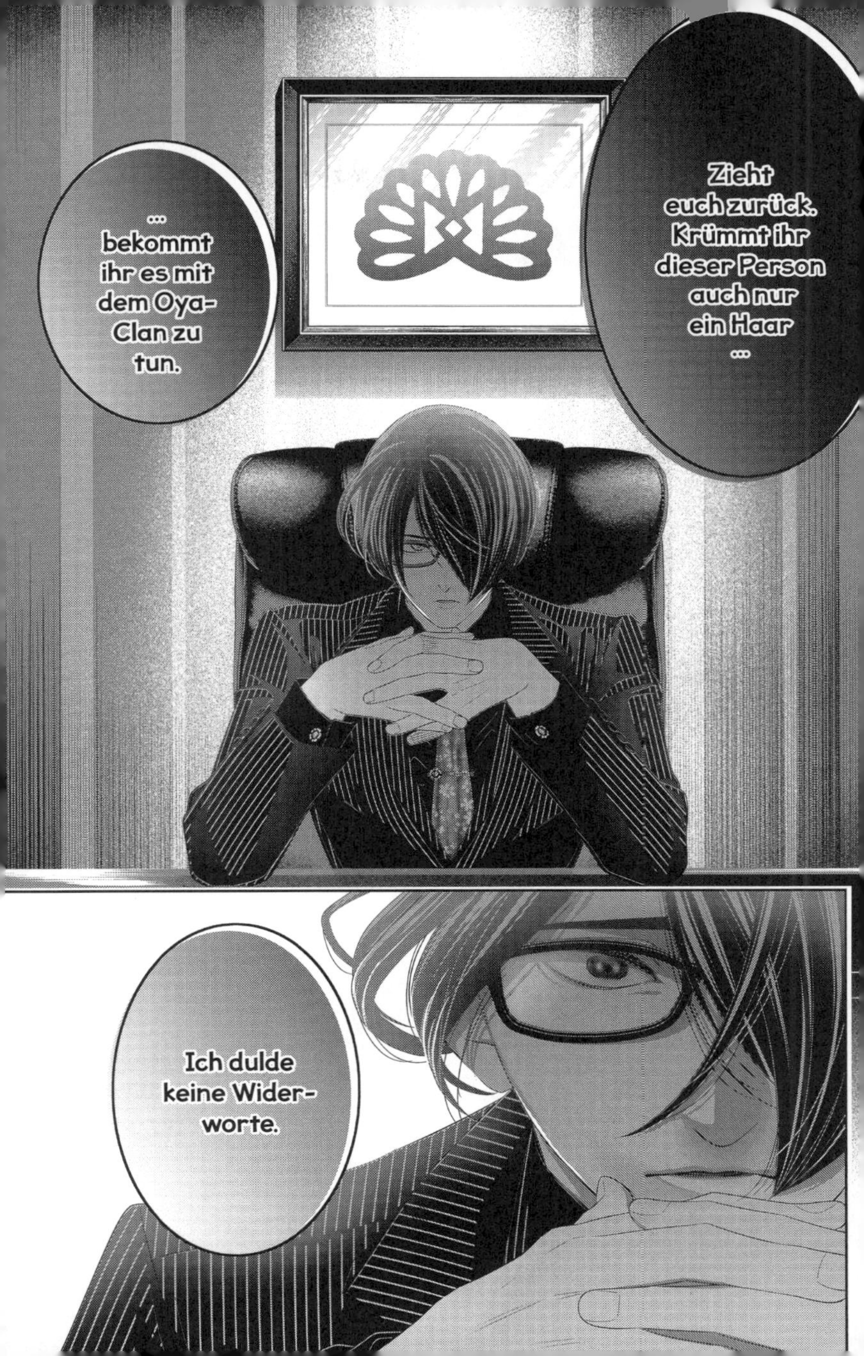
Zieht euch zurück. Krümmt ihr dieser Person auch nur ein Haar ...
... bekommt ihr es mit dem Oya-Clan zu tun.
Ich dulde keine Wider-worte.

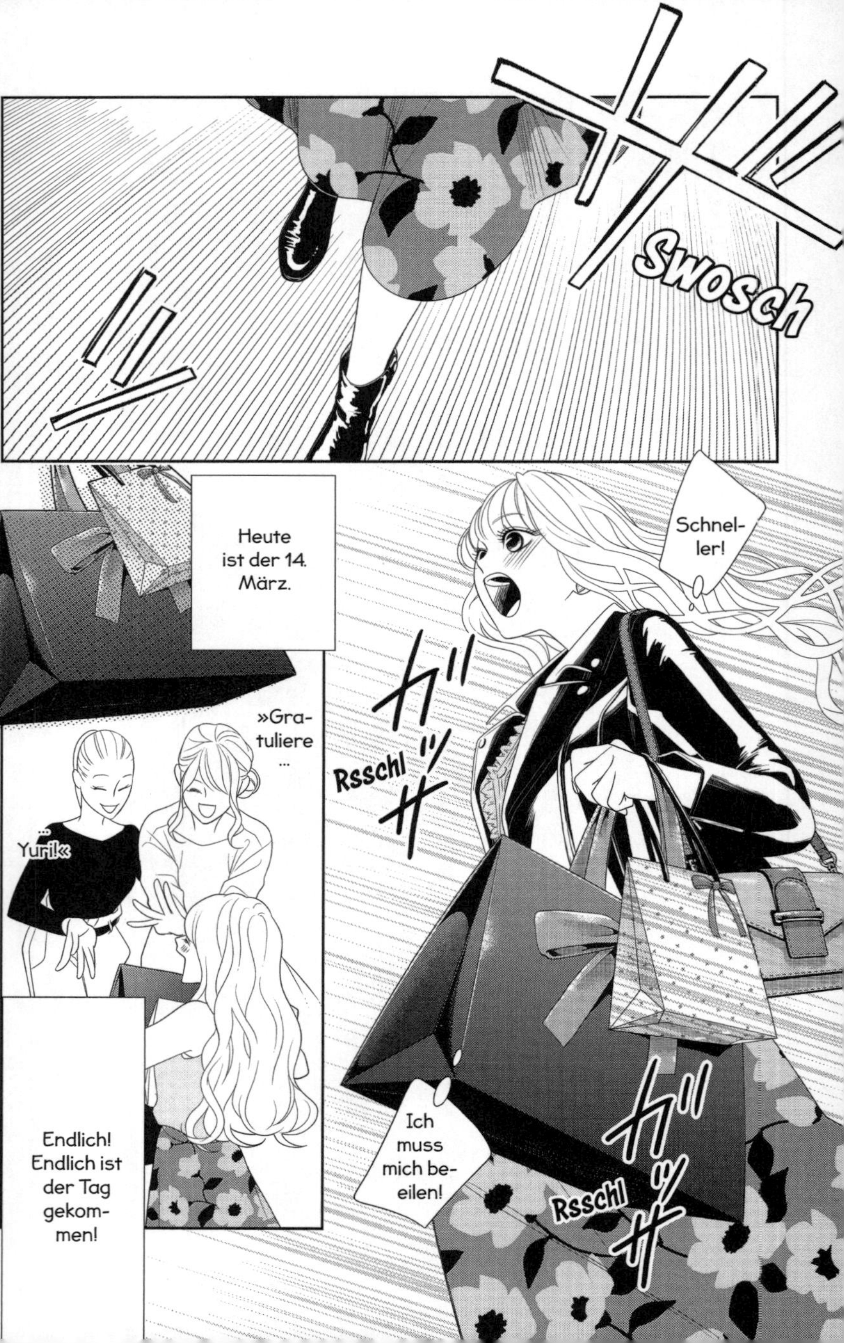
Swosch
Schnel-
ler!
Rsschl
Ich
muss
mich be-
eilen!
Rsschl
Heute
ist der 14.
März.
»Gra-
tuliere
...
...
Yuri!«
Endlich!
Endlich ist
der Tag
gekom-
men!

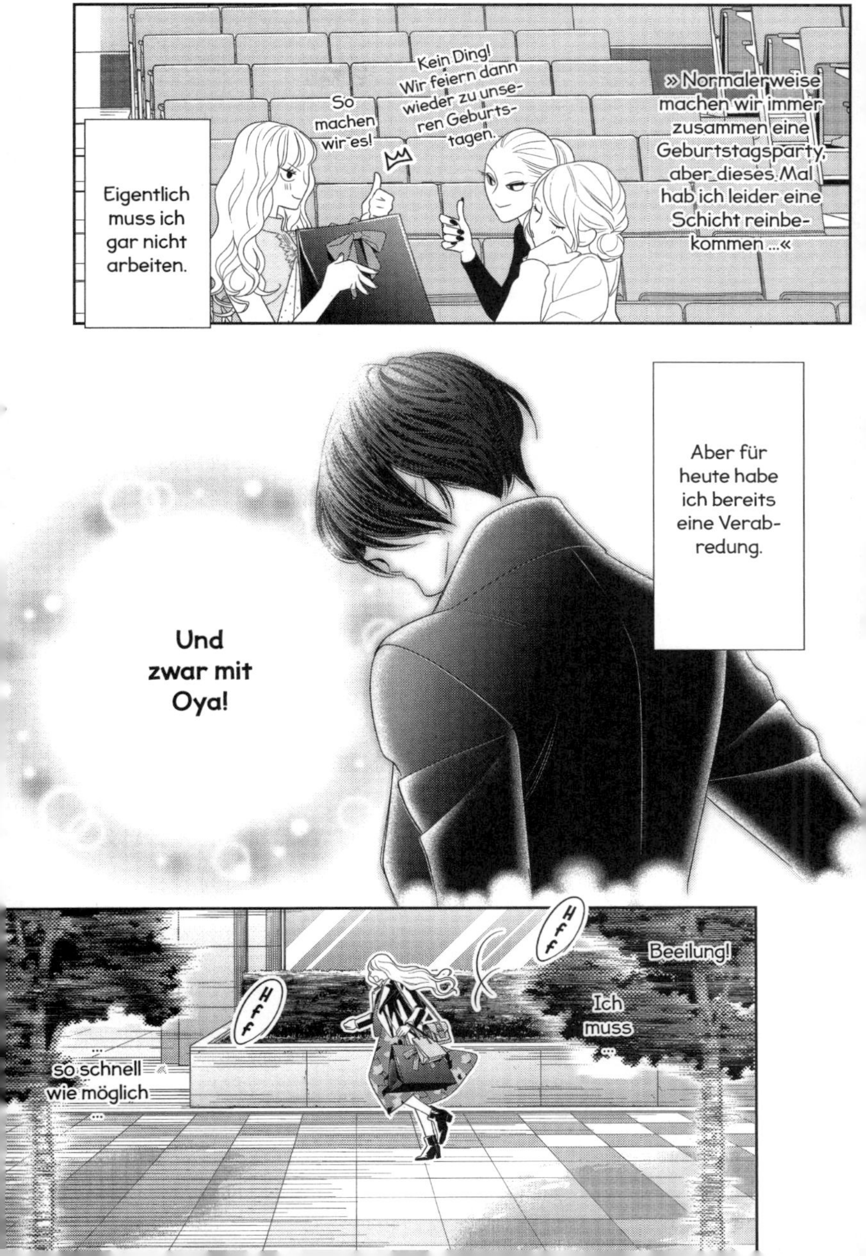
» Normalerweise machen wir immer zusammen eine Geburtstagsparty, aber dieses Mal hab ich leider eine Schicht reinbekommen ...«
Kein Ding! Wir feiern dann wieder zu unseren Geburtstagen.
So machen wir es!
Eigentlich muss ich gar nicht arbeiten.
Aber für heute habe ich bereits eine Verabredung.
Und zwar mit Oya!
Hff
Beeilung!
Ich muss ...
Hff
... so schnell wie möglich ...

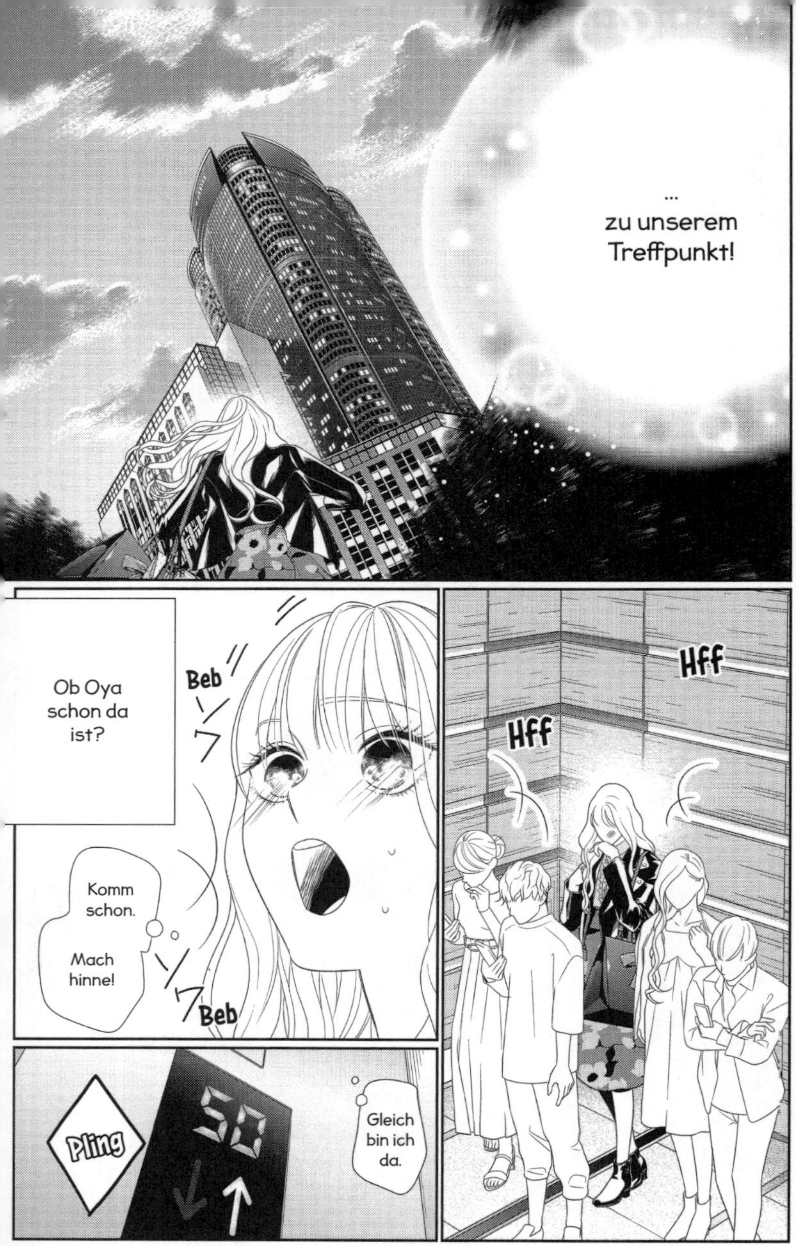
... zu unserem Treffpunkt!
Ob Oya schon da ist?
Beb
Komm schon.
Mach hinne!
Beb
Hff
Hff
Pling
50
Gleich bin ich da.

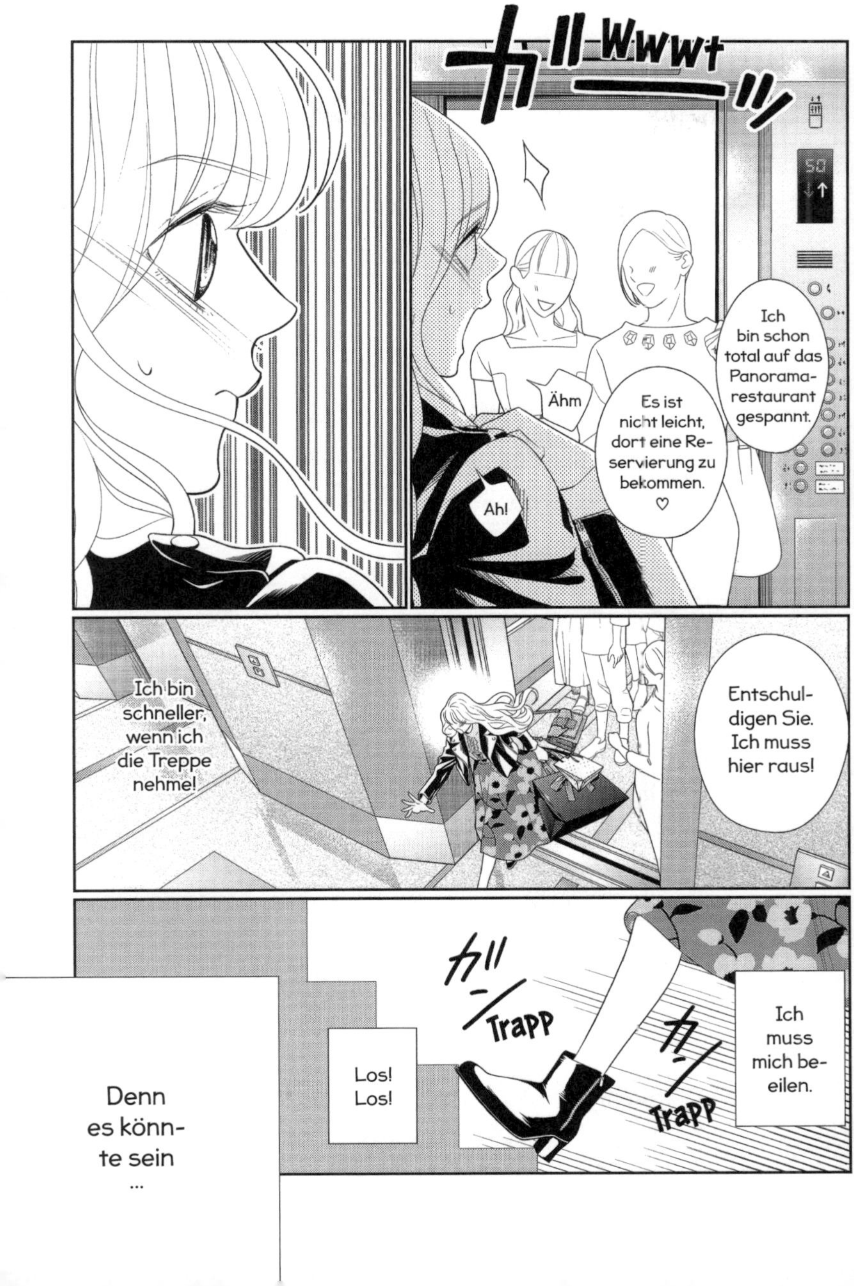
Wwwt
Ich bin schon total auf das Panoramarestaurant gespannt.
Es ist nicht leicht, dort eine Reservierung zu bekommen. ♡
Ähm
Ah!
Entschuldigen Sie. Ich muss hier raus!
Ich bin schneller, wenn ich die Treppe nehme!
Ich muss mich beeilen.
Trapp
Trapp
Los! Los!
Denn es könnte sein ...

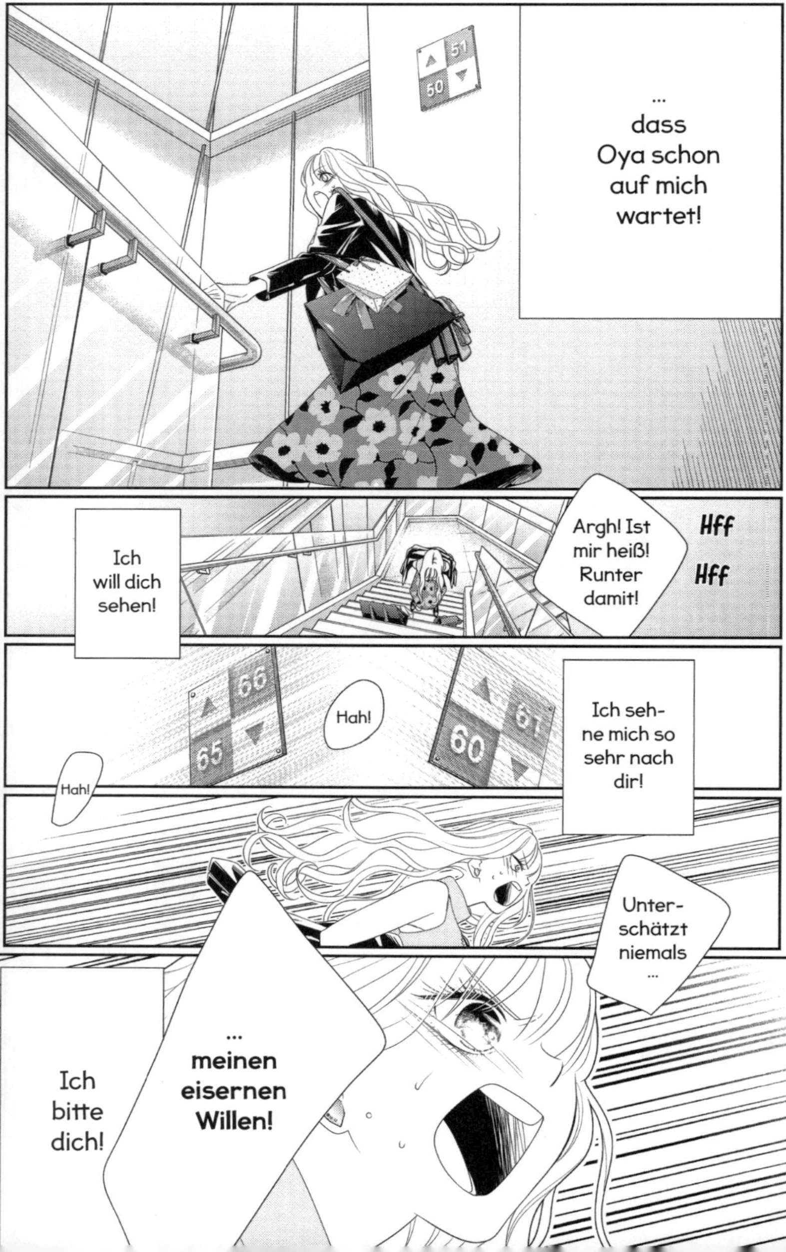

... dass Oya schon auf mich wartet!
Hff
Hff
Argh! Ist mir heiß! Runter damit!
Ich will dich sehen!
Ich seh-ne mich so sehr nach dir!
Hah!
Hah!
Unter-schätzt niemals ...
... meinen eisernen Willen!
Ich bitte dich!

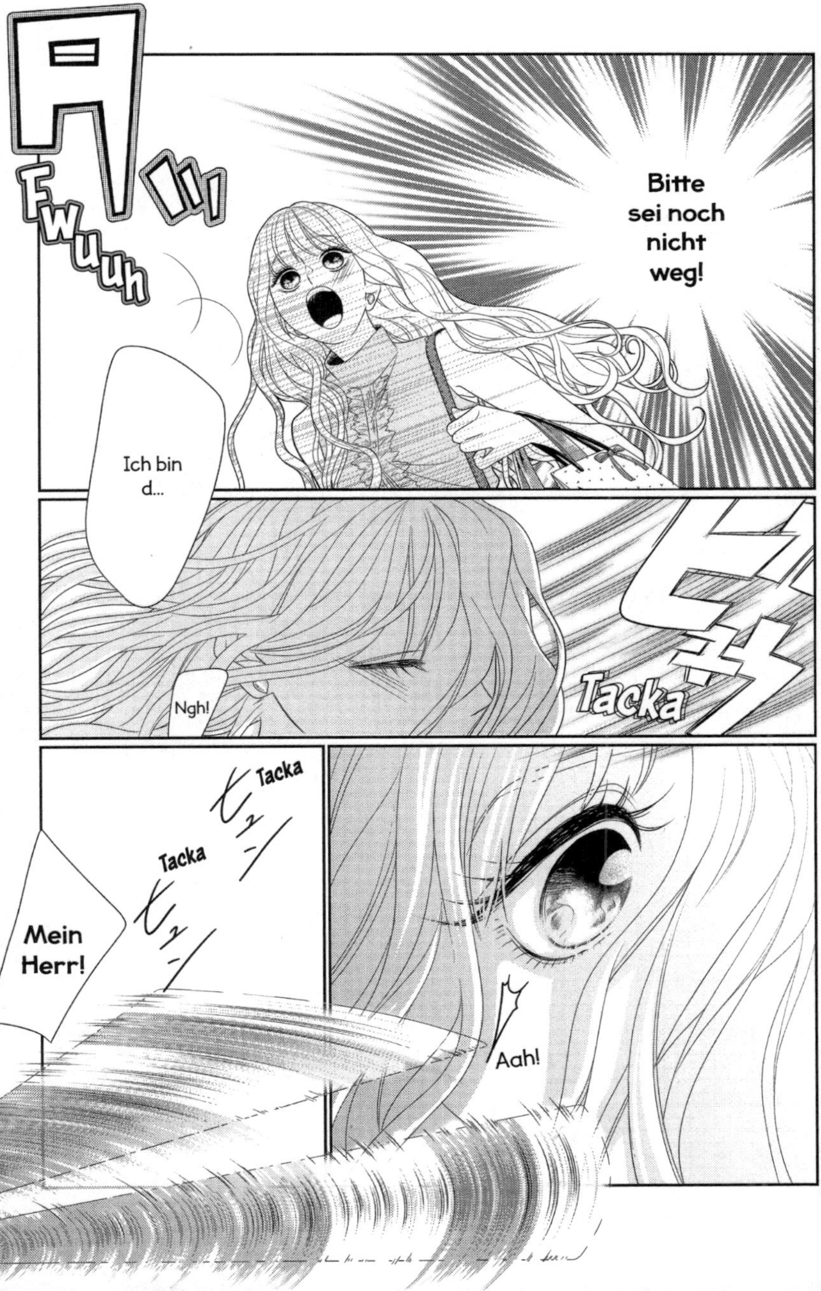
Bitte sei noch nicht weg!
Fwuuh
Ich bin d...
Tacka
Ngh!
Aah!
Tacka
Tacka
Mein Herr!

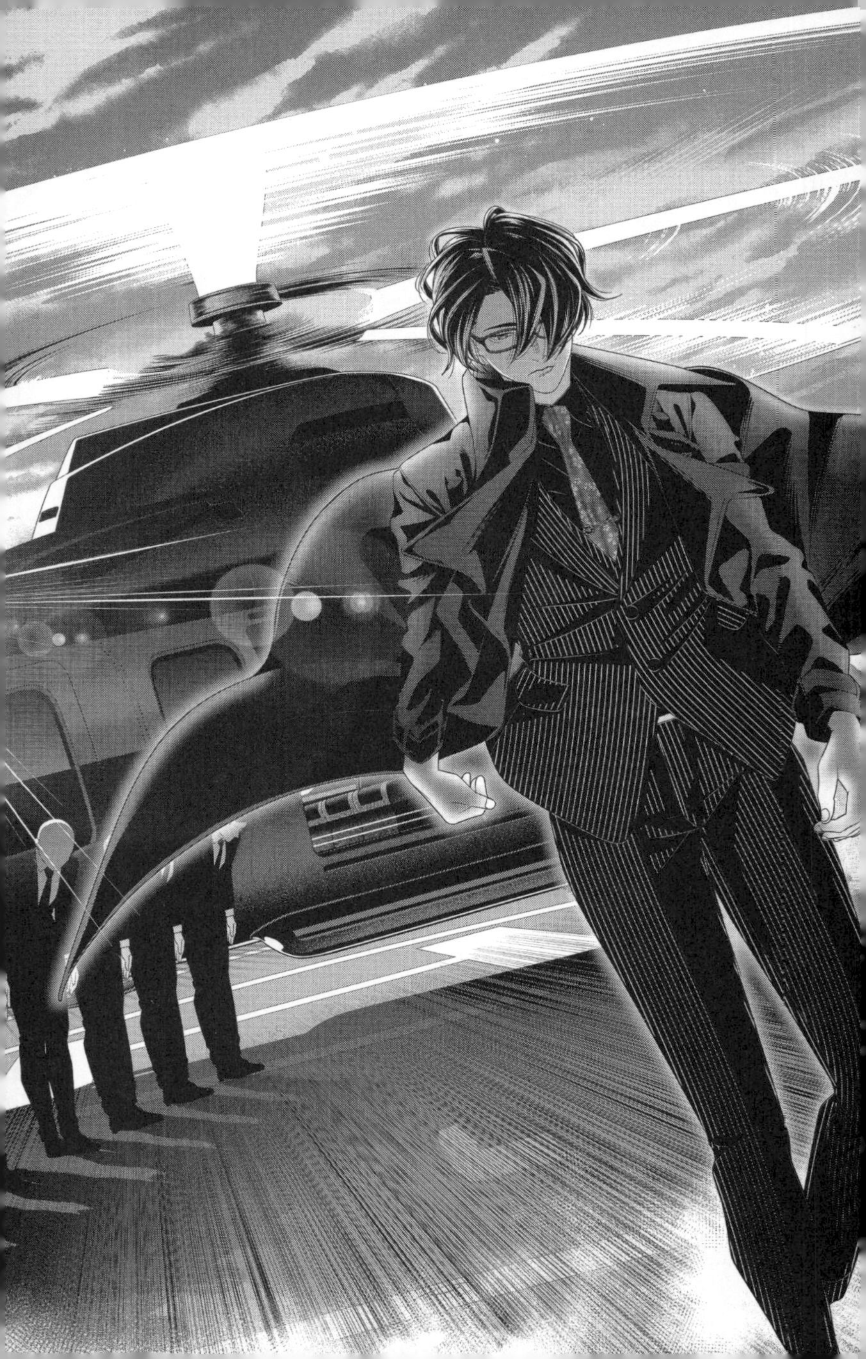

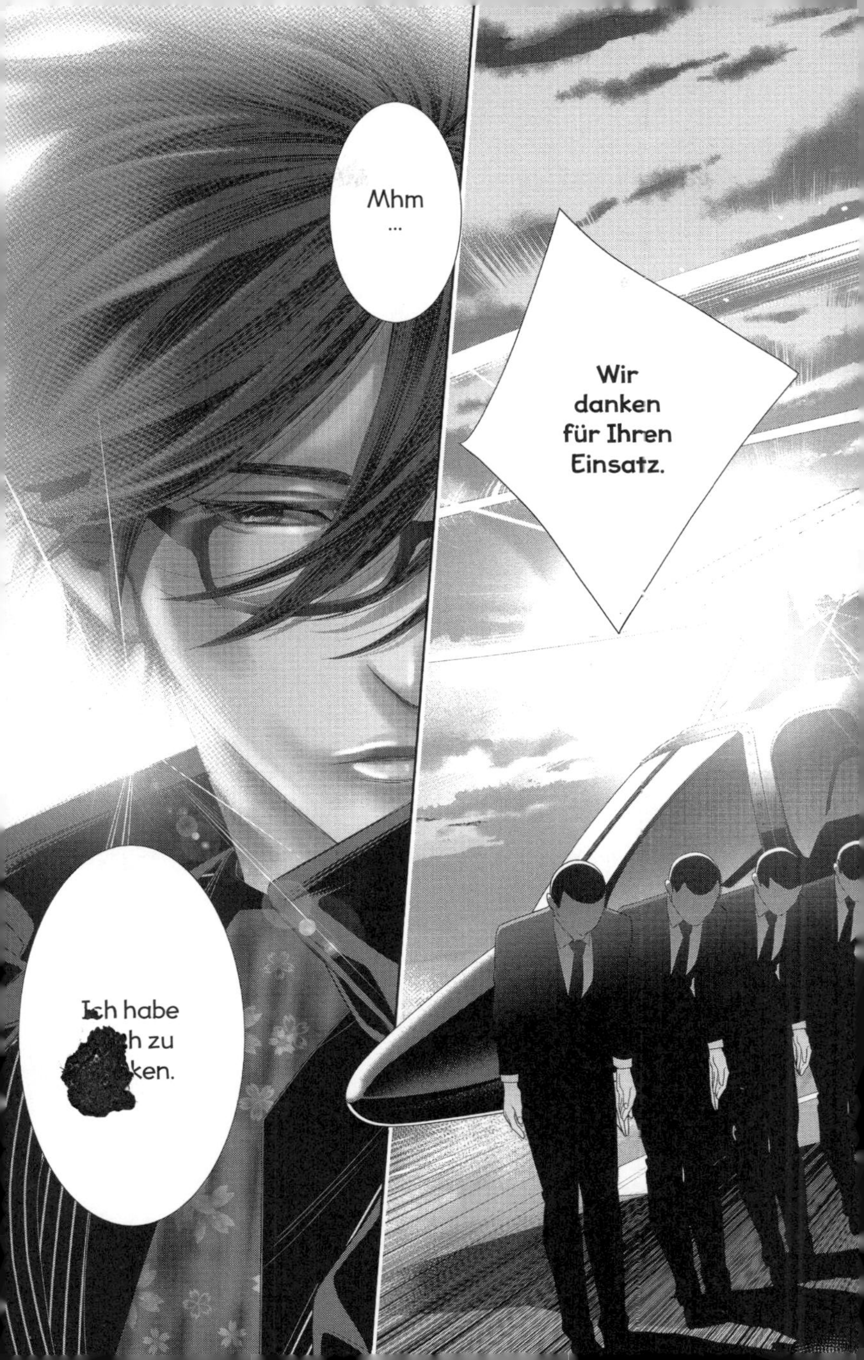
Wir danken für Ihren Einsatz.
Mhm ...
I…h habe …h zu …ken.

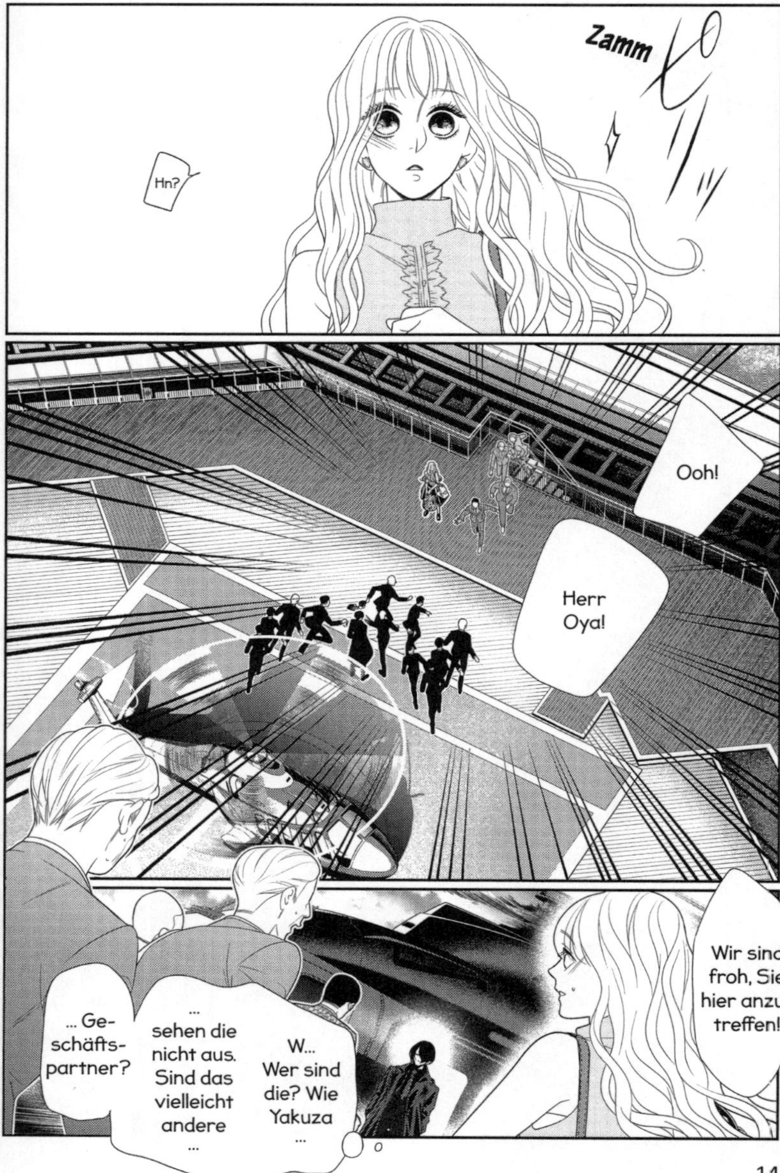
Zamm
Hn?
Ooh!
Herr Oya!
Wir sind froh, Sie hier anzutreffen!
W... Wer sind die? Wie Yakuza ...
... sehen die nicht aus. Sind das vielleicht andere ...
... Geschäftspartner?

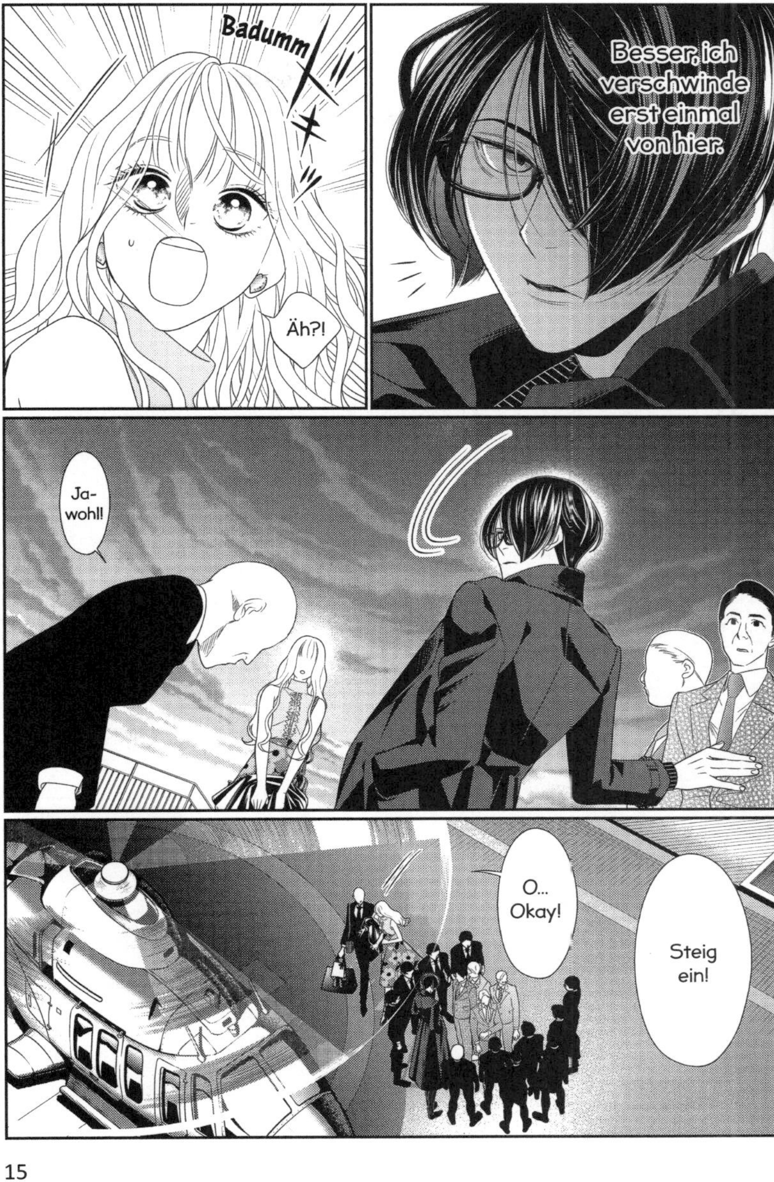
Besser, ich verschwinde erst einmal von hier.
Badumm
Äh?!
Ja-wohl!
Steig ein!
O... Okay!

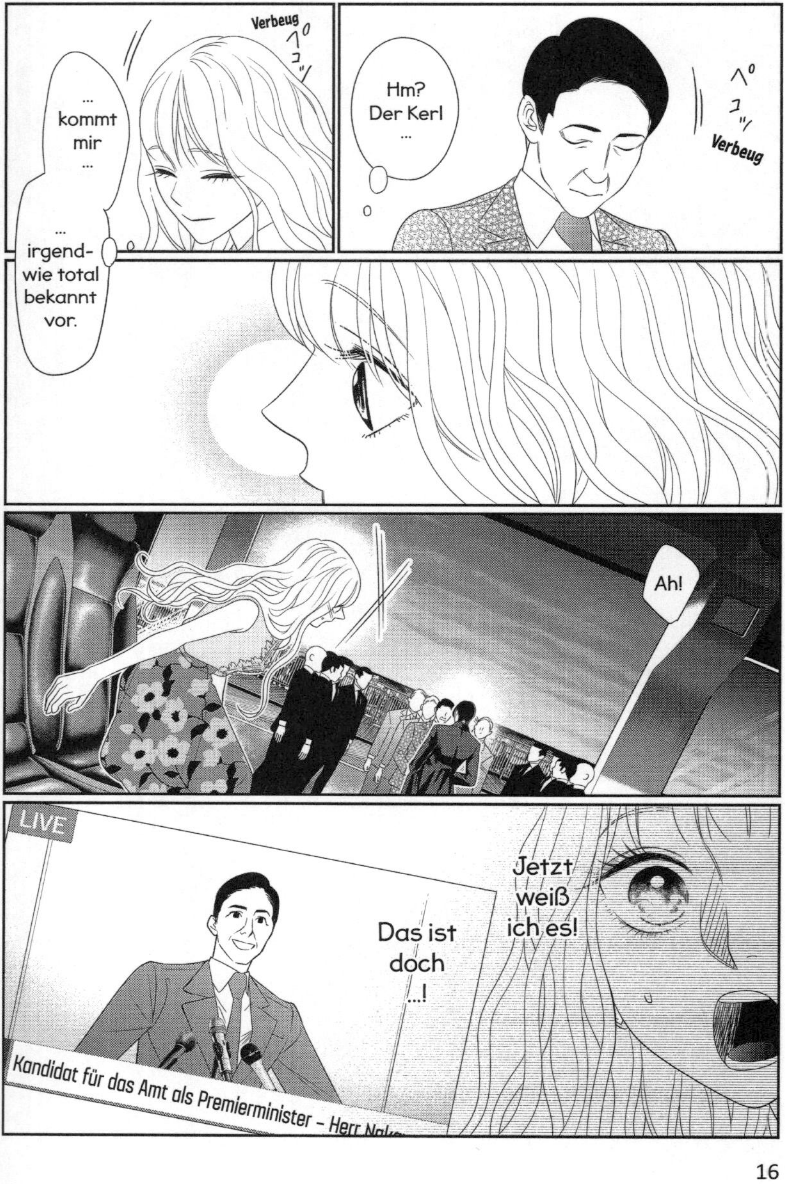
Verbeug
Hm? Der Kerl ...
Verbeug
... kommt mir ...
... irgend- wie total bekannt vor.
Ah!
Jetzt weiß ich es!
Das ist doch ...!
LIVE
Kandidat für das Amt als Premierminister – Herr Nak

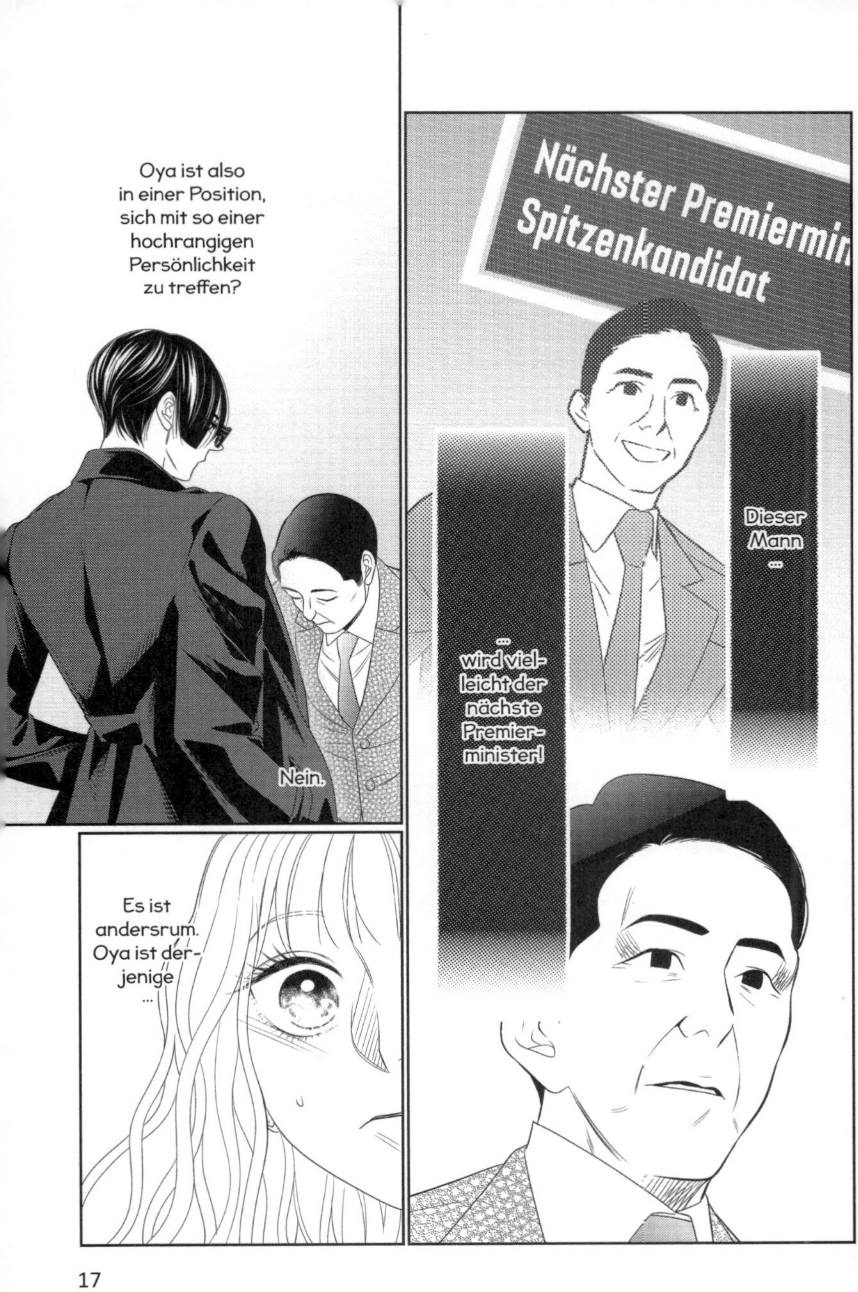
Nächster Premiermin
Spitzenkandidat
Dieser Mann ...
... wird vielleicht der nächste Premierminister!
Oya ist also in einer Position, sich mit so einer hochrangigen Persönlichkeit zu treffen?
Nein.
Es ist andersrum. Oya ist derjenige ...

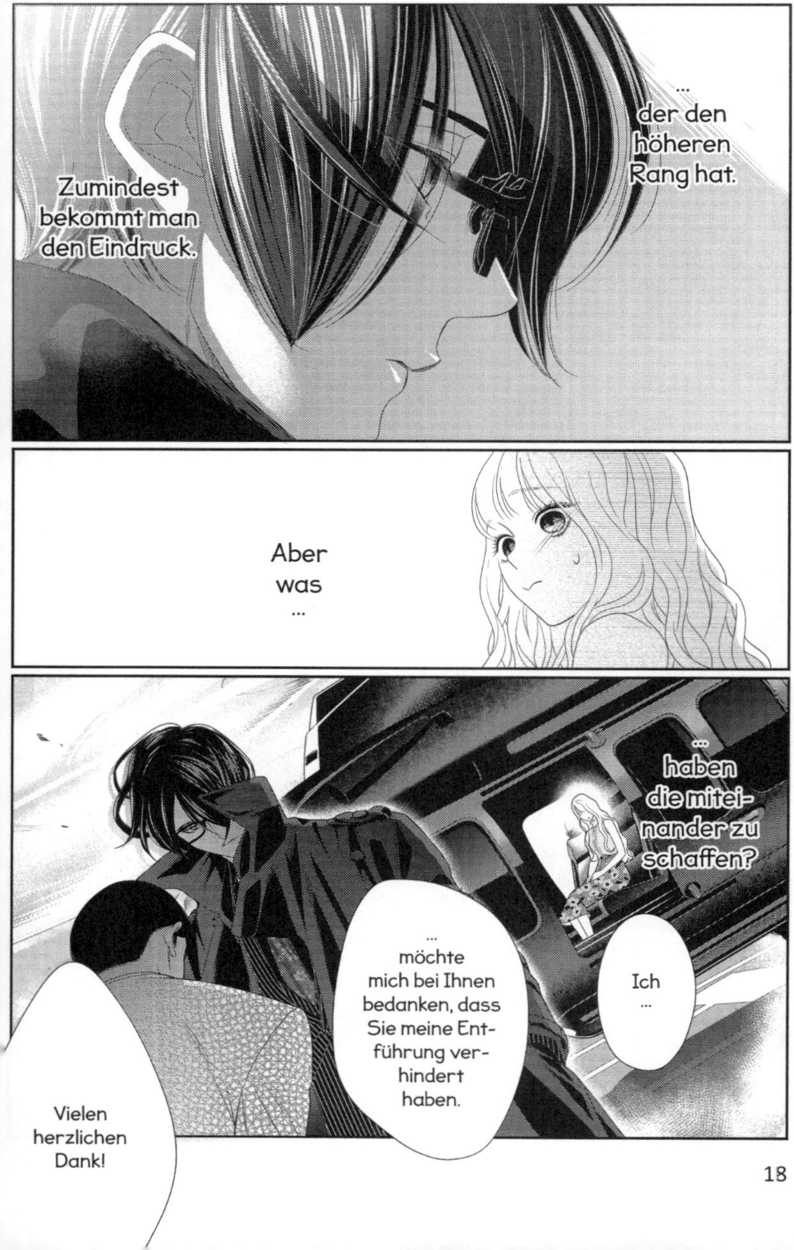

... der den höheren Rang hat.
Zumindest bekommt man den Eindruck.
Aber was ...
... haben die mitei-nander zu schaffen?
Ich ...
... möchte mich bei Ihnen bedanken, dass Sie meine Ent-führung ver-hindert haben.
Vielen herzlichen Dank!

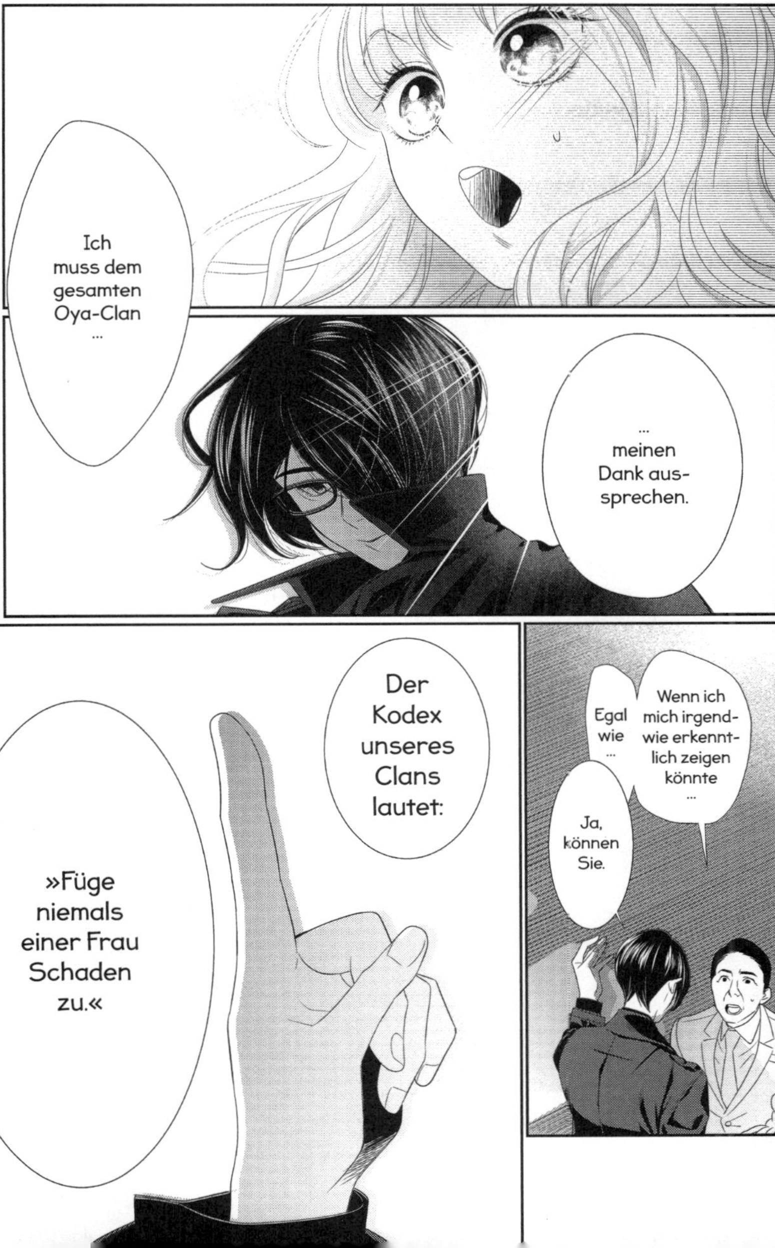
Ich muss dem gesamten Oya-Clan …
… meinen Dank aussprechen.
Wenn ich mich irgendwie erkenntlich zeigen könnte …
Egal wie …
Ja, können Sie.
Der Kodex unseres Clans lautet:
»Füge niemals einer Frau Schaden zu.«

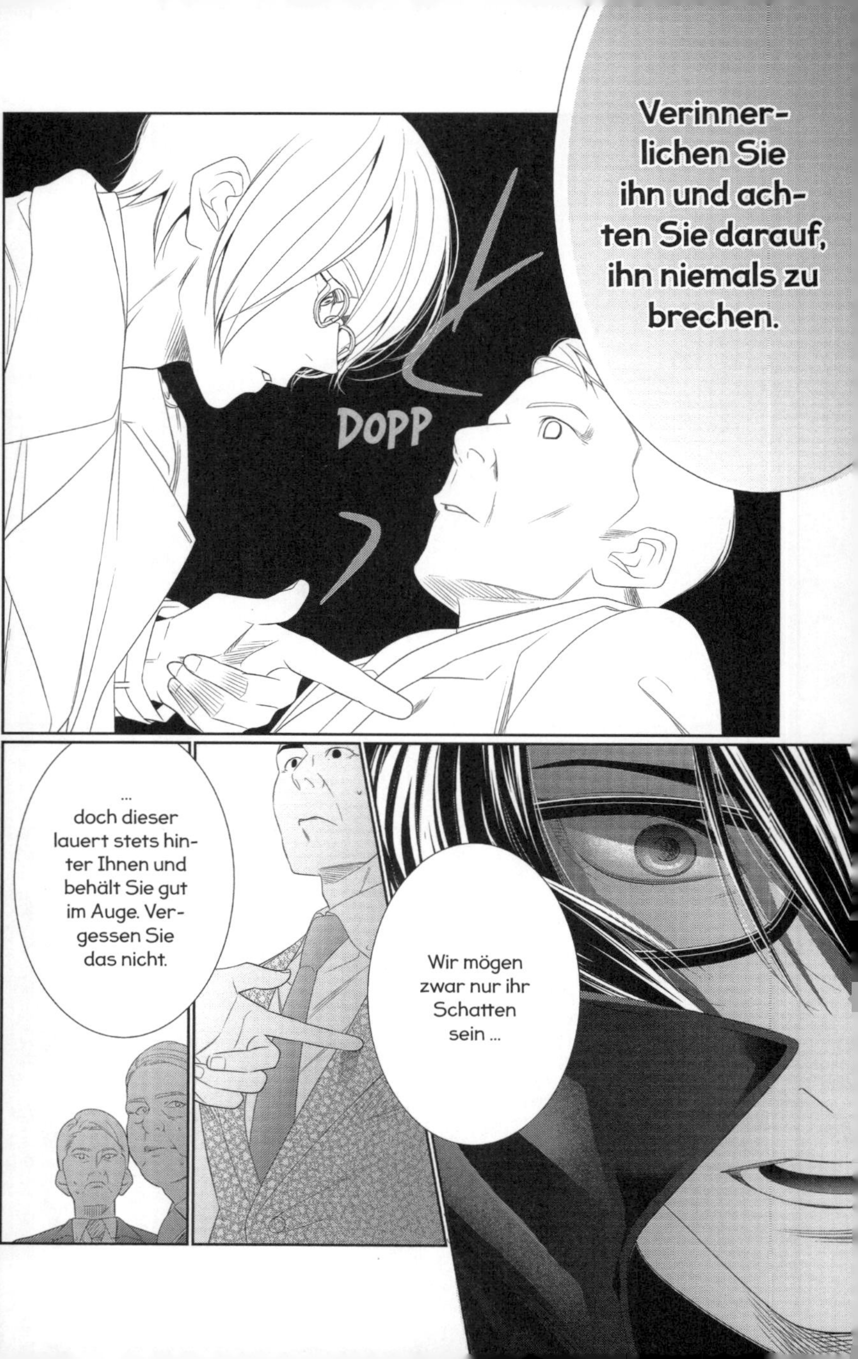
Verinner-
lichen Sie
ihn und ach-
ten Sie darauf,
ihn niemals zu
brechen.
DOPP
Wir mögen
zwar nur ihr
Schatten
sein ...
...
doch dieser
lauert stets hin-
ter Ihnen und
behält Sie gut
im Auge. Ver-
gessen Sie
das nicht.

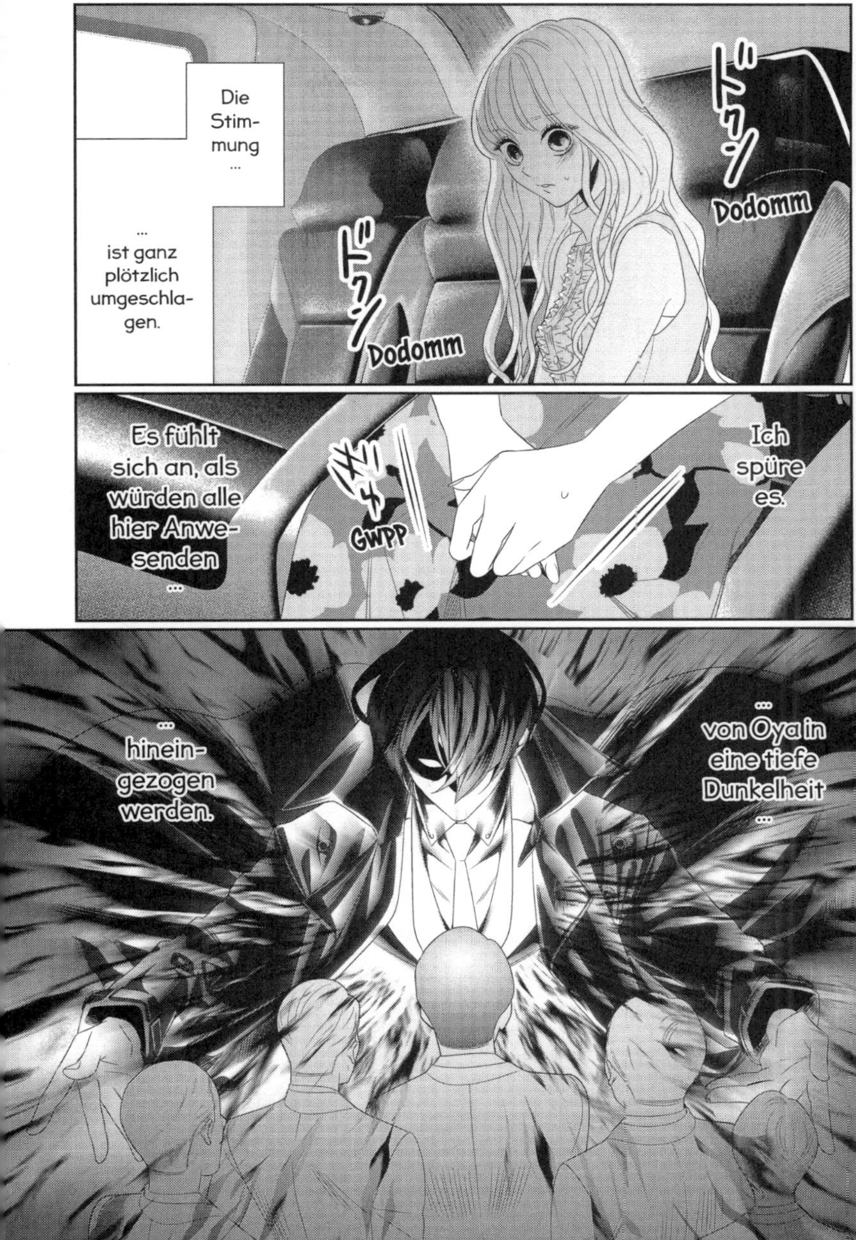
Dodomm
Die Stimmung ...
... ist ganz plötzlich umgeschlagen.
Dodomm
Ich spüre es.
GWPP
Es fühlt sich an, als würden alle hier Anwesenden ...
... von Oya in eine tiefe Dunkelheit ...
... hineingezogen werden.

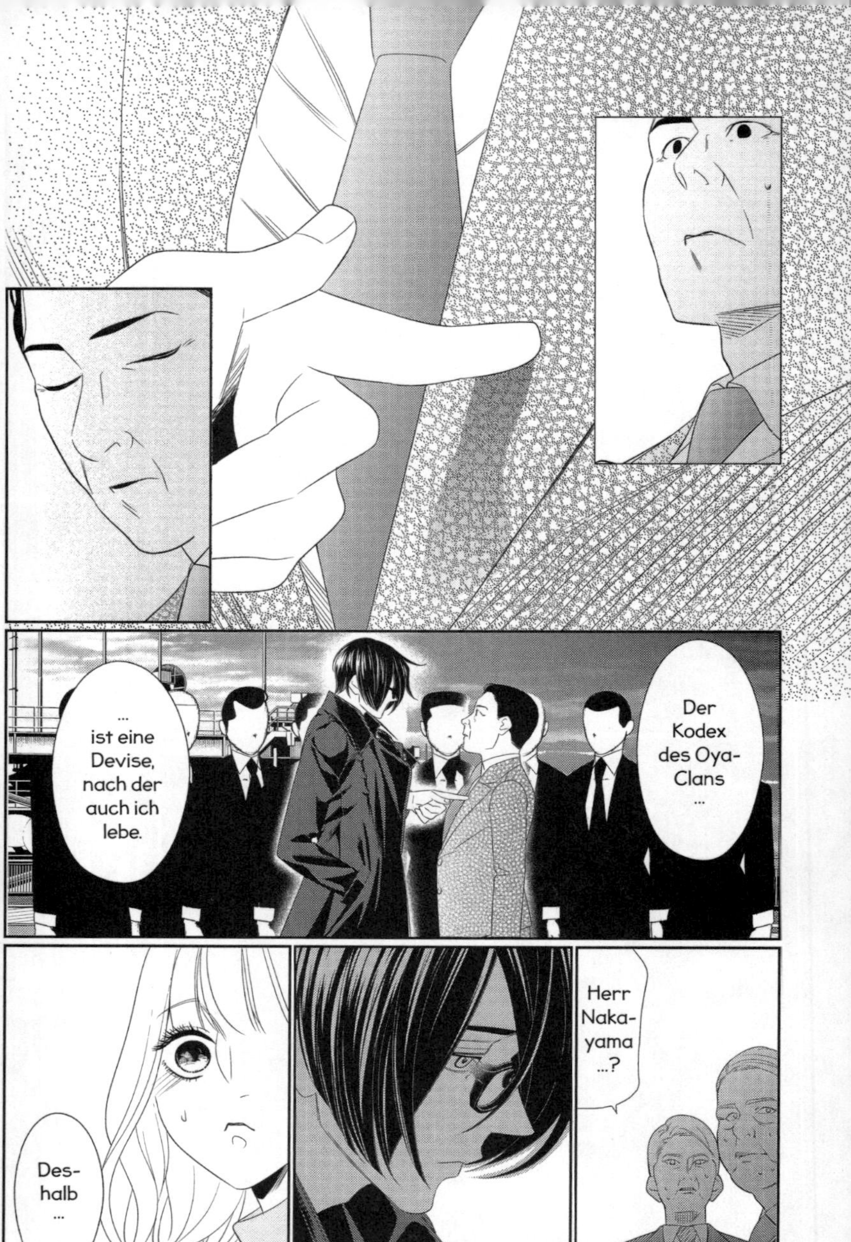
Der Kodex des Oya-Clans ...
... ist eine Devise, nach der auch ich lebe.
Herr Naka-yama ...?
Des-halb ...

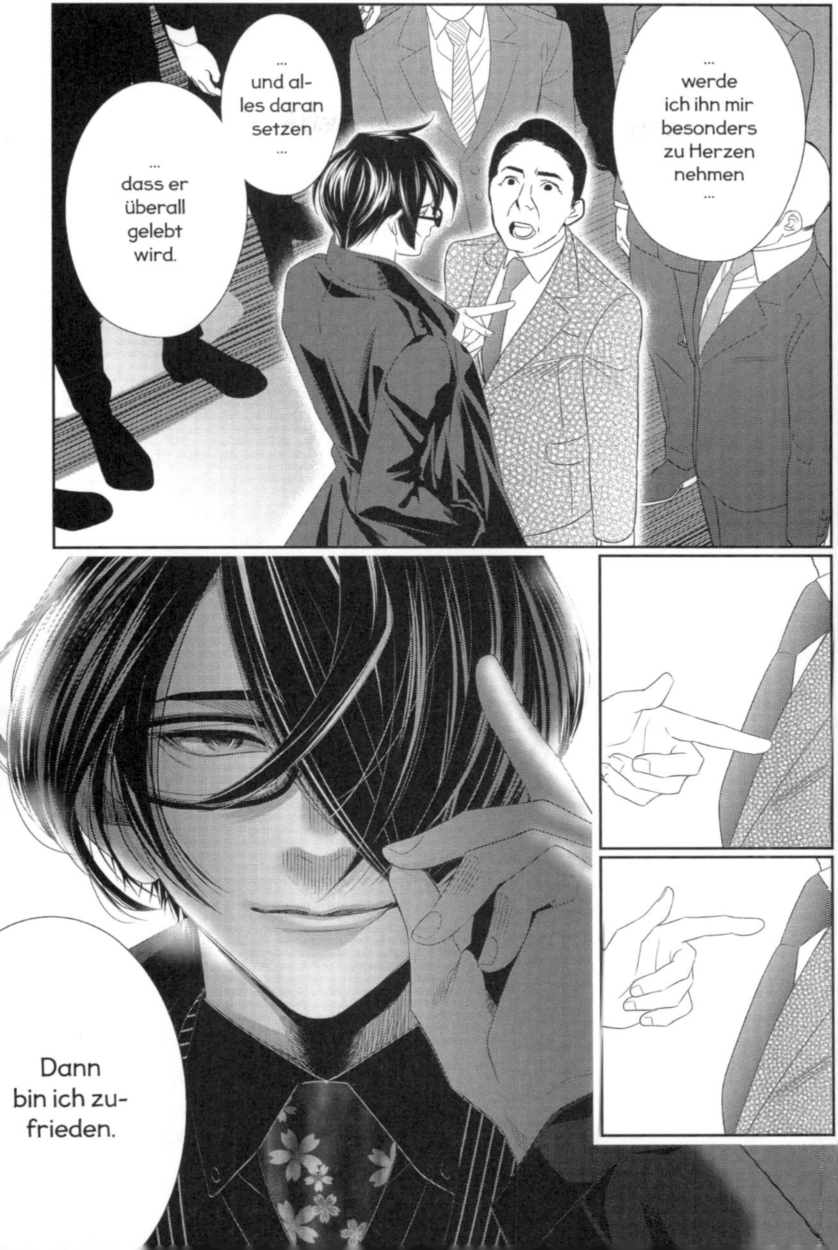
... werde ich ihn mir besonders zu Herzen nehmen ...
... und alles daran setzen ...
... dass er überall gelebt wird.
Dann bin ich zufrieden.

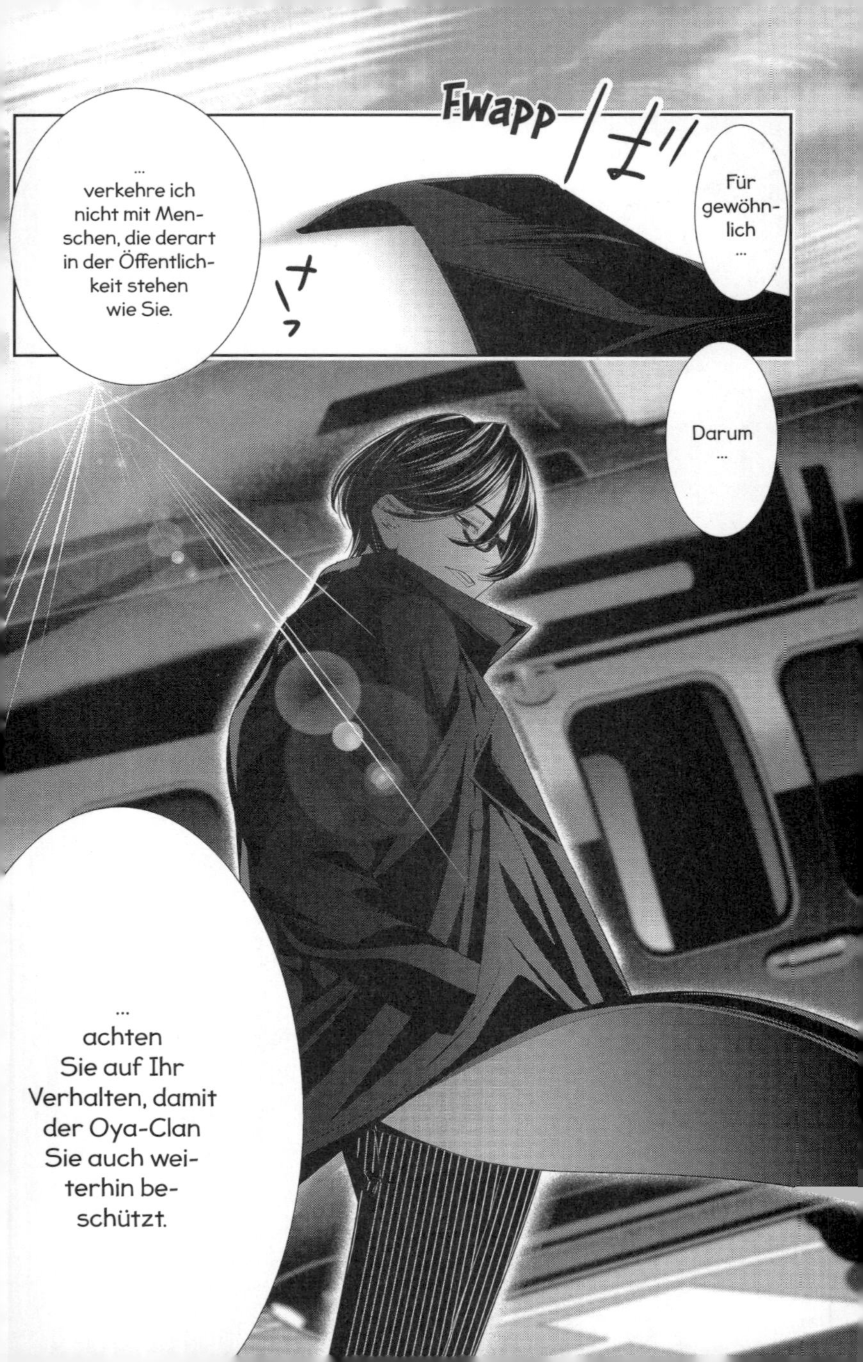
FWAPP
Für gewöhnlich ...
... verkehre ich nicht mit Menschen, die derart in der Öffentlichkeit stehen wie Sie.
Darum ...
... achten Sie auf Ihr Verhalten, damit der Oya-Clan Sie auch weiterhin beschützt.

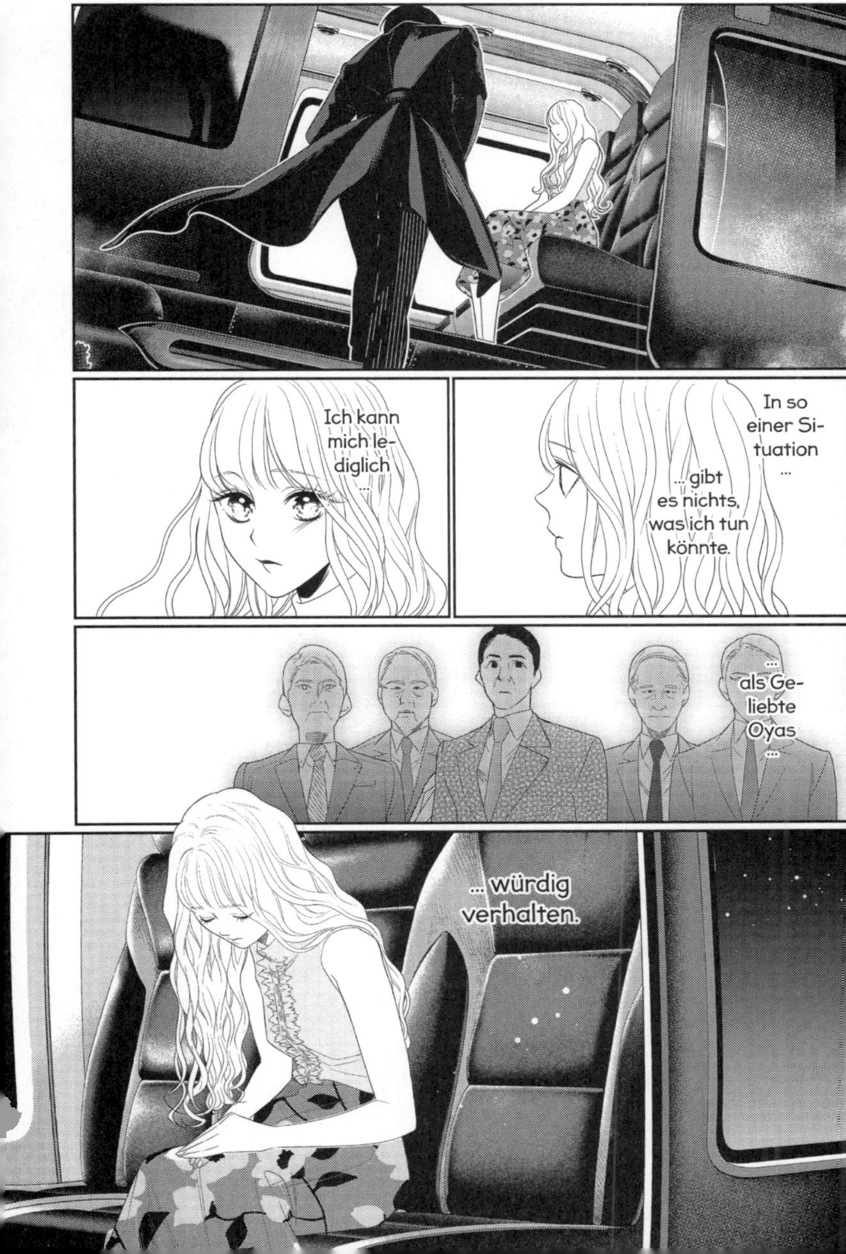
Ich kann mich lediglich …
In so einer Situation …
… gibt es nichts, was ich tun könnte.
… als Geliebte Oyas …
… würdig verhalten.

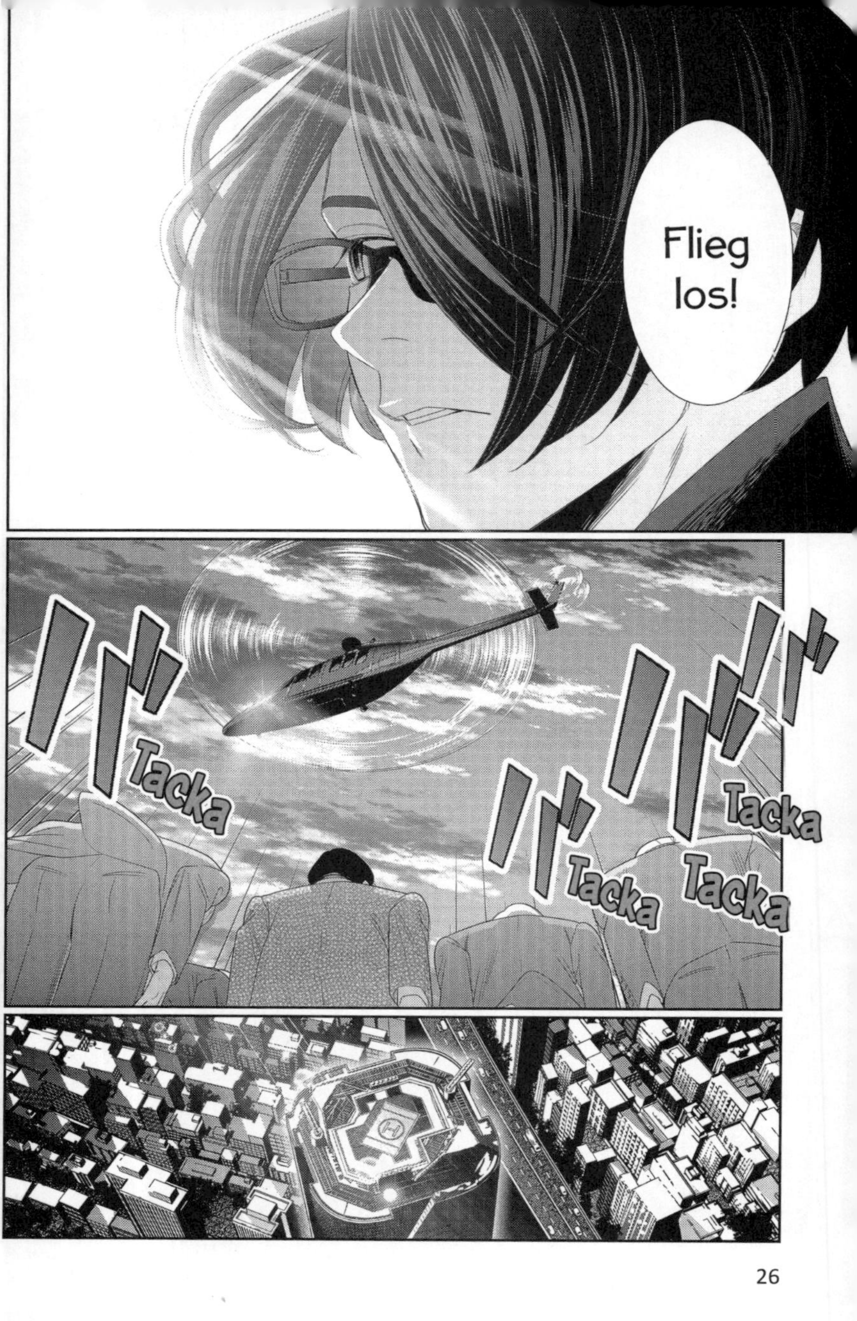
Flieg los!
Tacka
Tacka
Tacka
Tacka

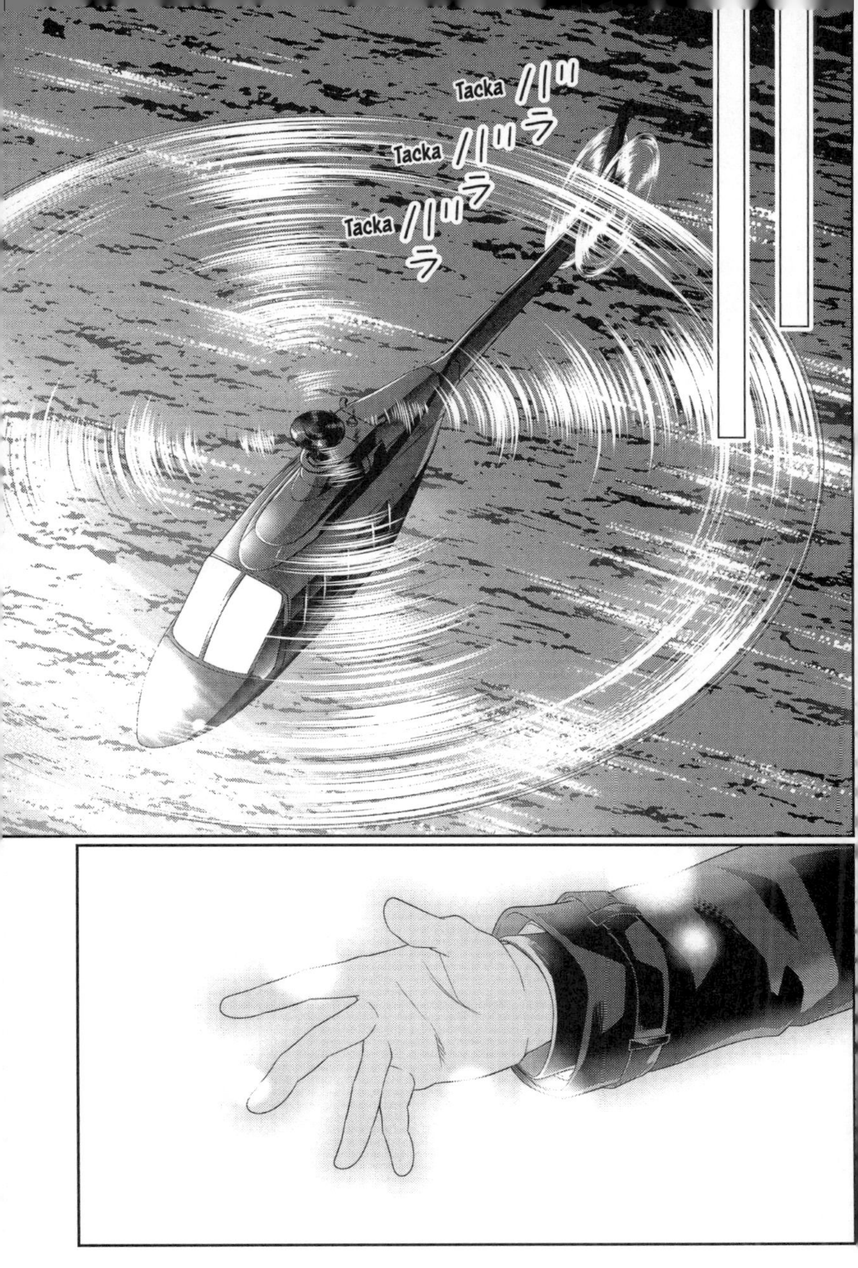
Tacka バラ
Tacka バラ
Tacka バラ

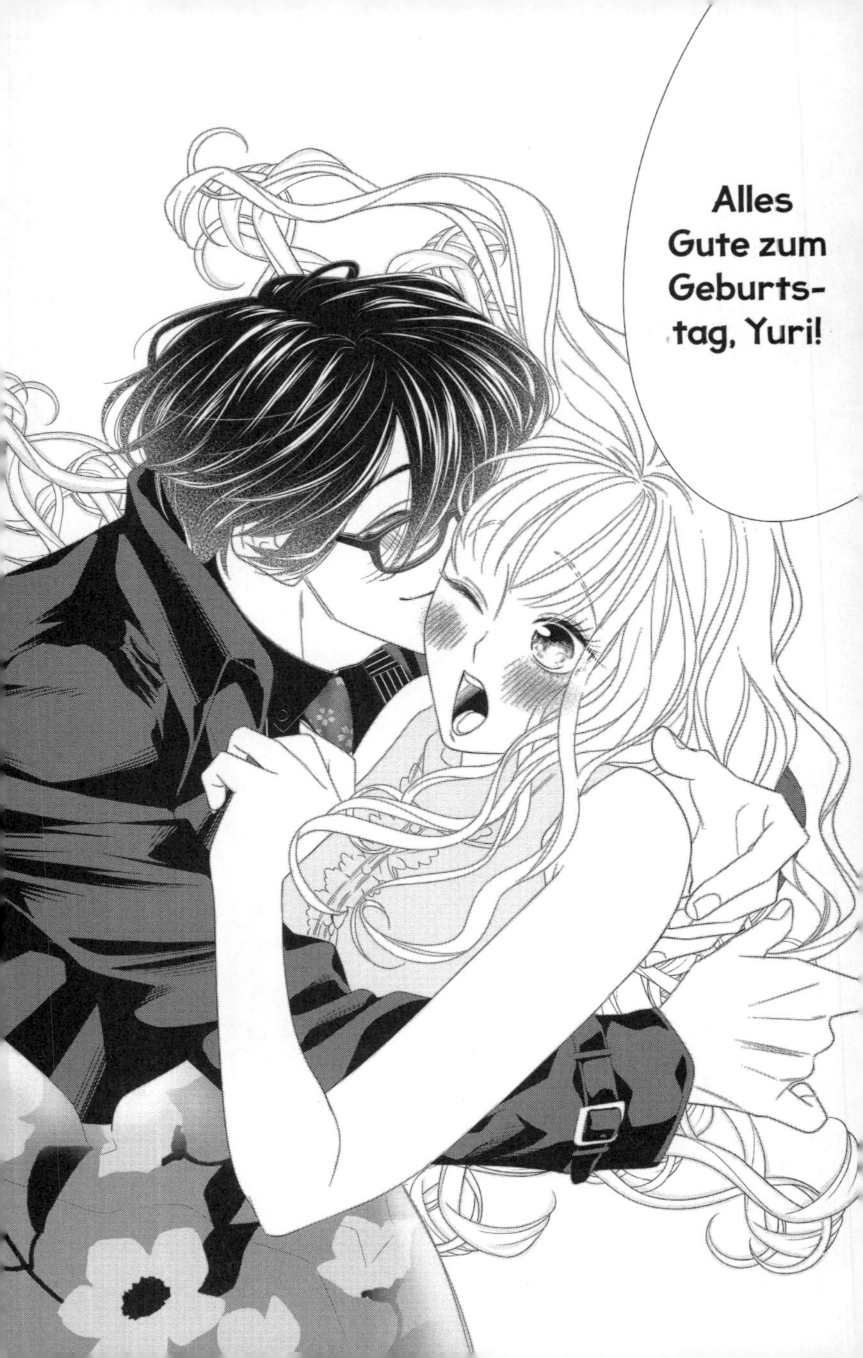
Alles Gute zum Geburtstag, Yuri!

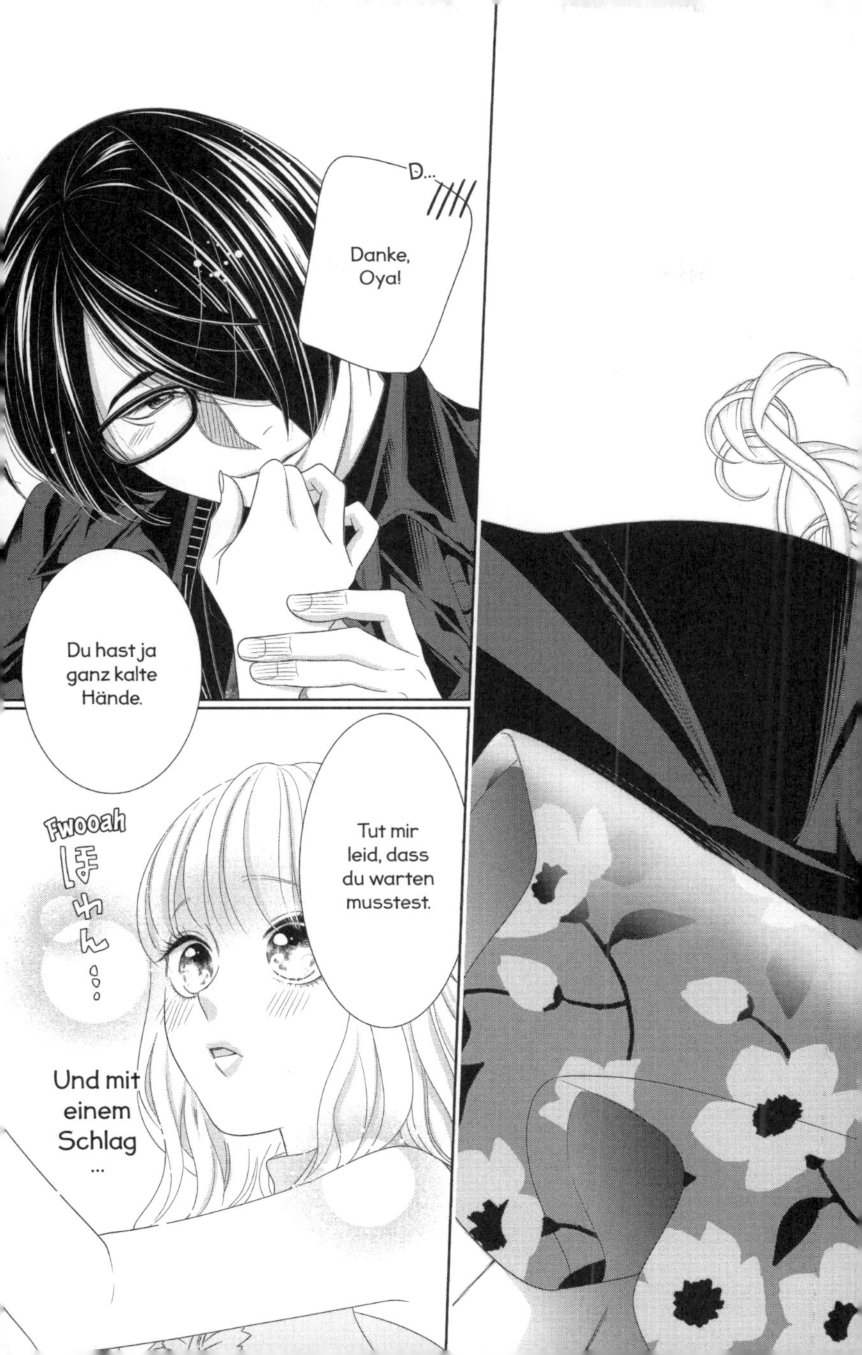
D... ////
Danke, Oya!
Du hast ja ganz kalte Hände.
Tut mir leid, dass du warten musstest.
Fwooah
ほわん…
Und mit einem Schlag ...

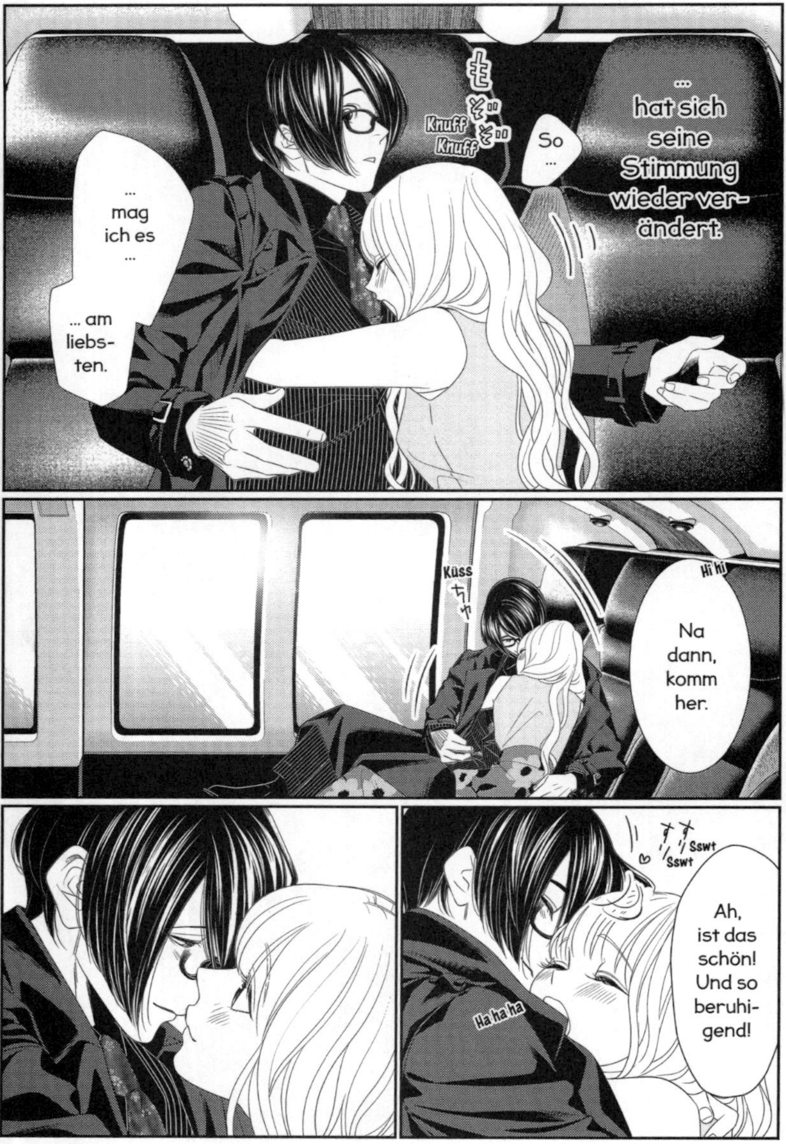
... hat sich seine Stimmung wieder verändert.
So ...
もぞもぞ
Knuff Knuff
... mag ich es ...
... am liebsten.
Hi hi
Na dann, komm her.
ちゅ
Küss
すす
Sswt Sswt
Ah, ist das schön! Und so beruhigend!
Ha ha ha

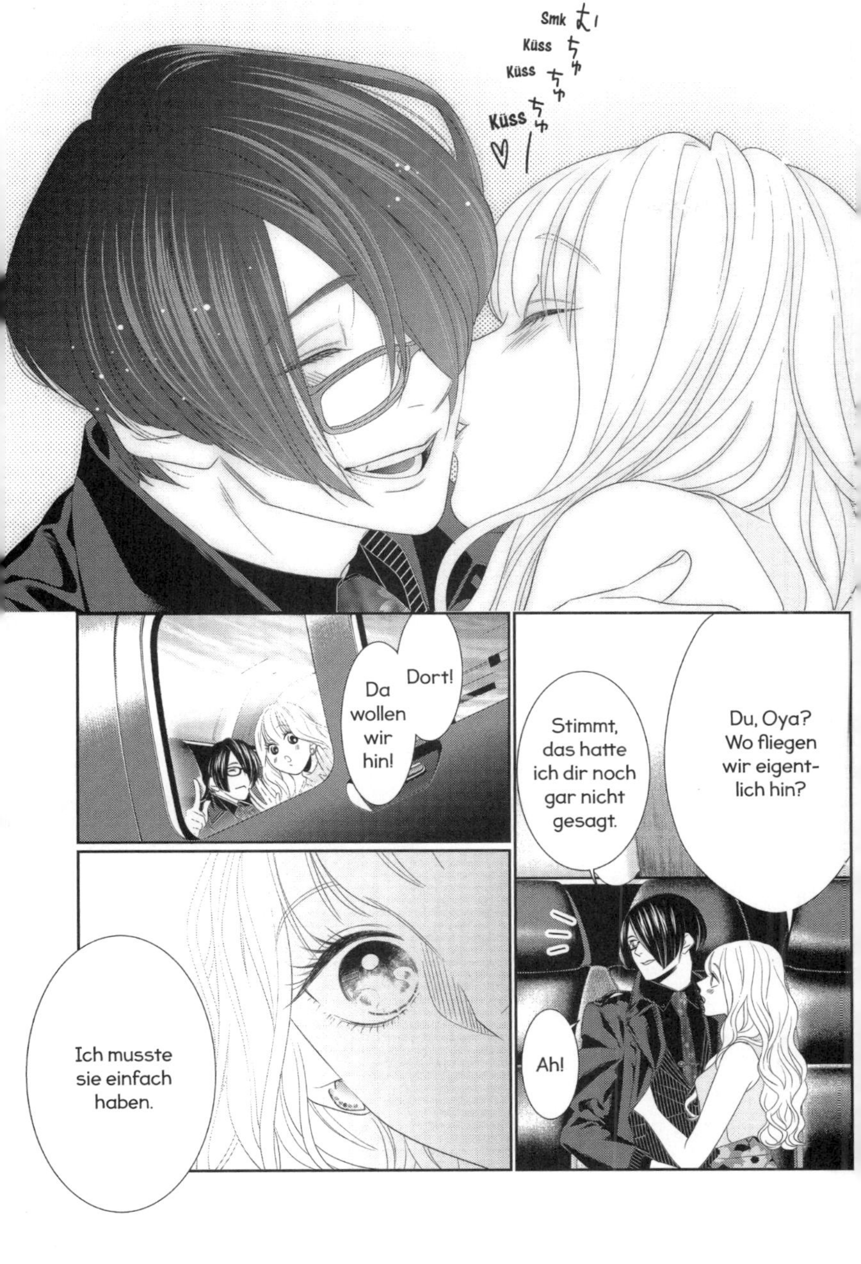

Smk
Küss
Küss
Küss
Du, Oya? Wo fliegen wir eigentlich hin?
Stimmt, das hatte ich dir noch gar nicht gesagt.
Ah!
Dort!
Da wollen wir hin!
Ich musste sie einfach haben.

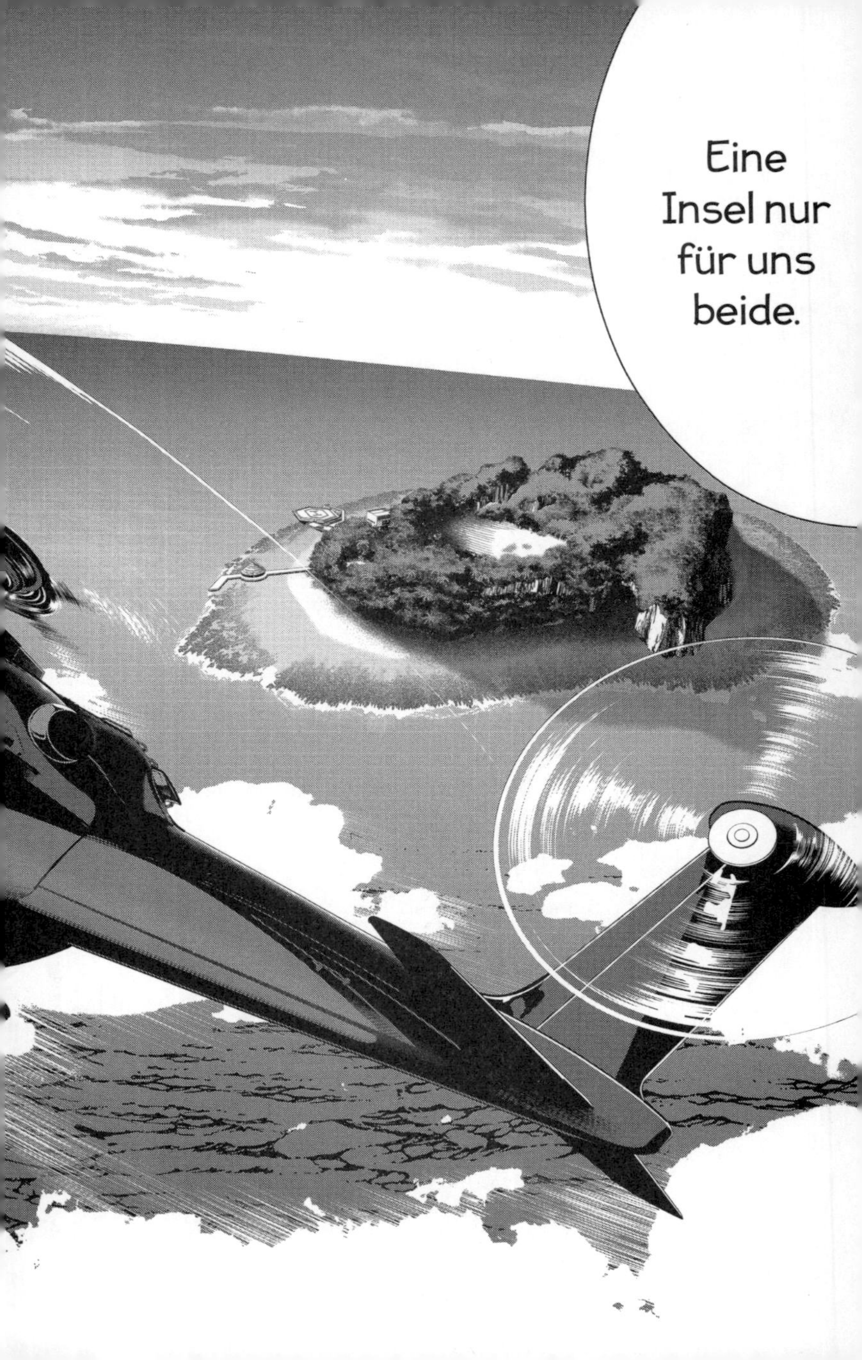
Eine Insel nur für uns beide.

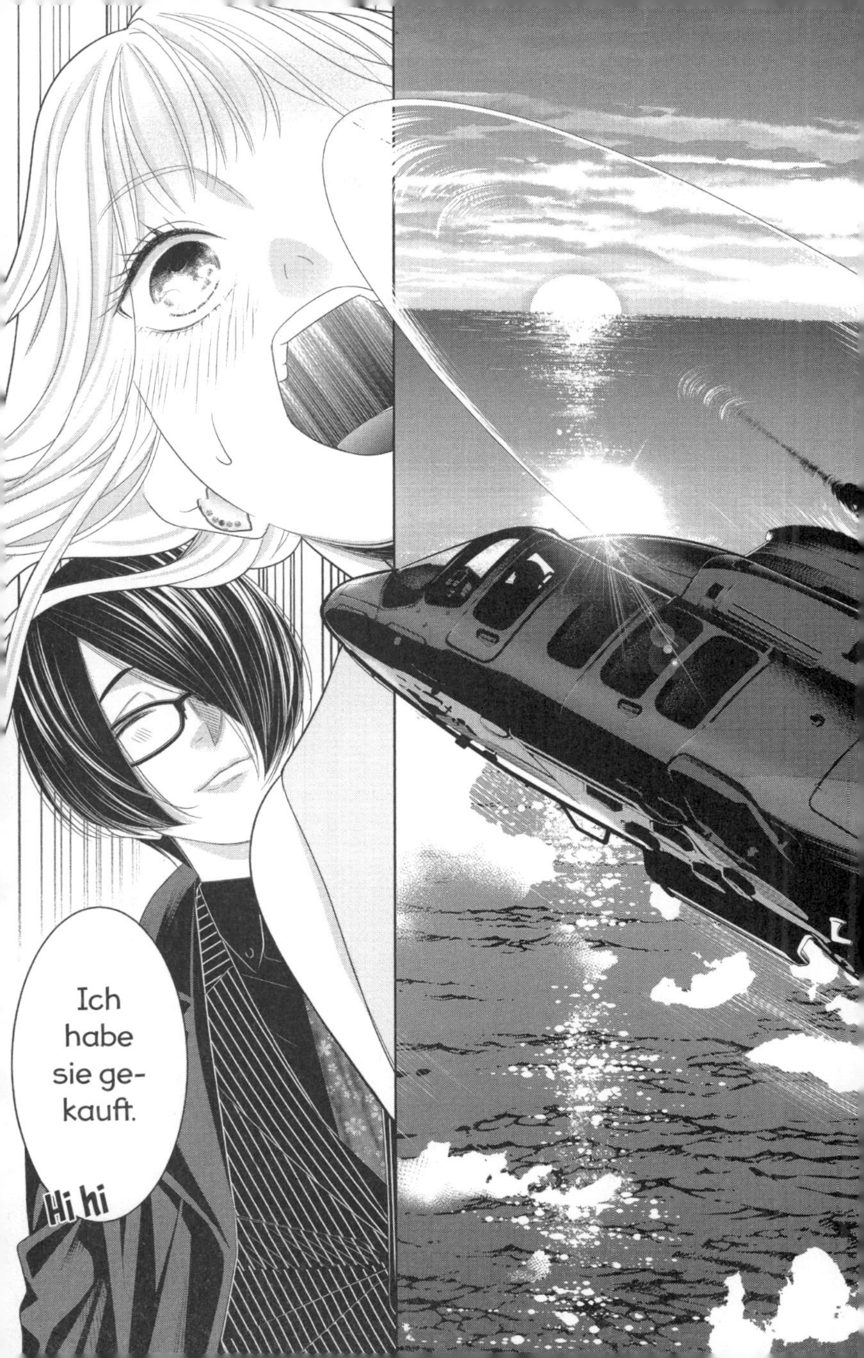
Ich habe sie ge-kauft.
Hi hi

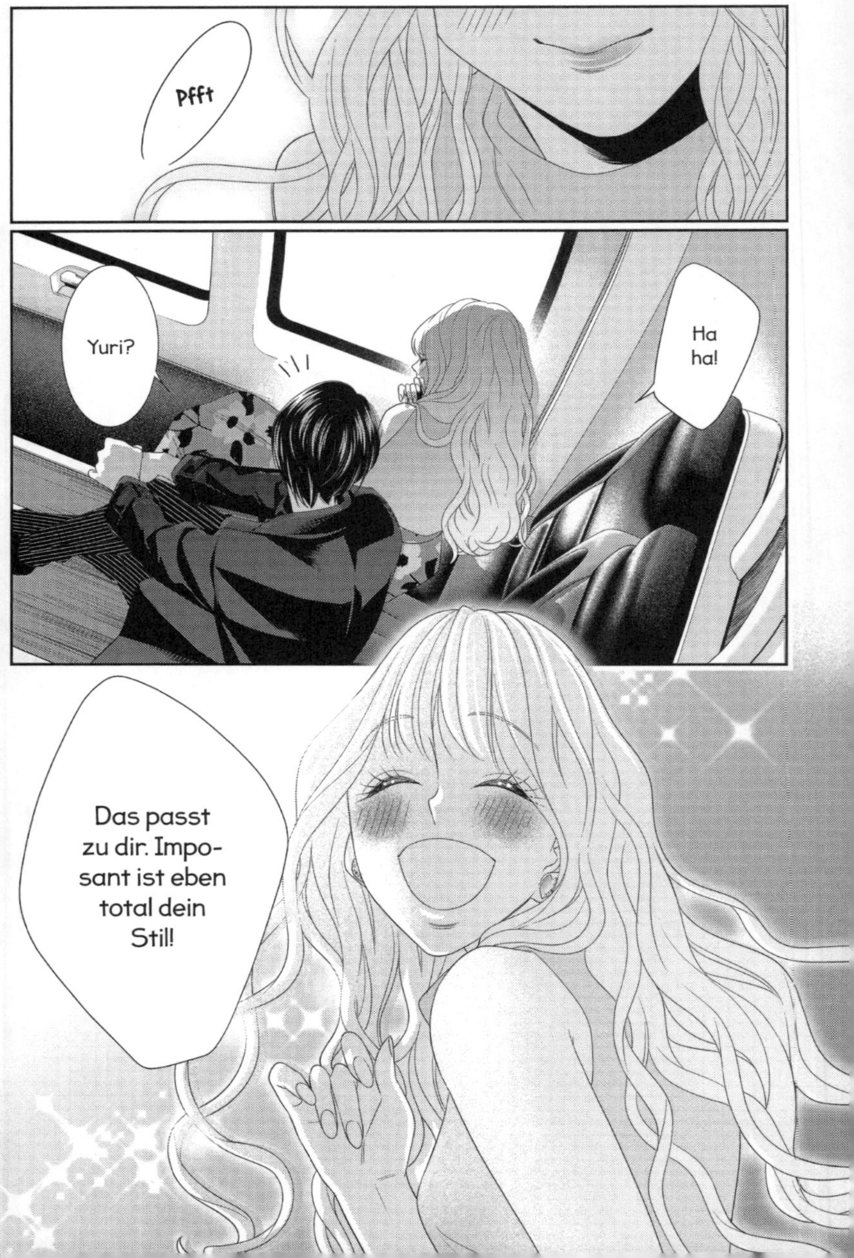
Pfft
Ha ha!
Yuri?
Das passt zu dir. Imposant ist eben total dein Stil!

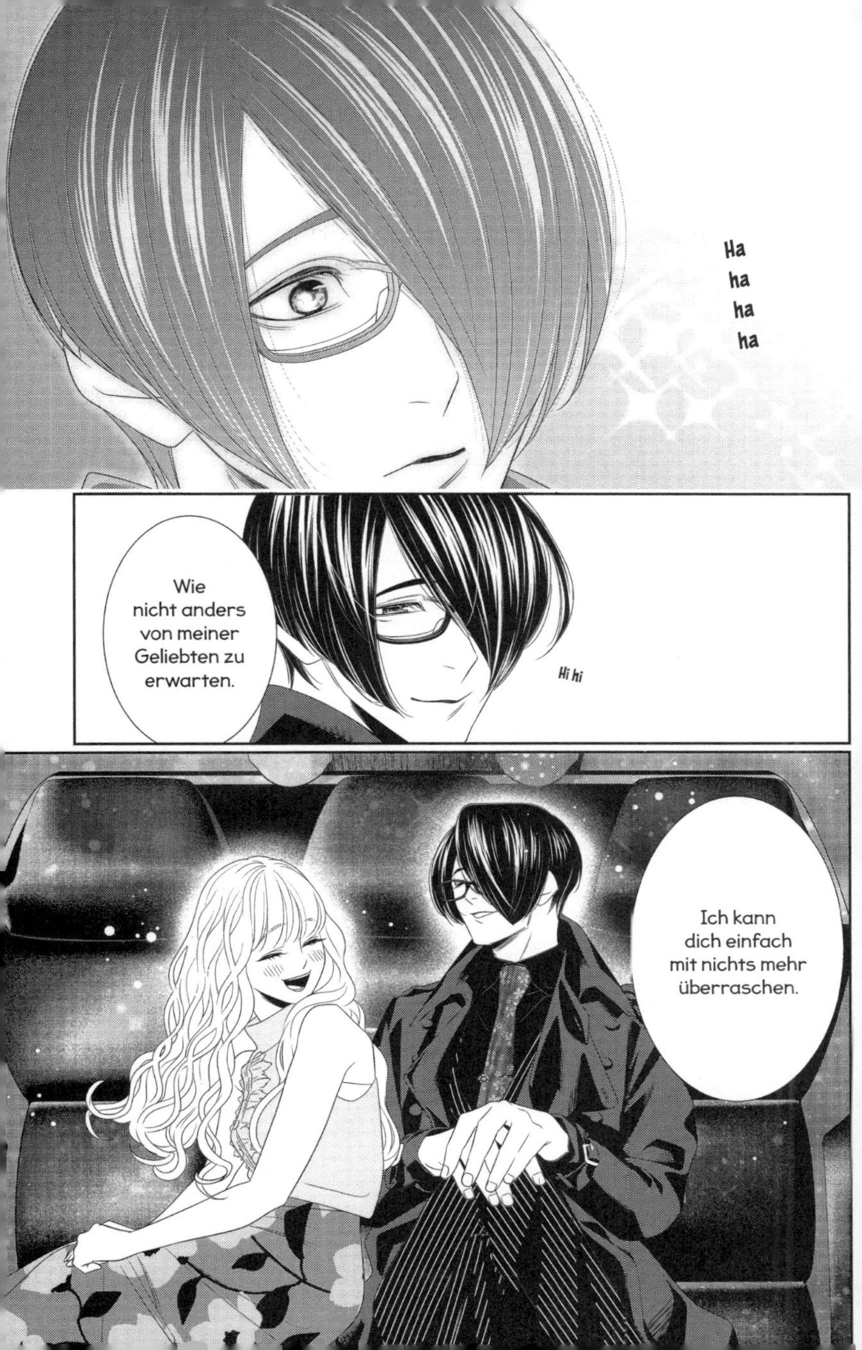
Ha ha ha ha
Wie nicht anders von meiner Geliebten zu erwarten.
Hi hi
Ich kann dich einfach mit nichts mehr überraschen.

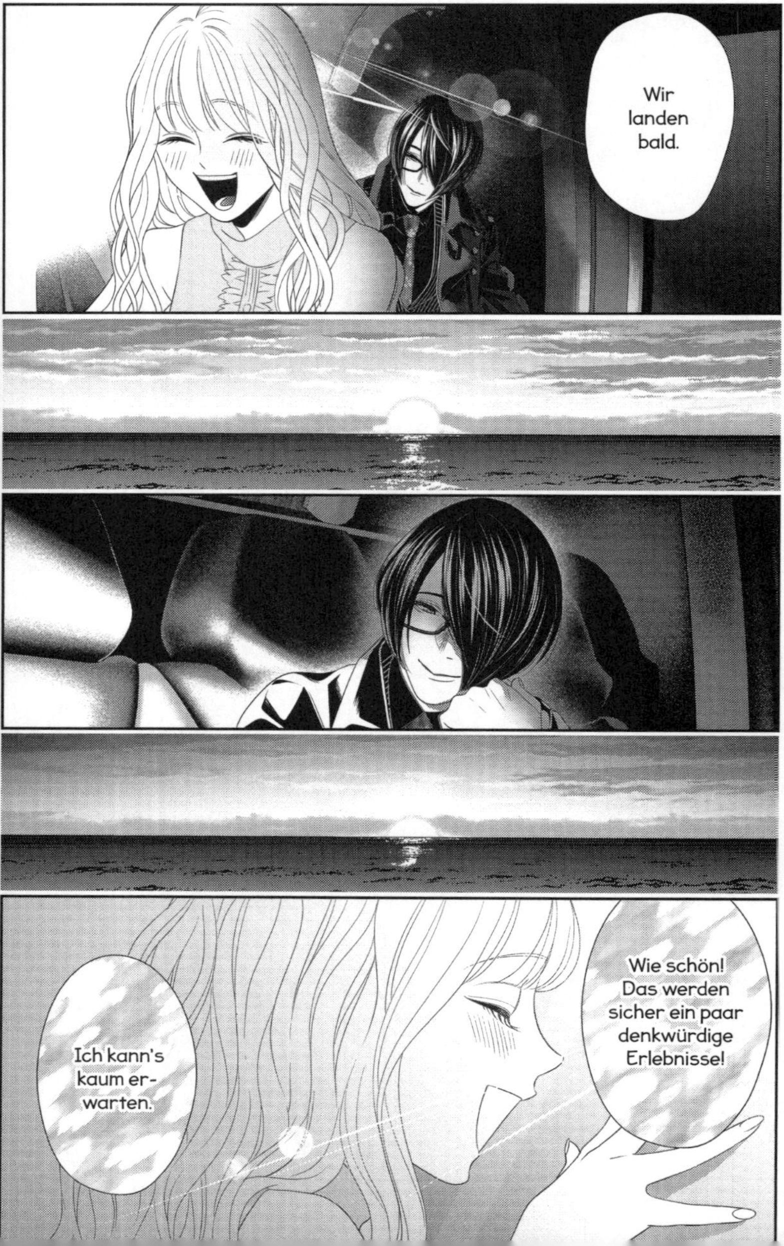
Wir landen bald.
Wie schön! Das werden sicher ein paar denkwürdige Erlebnisse!
Ich kann's kaum er-warten.

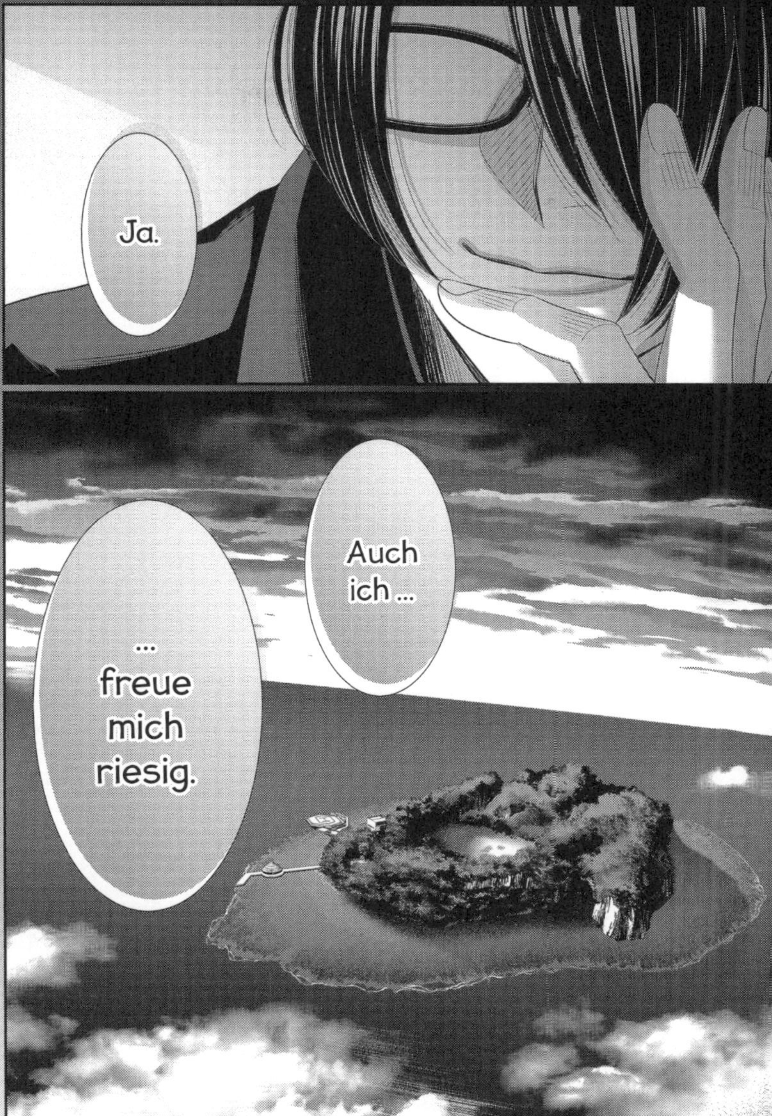
Ja.
Auch ich ...
... freue mich riesig.

Schuss 26 – Hinter den Kulissen –

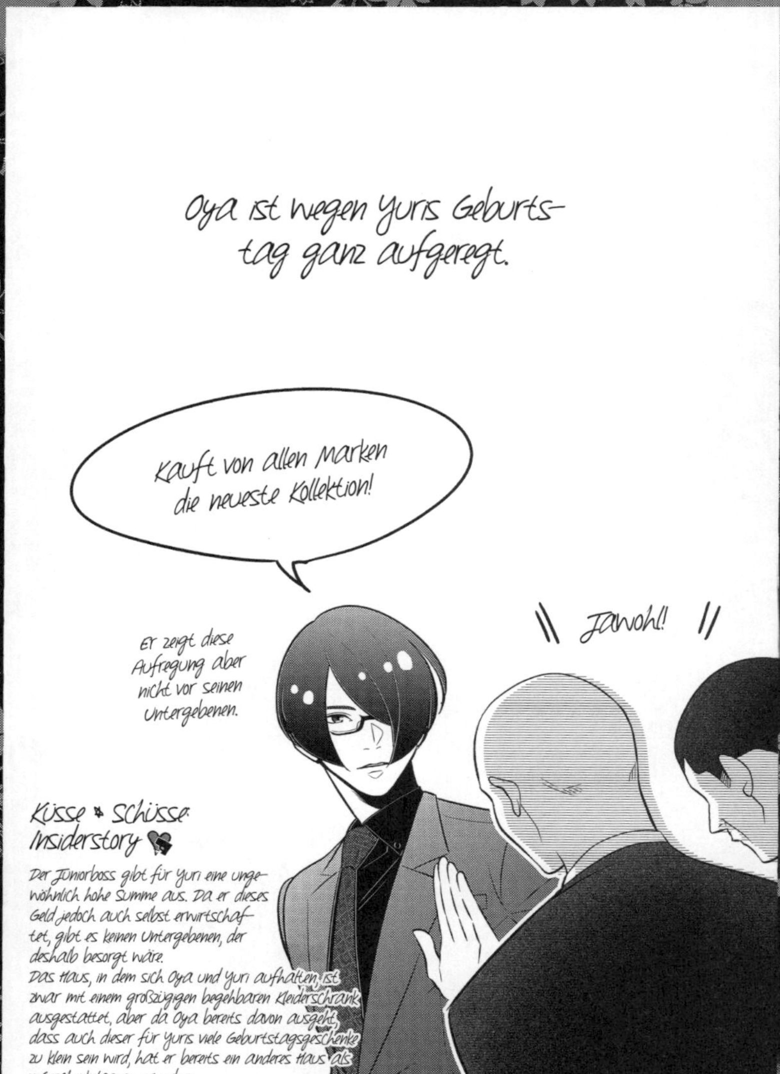

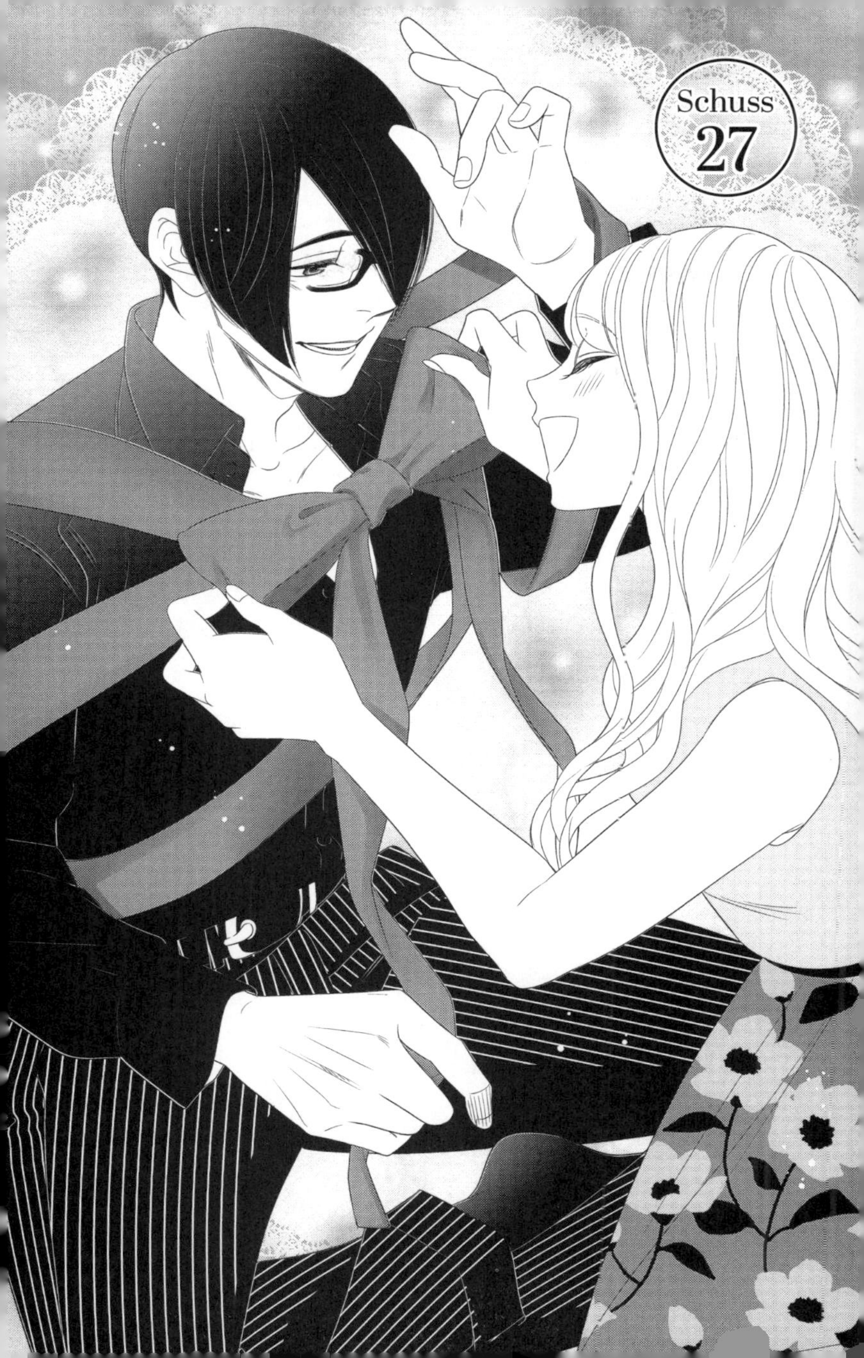
Schuss
27

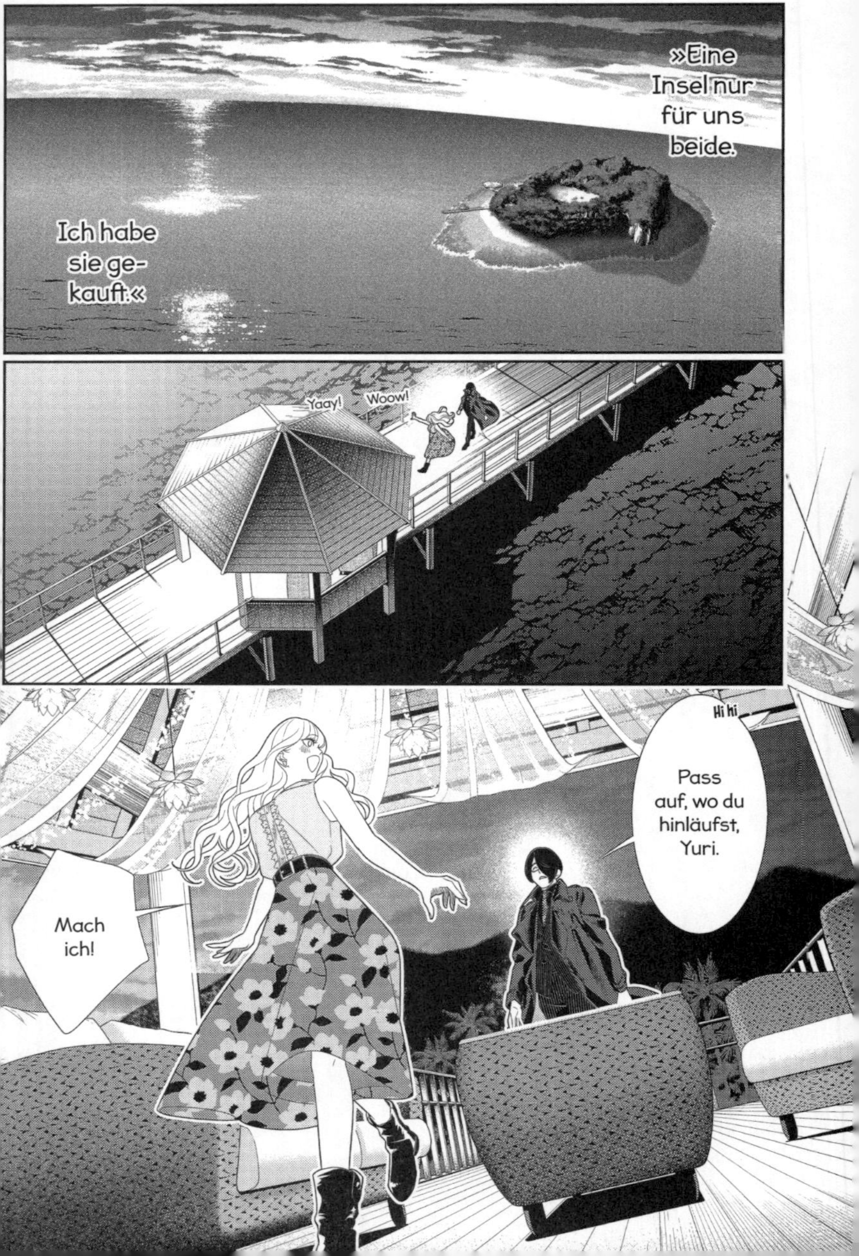
»Eine Insel nur für uns beide.
Ich habe sie ge-kauft.«
Woow!
Yaay!
Hi hi
Pass auf, wo du hinläufst, Yuri.
Mach ich!

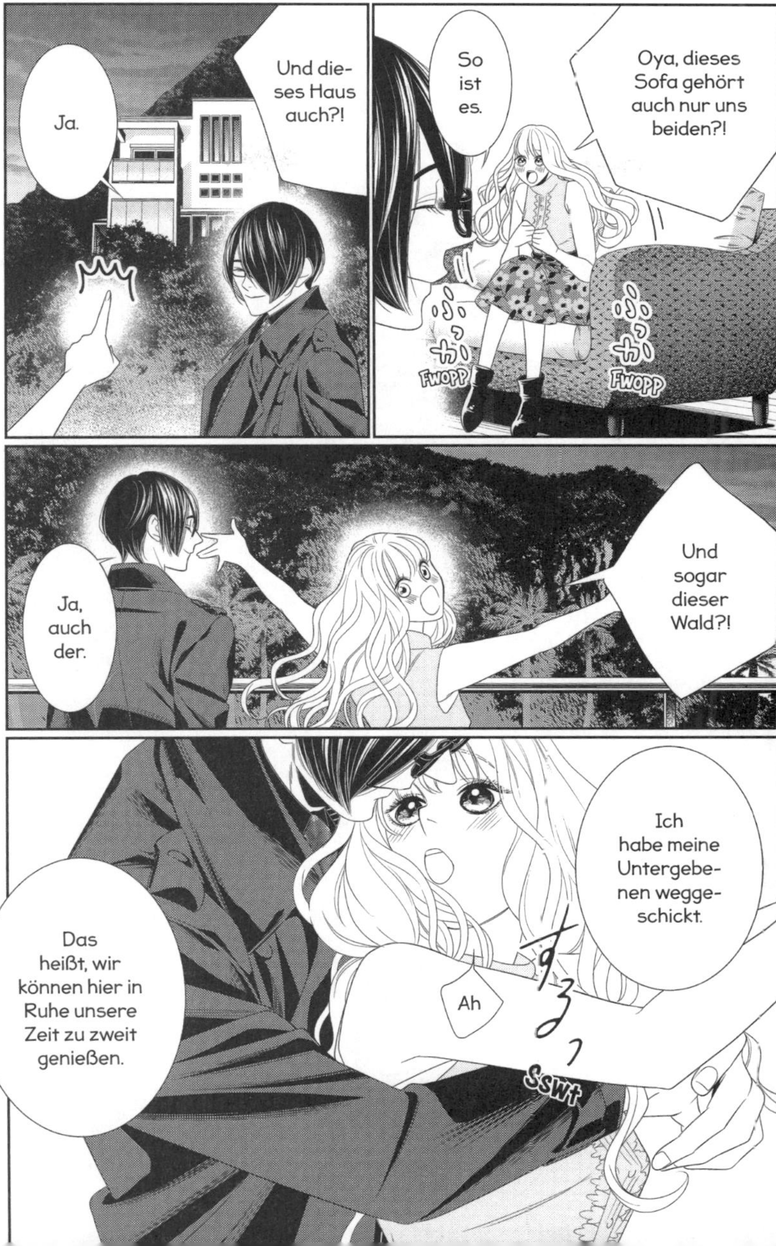
Oya, dieses Sofa gehört auch nur uns beiden?!
So ist es.
Fwopp
Fwopp
Und dieses Haus auch?!
Ja.
Und sogar dieser Wald?!
Ja, auch der.
Ich habe meine Untergebenen weggeschickt.
Ah
Sswt
Das heißt, wir können hier in Ruhe unsere Zeit zu zweit genießen.

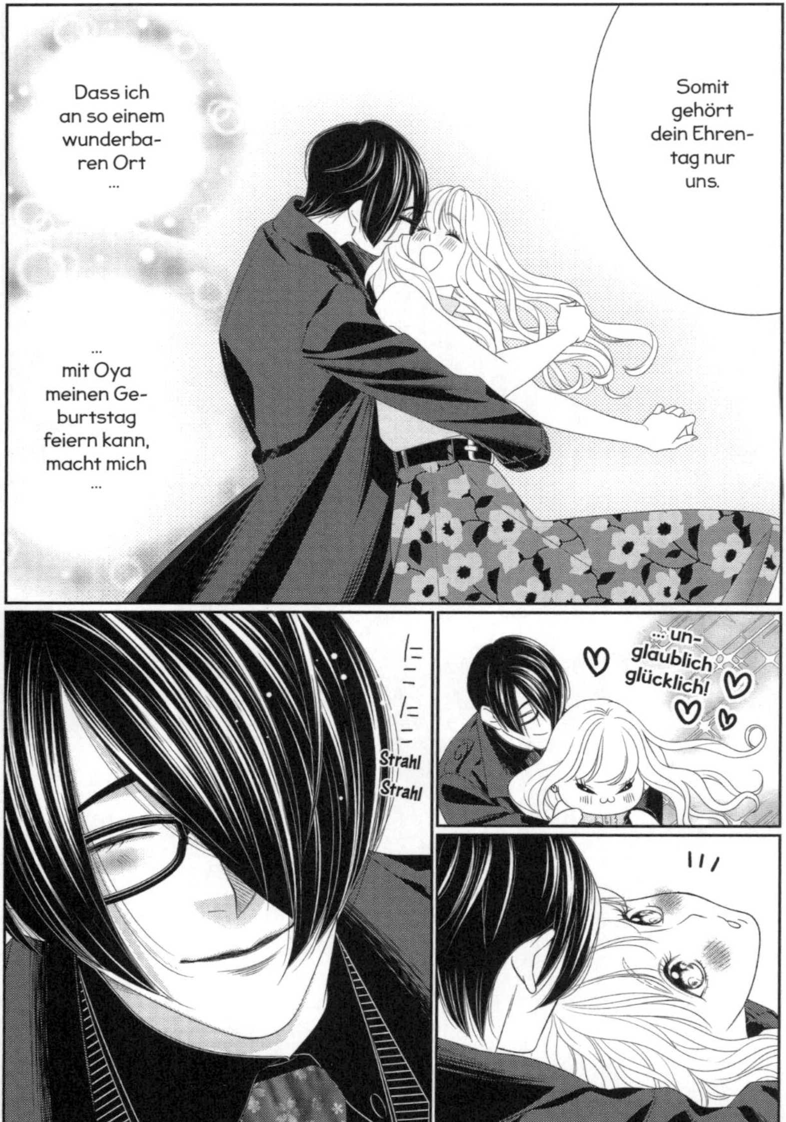
Somit gehört dein Ehrentag nur uns.
Dass ich an so einem wunderbaren Ort ...
... mit Oya meinen Geburtstag feiern kann, macht mich ...
Strahl Strahl
... unglaublich glücklich!

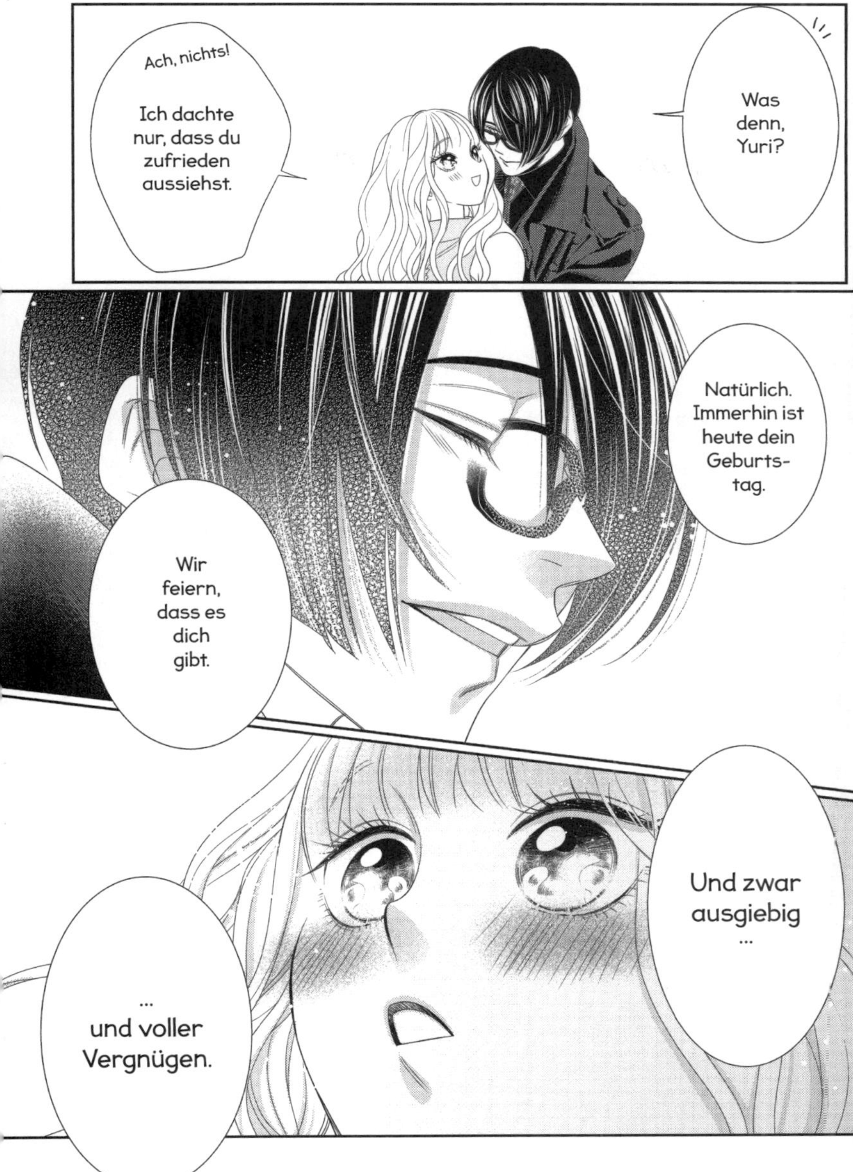

Was denn, Yuri?
Ach, nichts!
Ich dachte nur, dass du zufrieden aussiehst.
Natürlich. Immerhin ist heute dein Geburts-tag.
Wir feiern, dass es dich gibt.
Und zwar ausgiebig …
… und voller Vergnügen.

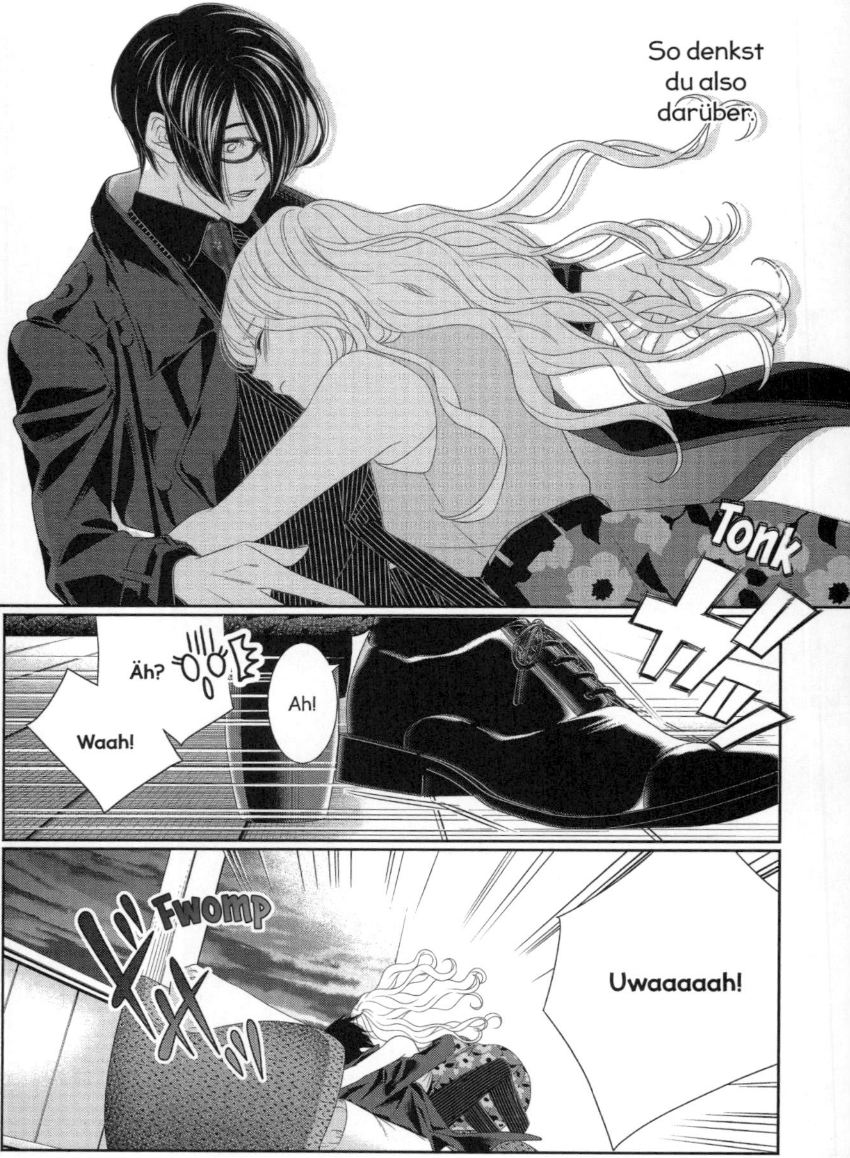
So denkst du also darüber.
Tonk
Ah!
Äh?
Waah!
Uwaaaaah!
Fwomp

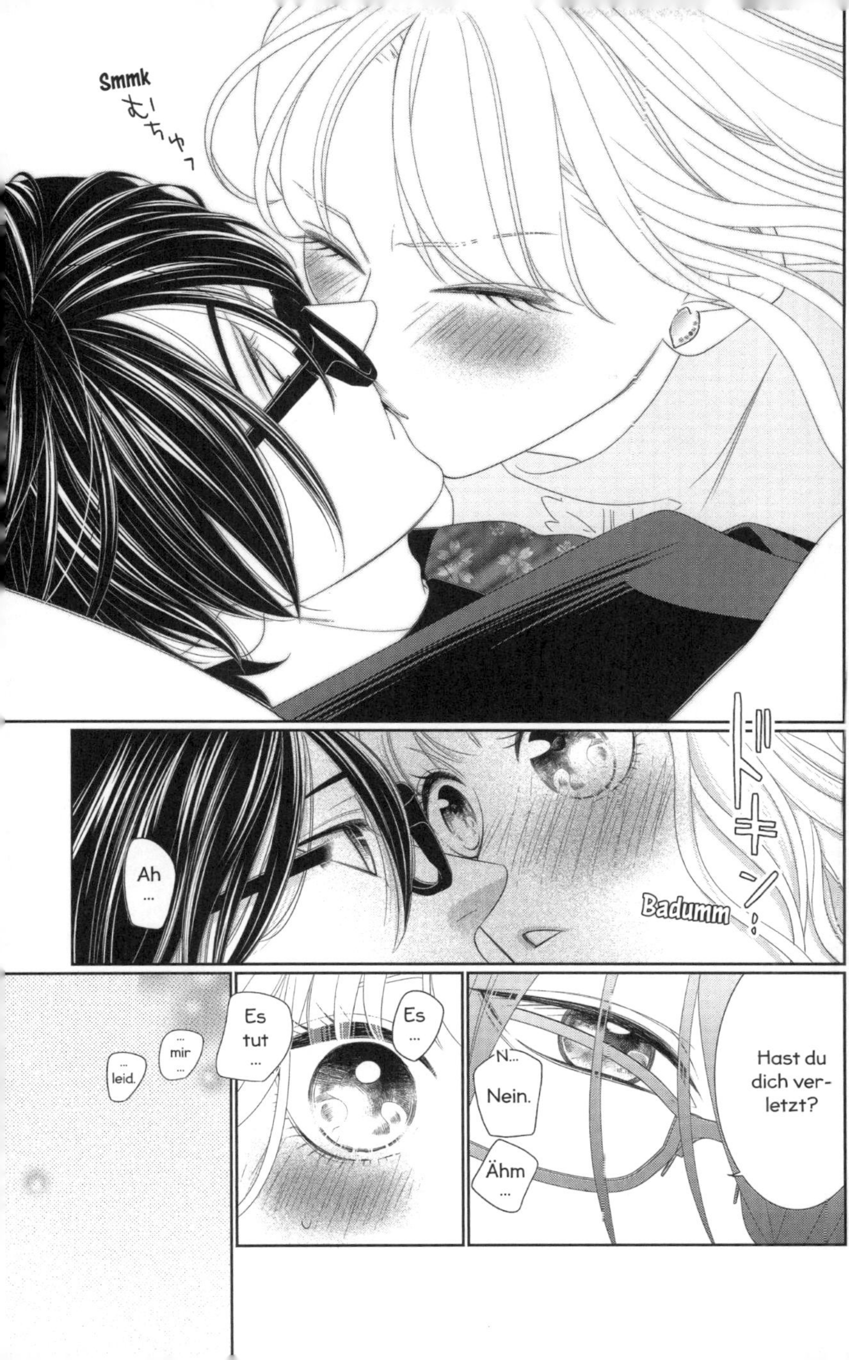

Smmk
Badumm
Ah ...
Hast du dich ver-letzt?
N... Nein.
Ähm ...
Es ...
Es tut ...
... mir ...
... leid.

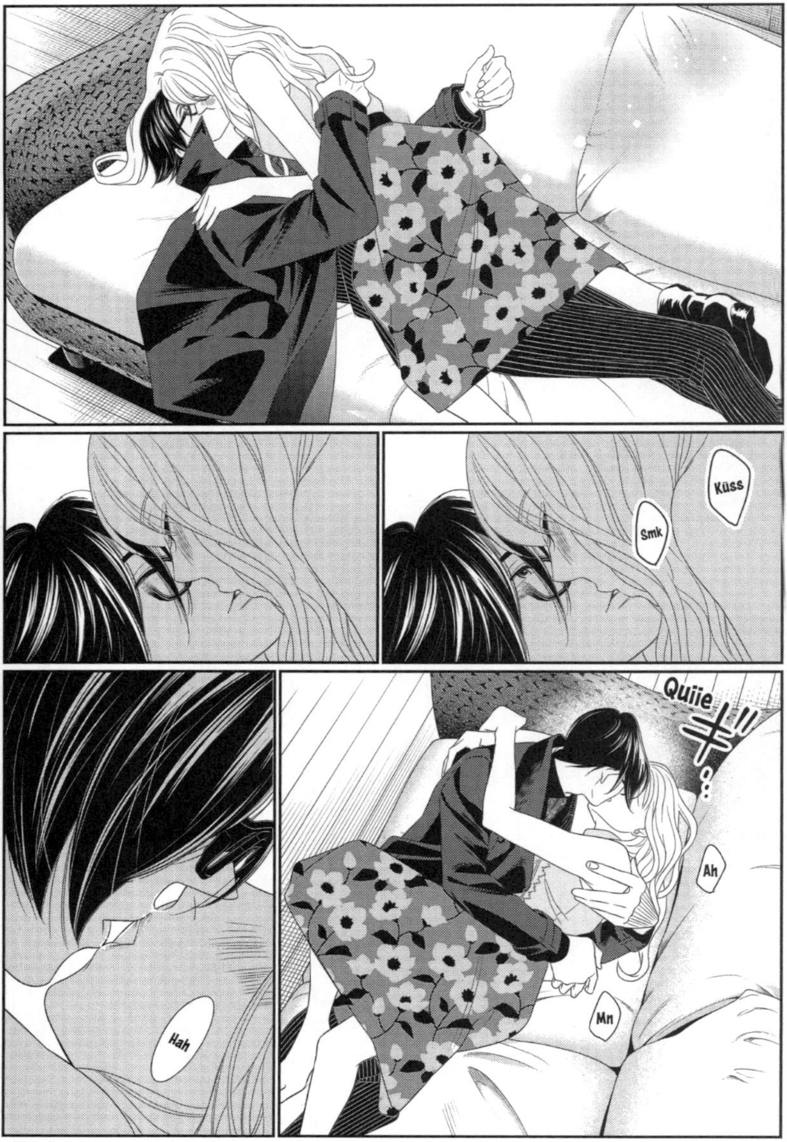
Küss
Smk
Quiie
Ah
Mn
Hah

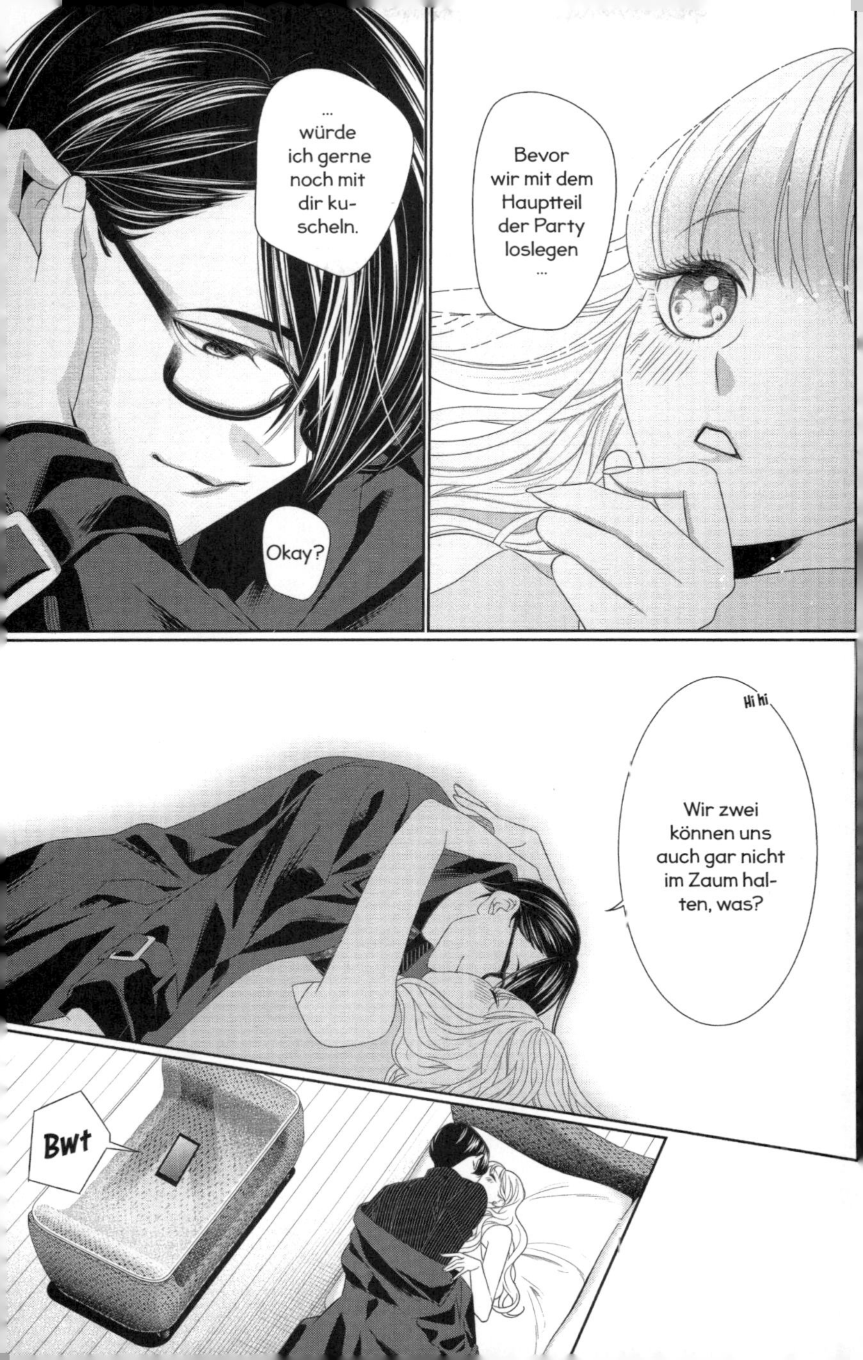
Bevor wir mit dem Hauptteil der Party loslegen ...
... würde ich gerne noch mit dir kuscheln.
Okay?
Hi hi
Wir zwei können uns auch gar nicht im Zaum halten, was?
Bwt

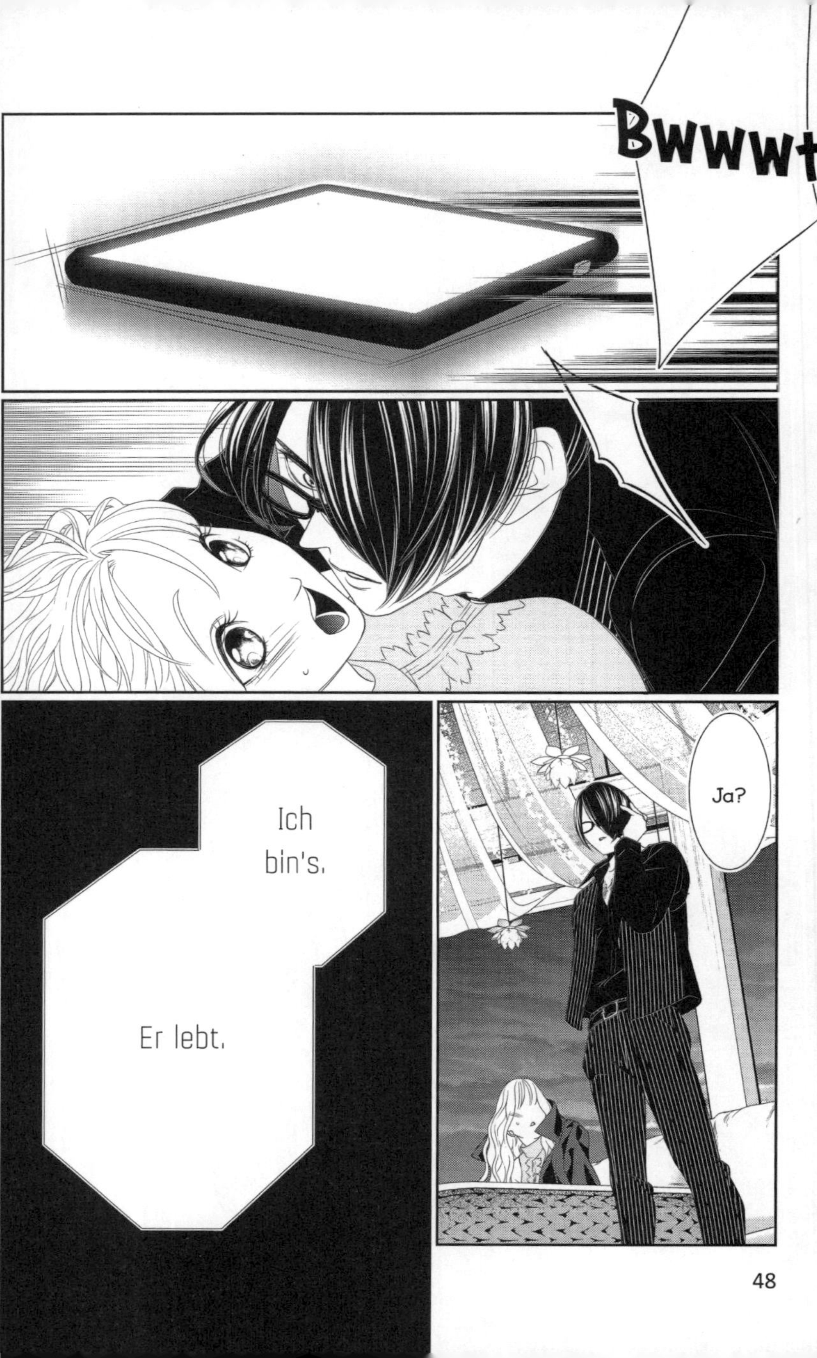
Bwwwt
Ja?
Ich bin's.
Er lebt.

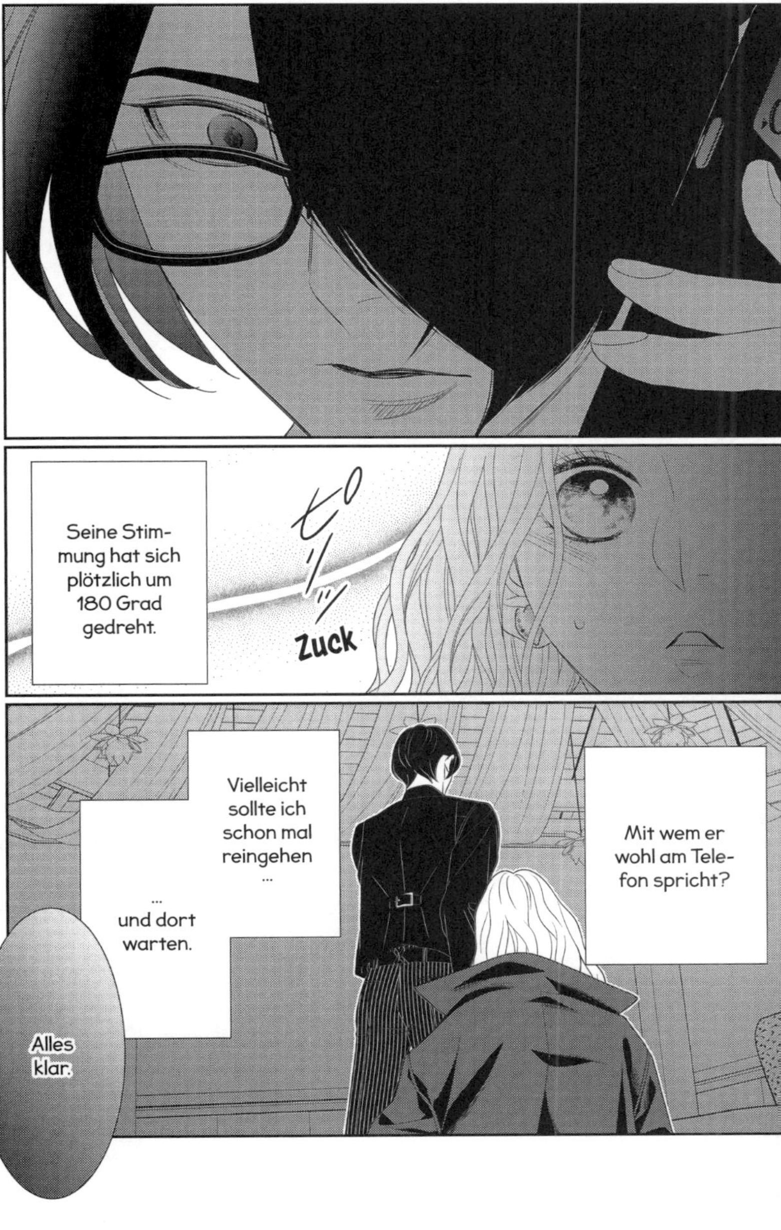
Seine Stimmung hat sich plötzlich um 180 Grad gedreht.
Zuck
Mit wem er wohl am Telefon spricht?
Vielleicht sollte ich schon mal reingehen …
… und dort warten.
Alles klar.

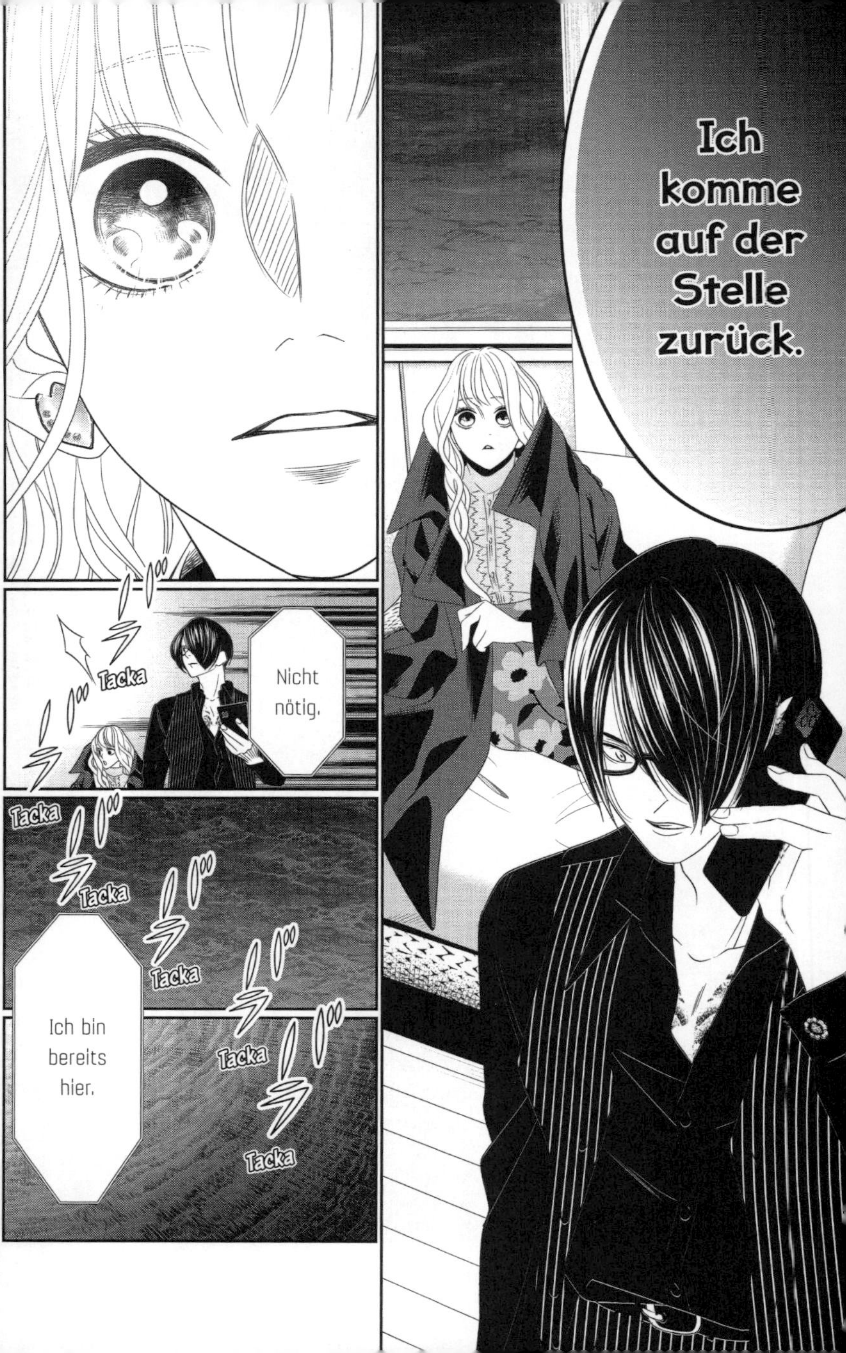
Ich komme auf der Stelle zurück.
Tacka
Nicht nötig.
Tacka
Tacka
Tacka
Ich bin bereits hier.
Tacka
Tacka

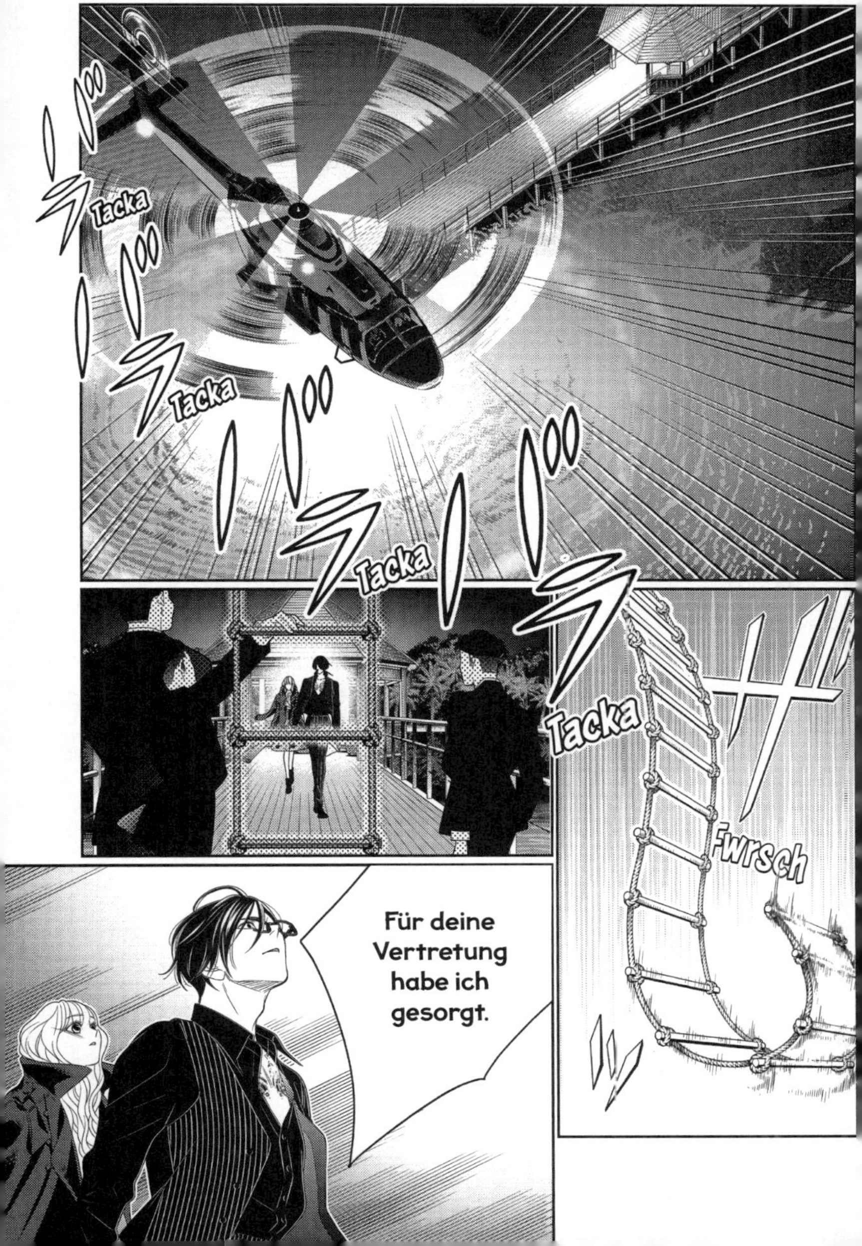
Tacka
Tacka
Tacka
Tacka
Fwrsch
Für deine
Vertretung
habe ich
gesorgt.

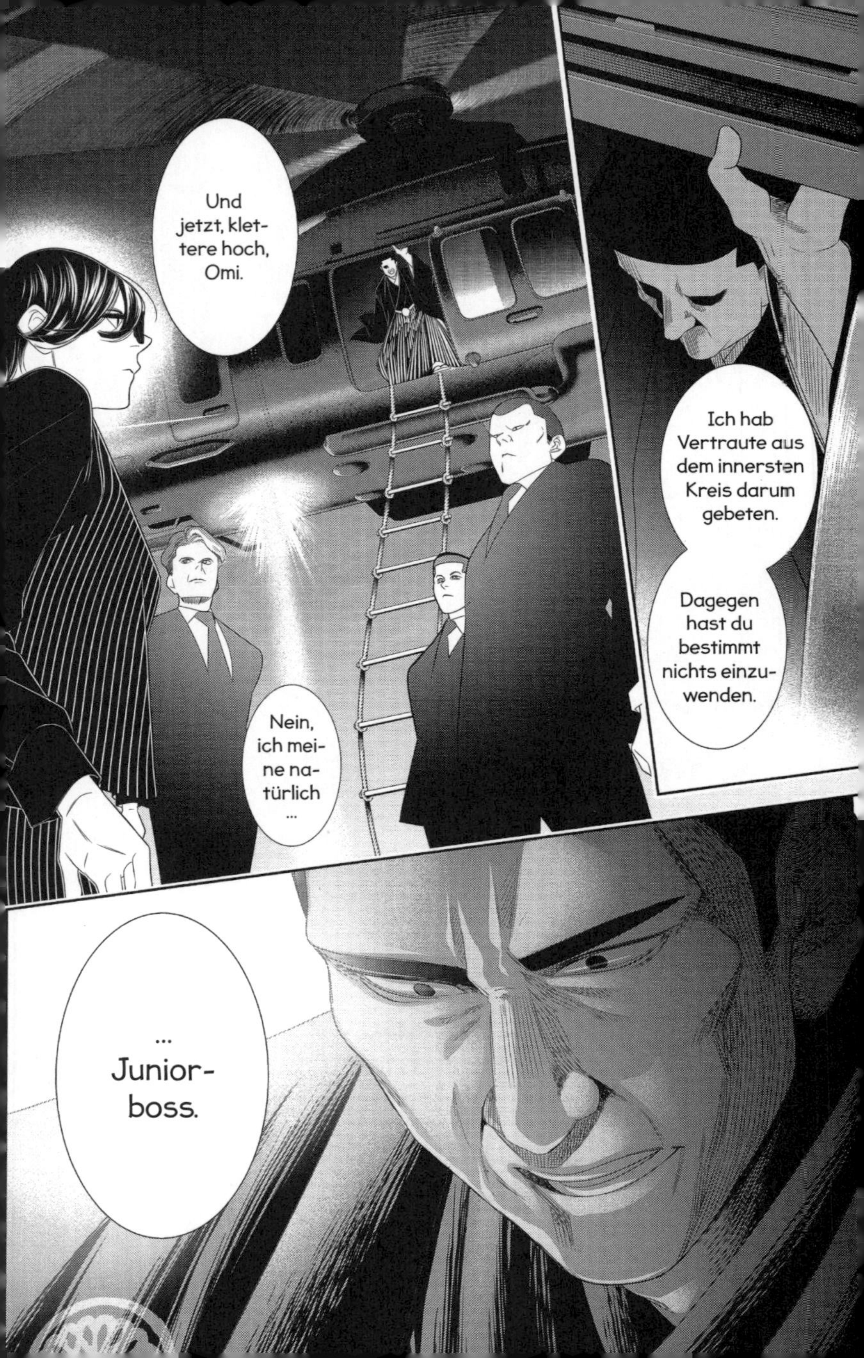
Ich hab Vertraute aus dem innersten Kreis darum gebeten.
Dagegen hast du bestimmt nichts einzuwenden.
Und jetzt, klettere hoch, Omi.
Nein, ich meine natürlich ...
... Juniorboss.

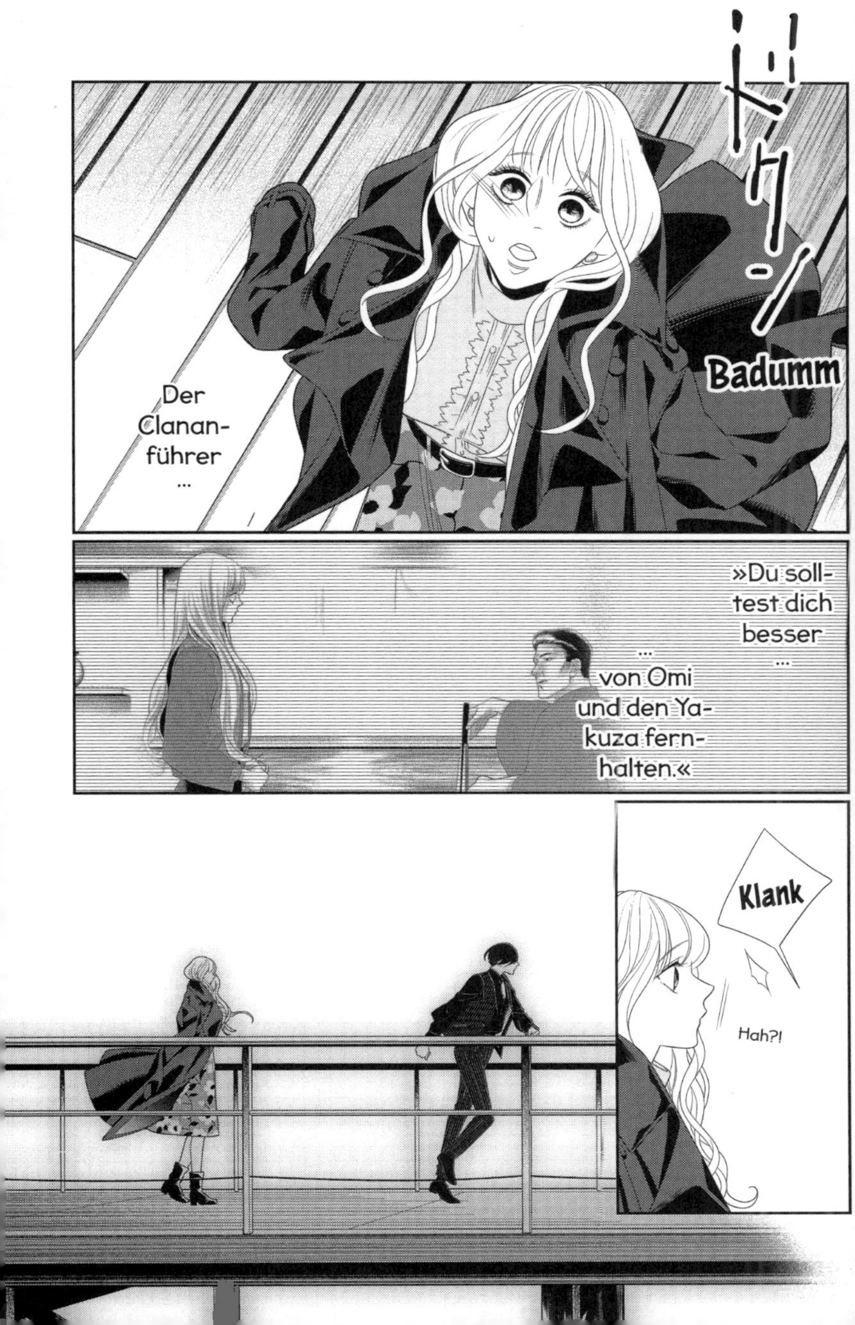
Badumm
Der Clananführer ...
»Du solltest dich besser ...
... von Omi und den Yakuza fernhalten.«
Klank
Hah?!

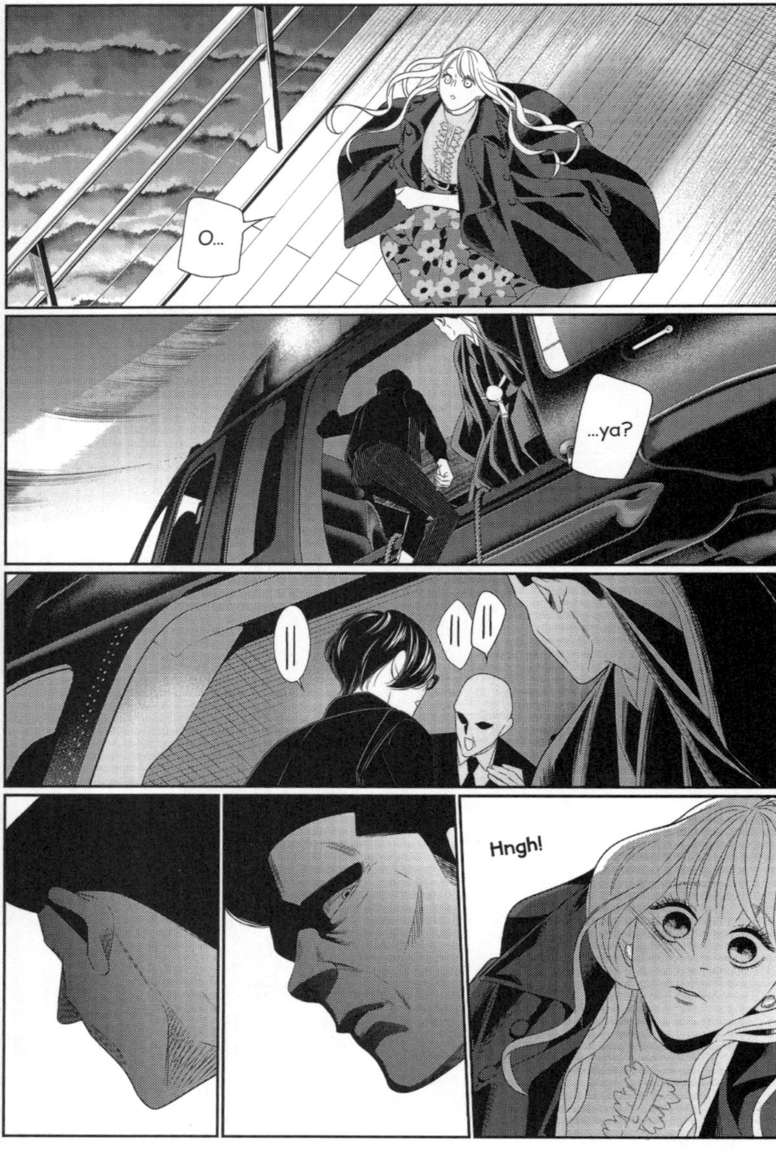
O...
...ya?
Hngh!

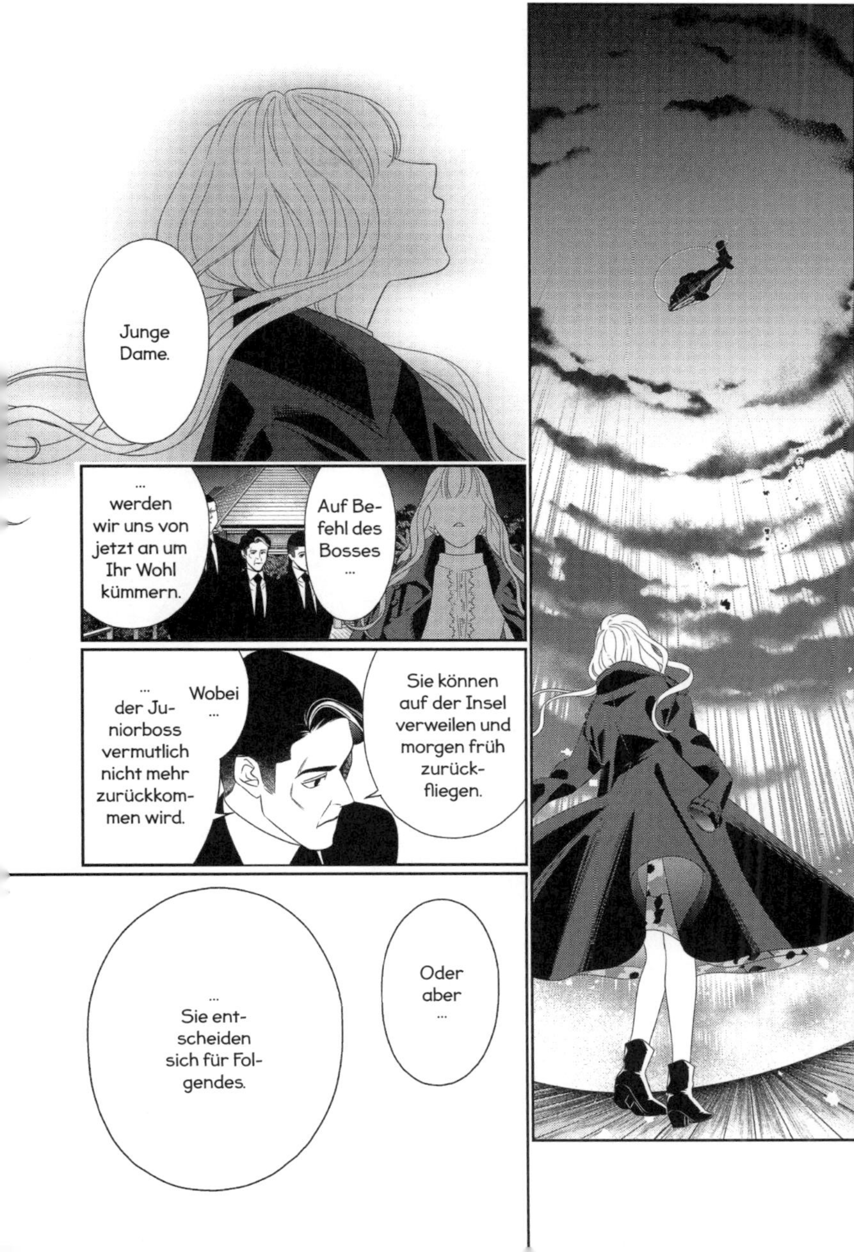
Junge Dame.
Auf Befehl des Bosses …
… werden wir uns von jetzt an um Ihr Wohl kümmern.
Sie können auf der Insel verweilen und morgen früh zurückfliegen.
Wobei …
… der Juniorboss vermutlich nicht mehr zurückkommen wird.
Oder aber …
… Sie entscheiden sich für Folgendes.

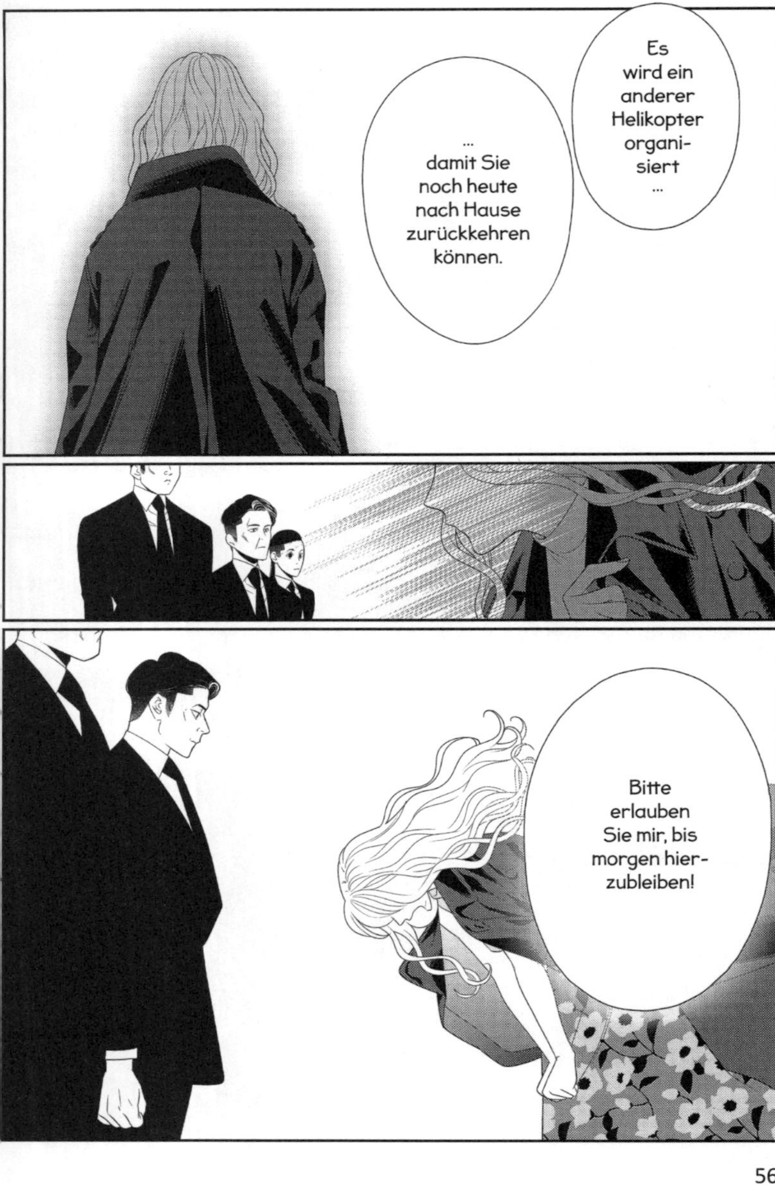
Es wird ein anderer Helikopter organi- siert …
… damit Sie noch heute nach Hause zurückkehren können.
Bitte erlauben Sie mir, bis morgen hier- zubleiben!

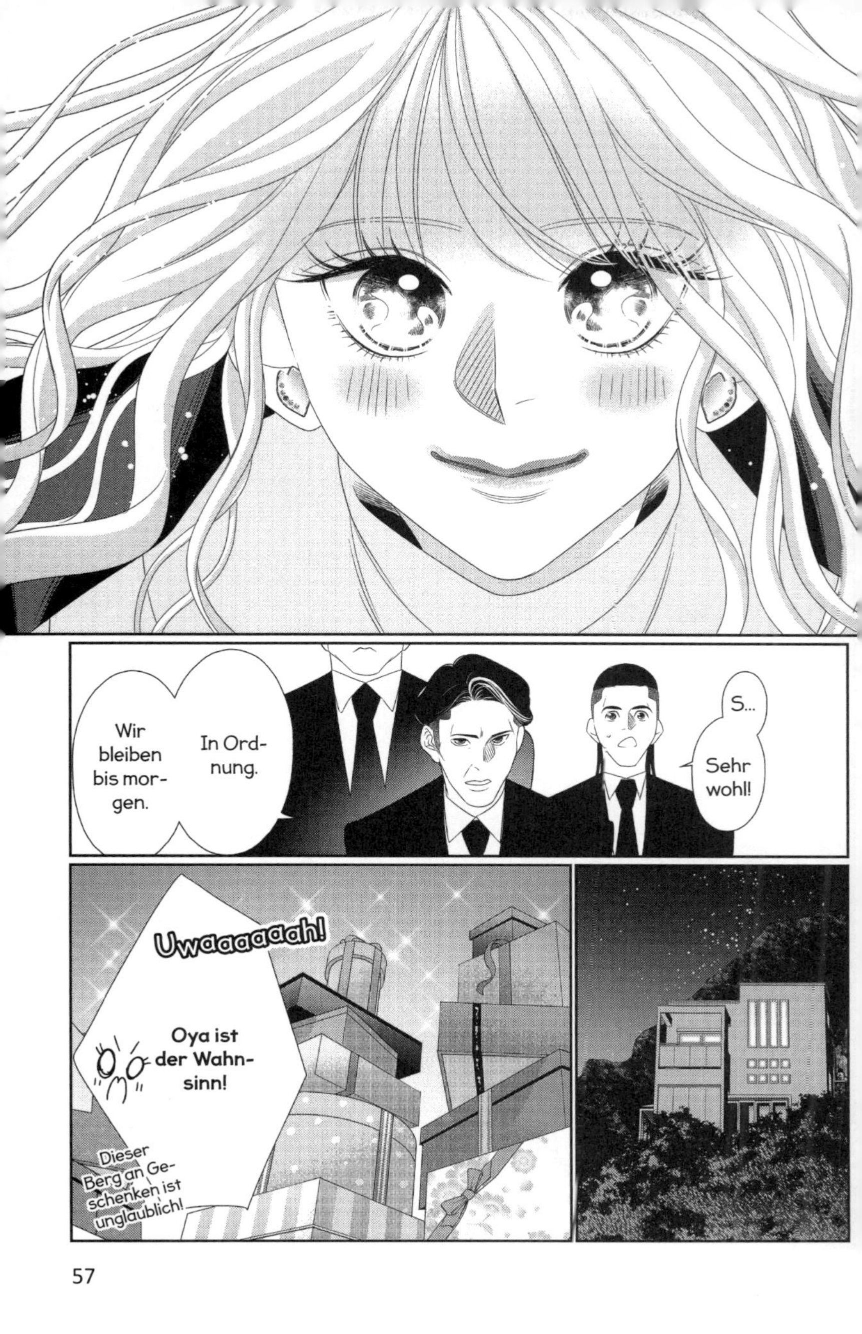
In Ordnung.
Wir bleiben bis morgen.
S...
Sehr wohl!
Uwaaaaaah!
Oya ist der Wahnsinn!
Dieser Berg an Geschenken ist unglaublich!

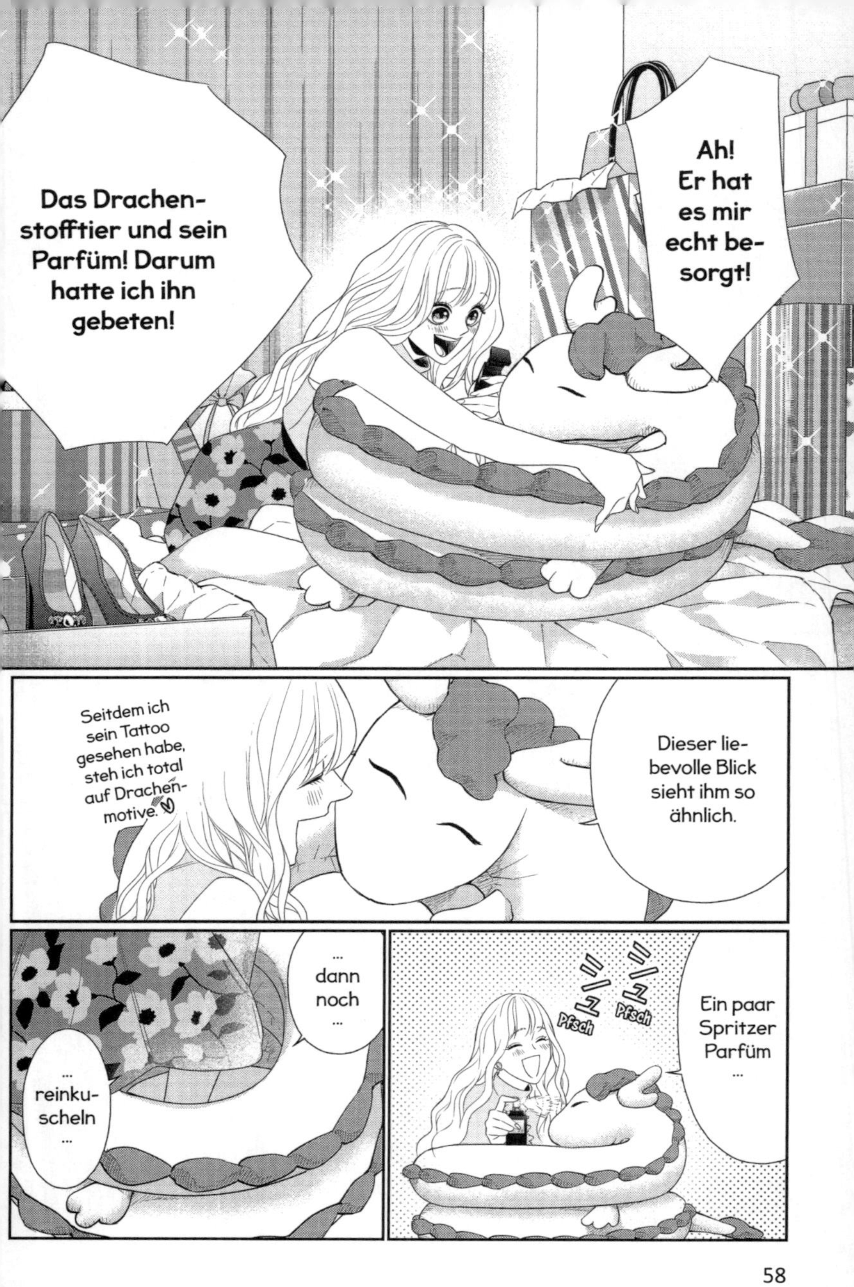
Ah! Er hat es mir echt besorgt!
Das Drachenstofftier und sein Parfüm! Darum hatte ich ihn gebeten!
Dieser liebevolle Blick sieht ihm so ähnlich.
Seitdem ich sein Tattoo gesehen habe, steh ich total auf Drachenmotive.
Ein paar Spritzer Parfüm …
Pfsch
Pfsch
… dann noch …
… reinkuscheln …

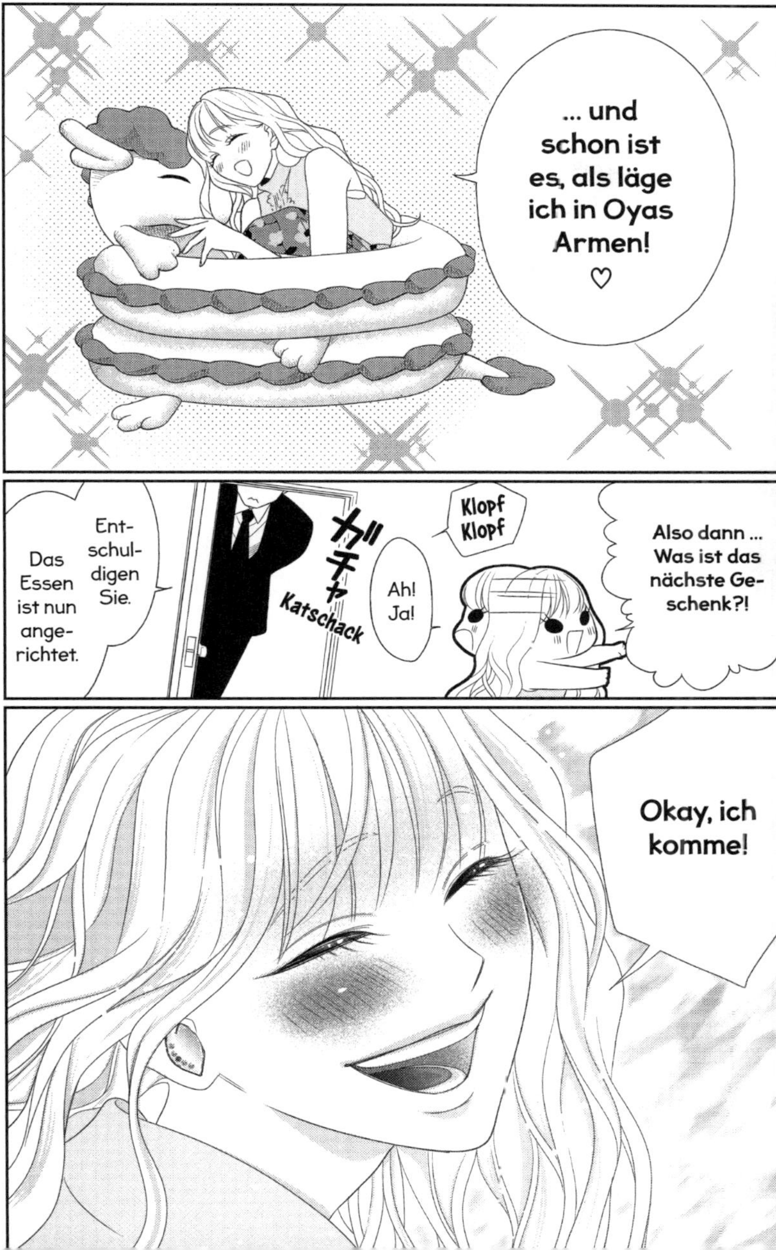
... und schon ist es, als läge ich in Oyas Armen! ♡
Also dann ... Was ist das nächste Geschenk?!
Klopf Klopf
Ah! Ja!
ガチャ
Katschack
Entschuldigen Sie.
Das Essen ist nun angerichtet.
Okay, ich komme!

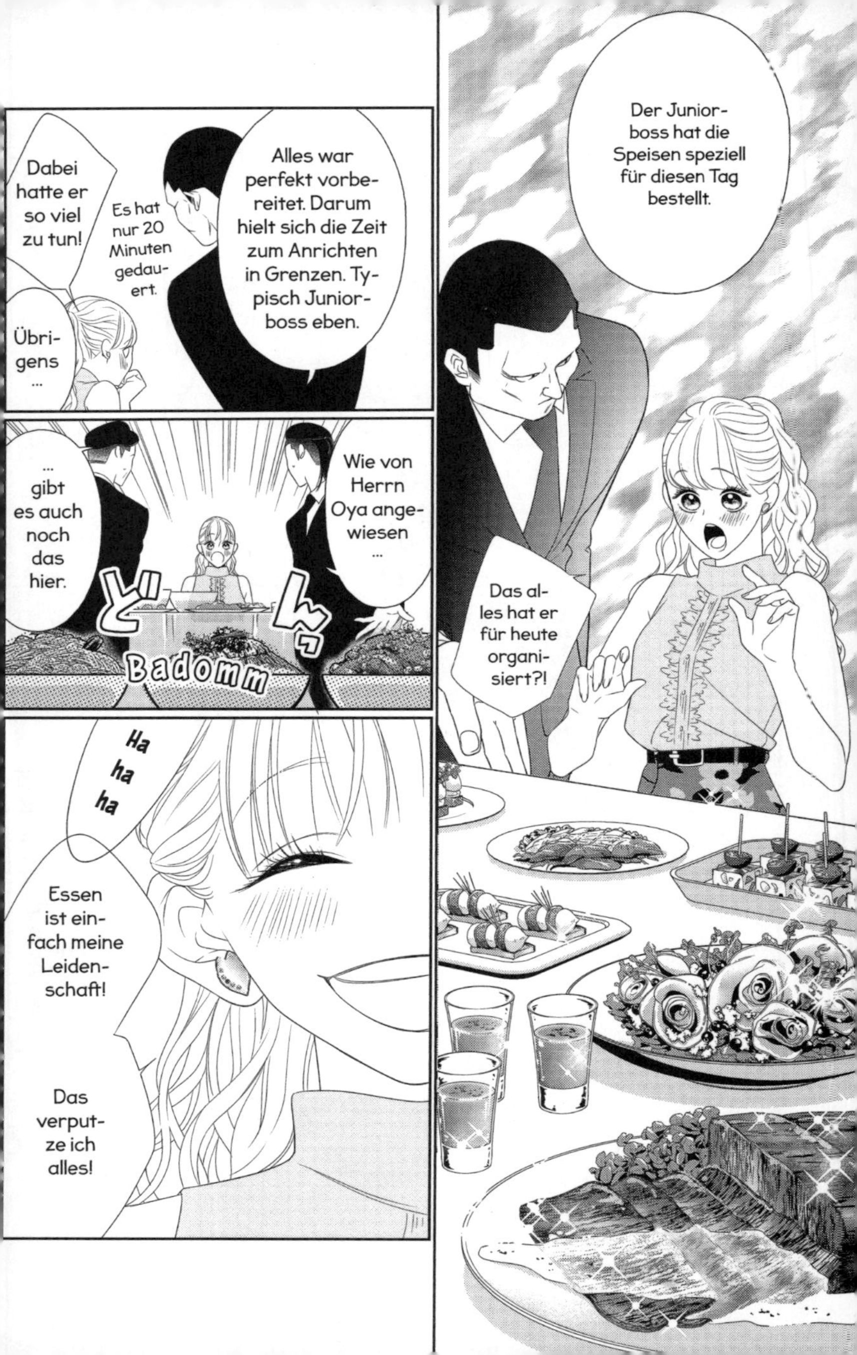
Der Juniorboss hat die Speisen speziell für diesen Tag bestellt.
Das alles hat er für heute organisiert?!
Alles war perfekt vorbereitet. Darum hielt sich die Zeit zum Anrichten in Grenzen. Typisch Juniorboss eben.
Es hat nur 20 Minuten gedauert.
Dabei hatte er so viel zu tun!
Übrigens ...
Wie von Herrn Oya angewiesen ...
... gibt es auch noch das hier.
Badomm
Ha ha ha
Essen ist einfach meine Leidenschaft!
Das verputze ich alles!

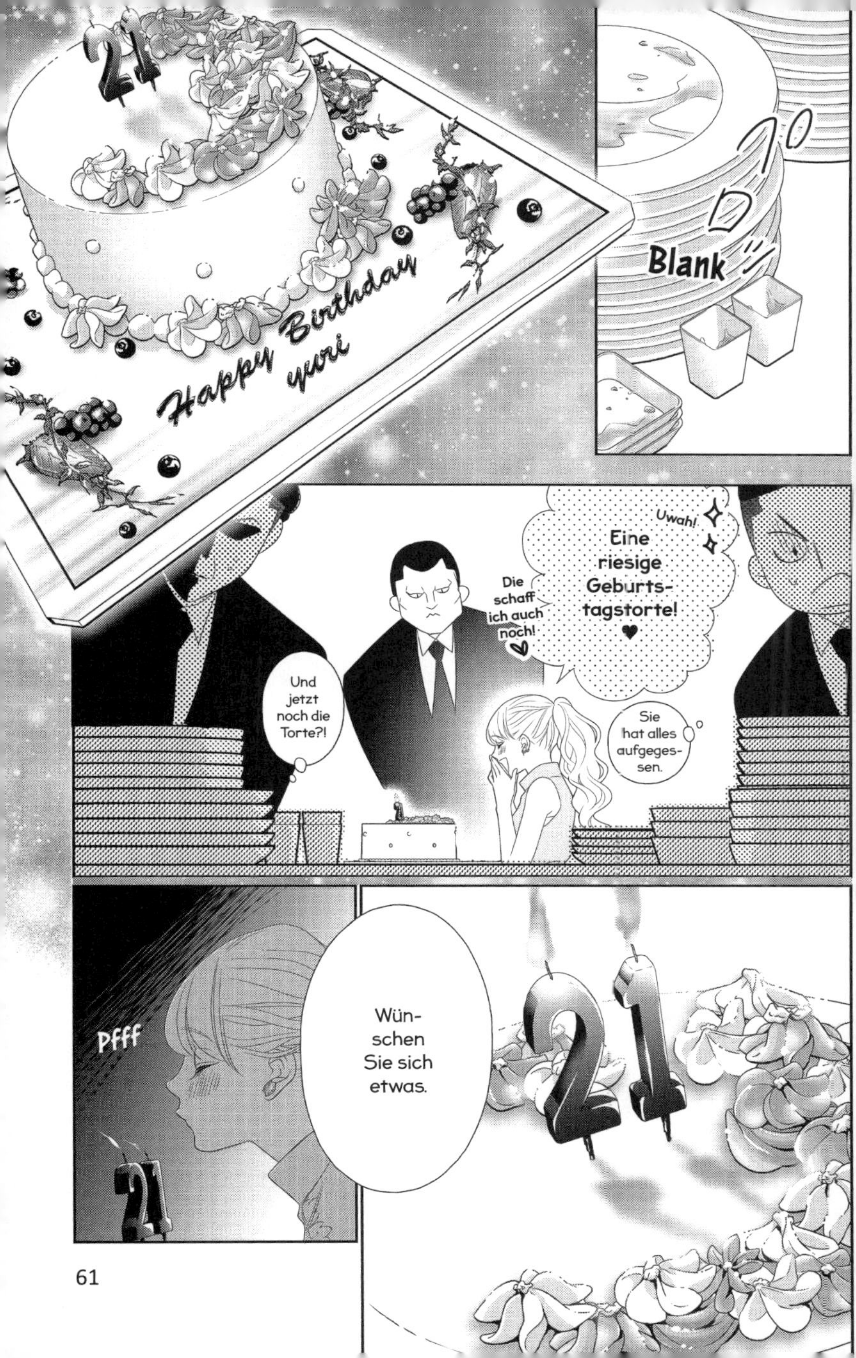
Happy Birthday
yuri
Blank
Uwah!
Eine riesige Geburtstagstorte!
Die schaff ich auch noch!
Sie hat alles aufgegessen.
Und jetzt noch die Torte?!
Wünschen Sie sich etwas.
Pfff

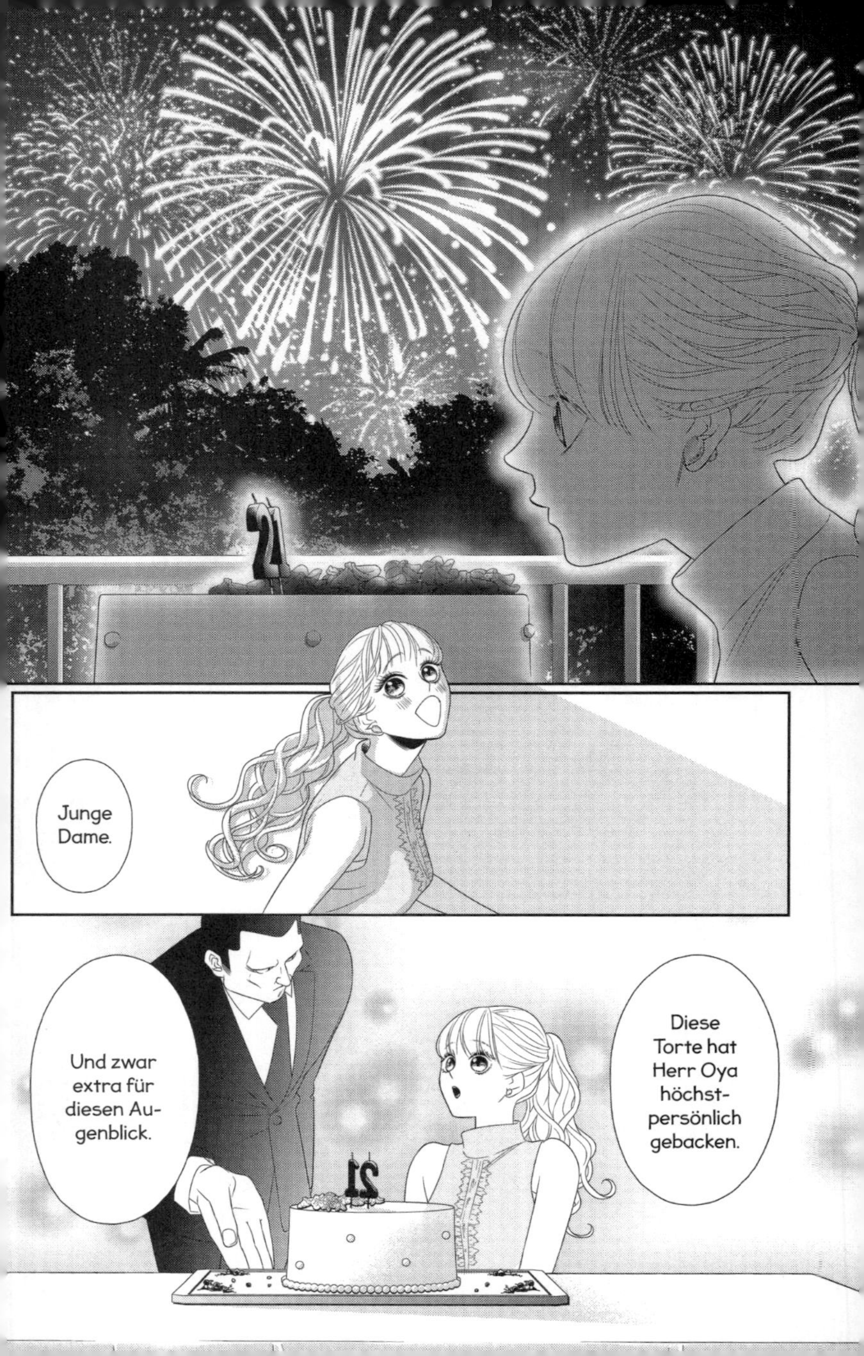
Junge Dame.
Diese Torte hat Herr Oya höchst-persönlich gebacken.
Und zwar extra für diesen Au-genblick.

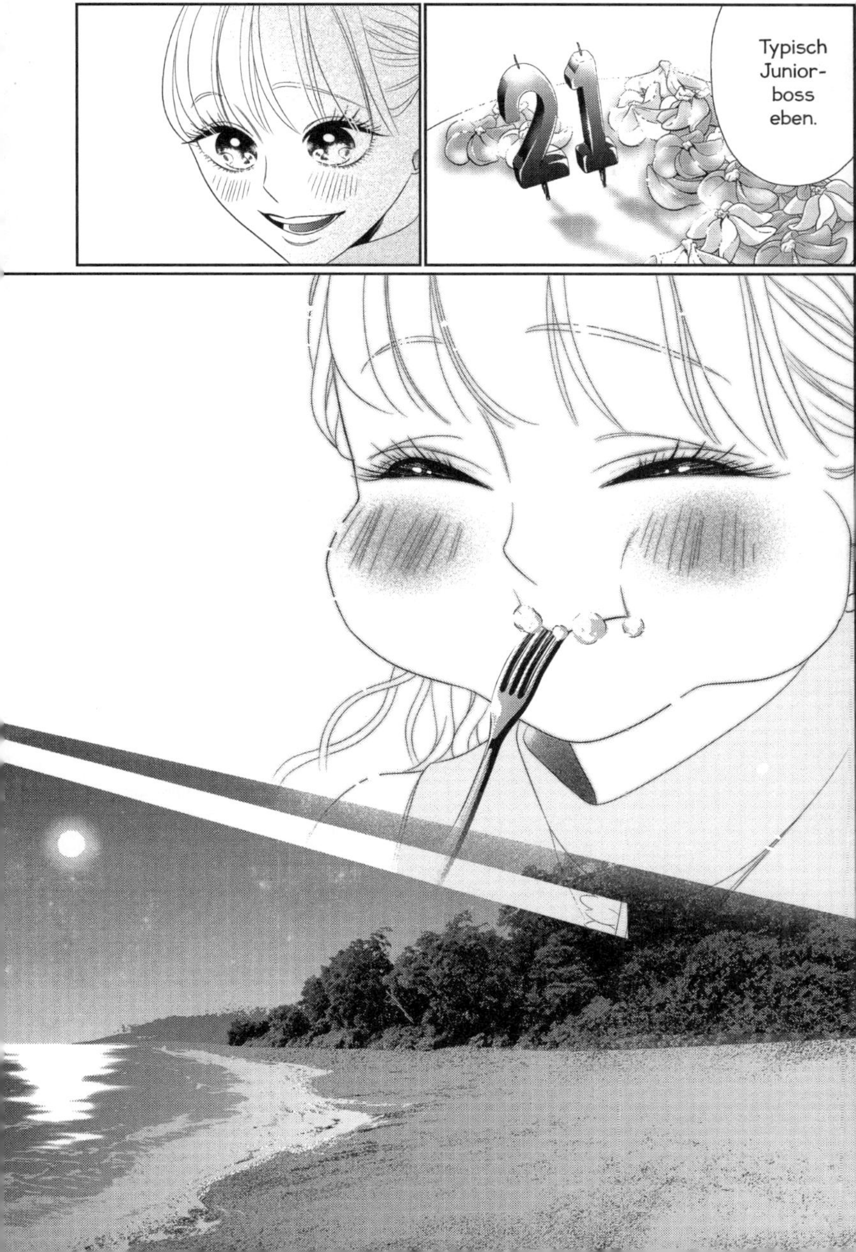
Typisch Junior-boss eben.

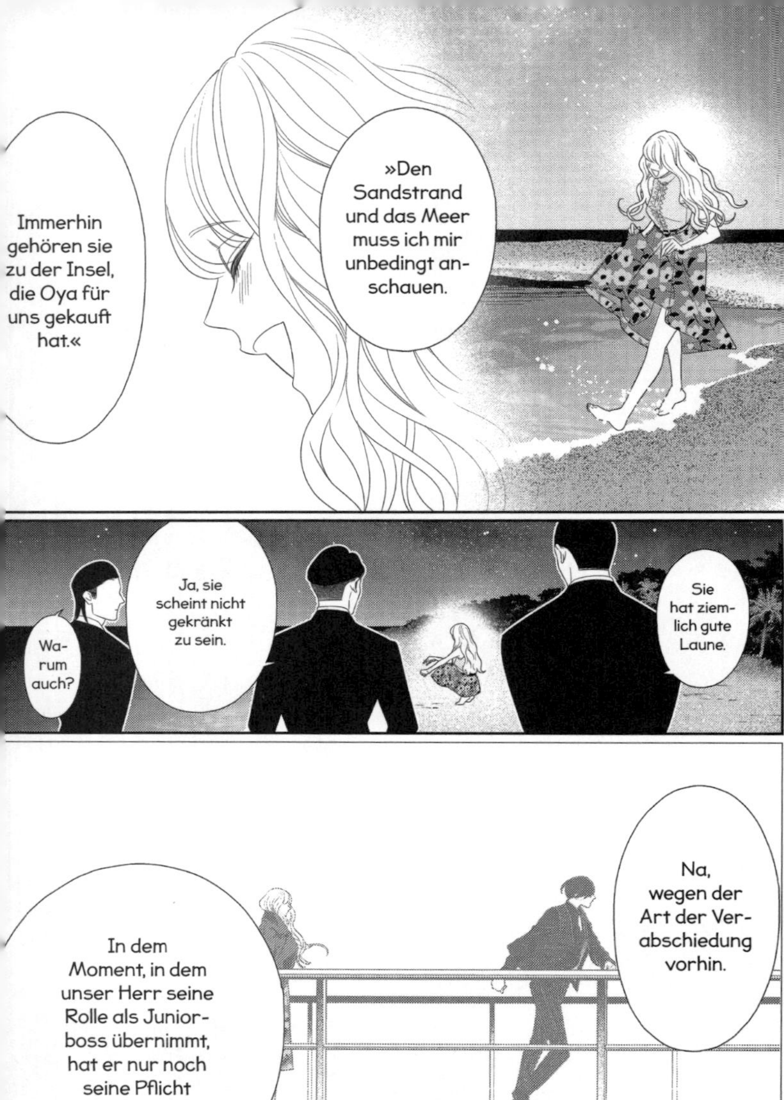
»Den Sandstrand und das Meer muss ich mir unbedingt anschauen.
Immerhin gehören sie zu der Insel, die Oya für uns gekauft hat.«
Sie hat ziemlich gute Laune.
Ja, sie scheint nicht gekränkt zu sein.
Warum auch?
Na, wegen der Art der Verabschiedung vorhin.
In dem Moment, in dem unser Herr seine Rolle als Juniorboss übernimmt, hat er nur noch seine Pflicht vor Augen.

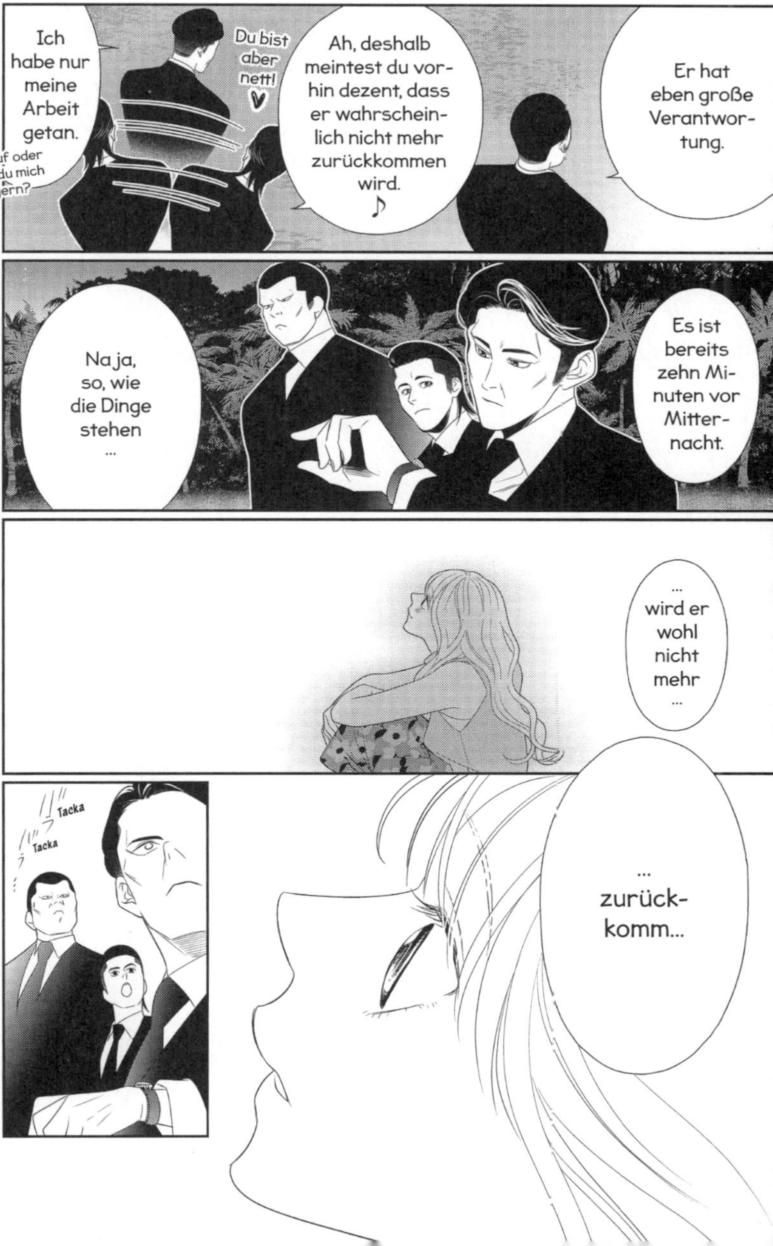
Er hat eben große Verantwortung.
Ah, deshalb meintest du vorhin dezent, dass er wahrscheinlich nicht mehr zurückkommen wird. ♪
Ich habe nur meine Arbeit getan.
Du bist aber nett! ♥
Hör auf oder willst du mich ärgern?
Es ist bereits zehn Minuten vor Mitternacht.
Na ja, so, wie die Dinge stehen ...
... wird er wohl nicht mehr ...
... zurückkomm...
Tacka
Tacka

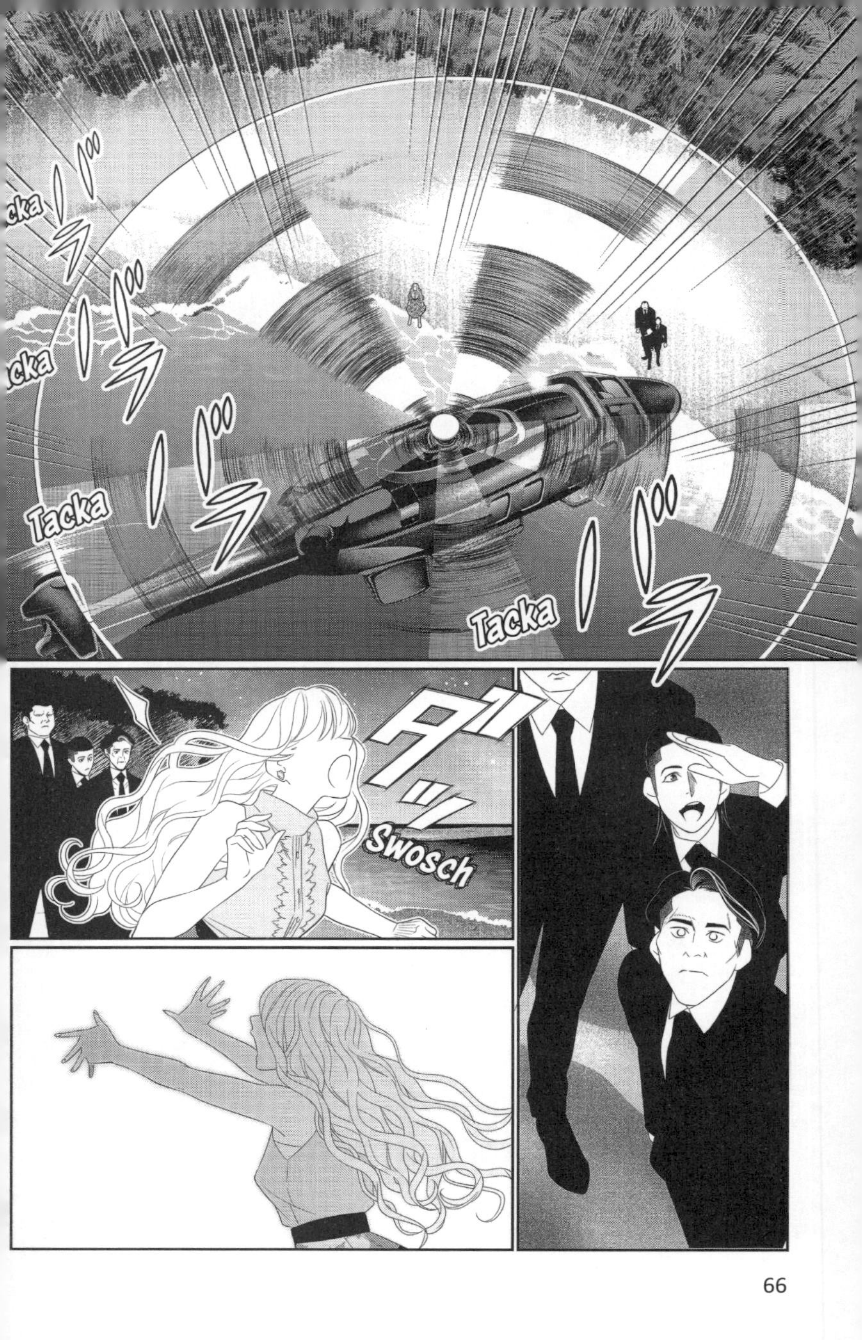
Tacka
Tacka
Swosch

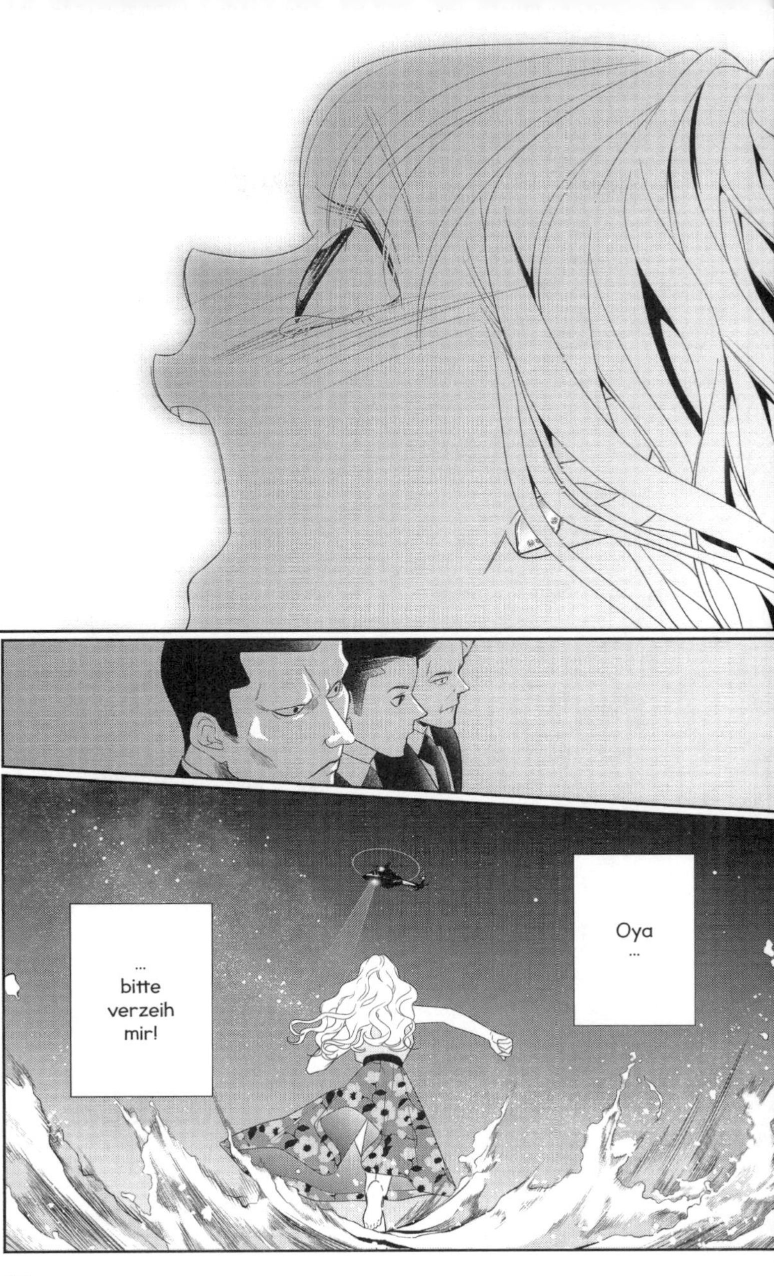
Oya ...
... bitte verzeih mir!

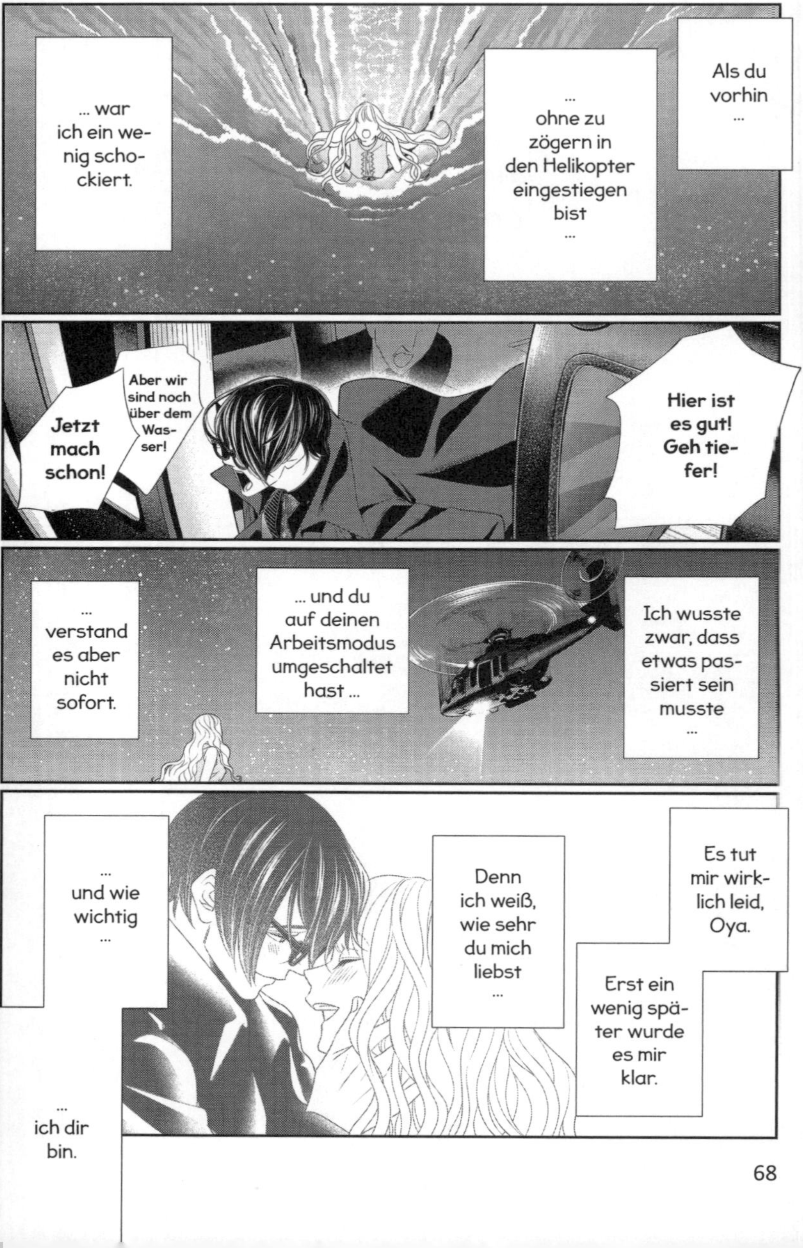

Als du vorhin …
… ohne zu zögern in den Helikopter eingestiegen bist …
… war ich ein wenig schockiert.
Hier ist es gut! Geh tiefer!
Aber wir sind noch über dem Wasser!
Jetzt mach schon!
Ich wusste zwar, dass etwas passiert sein musste …
… und du auf deinen Arbeitsmodus umgeschaltet hast …
… verstand es aber nicht sofort.
Es tut mir wirklich leid, Oya.
Erst ein wenig später wurde es mir klar.
Denn ich weiß, wie sehr du mich liebst …
… und wie wichtig …
… ich dir bin.

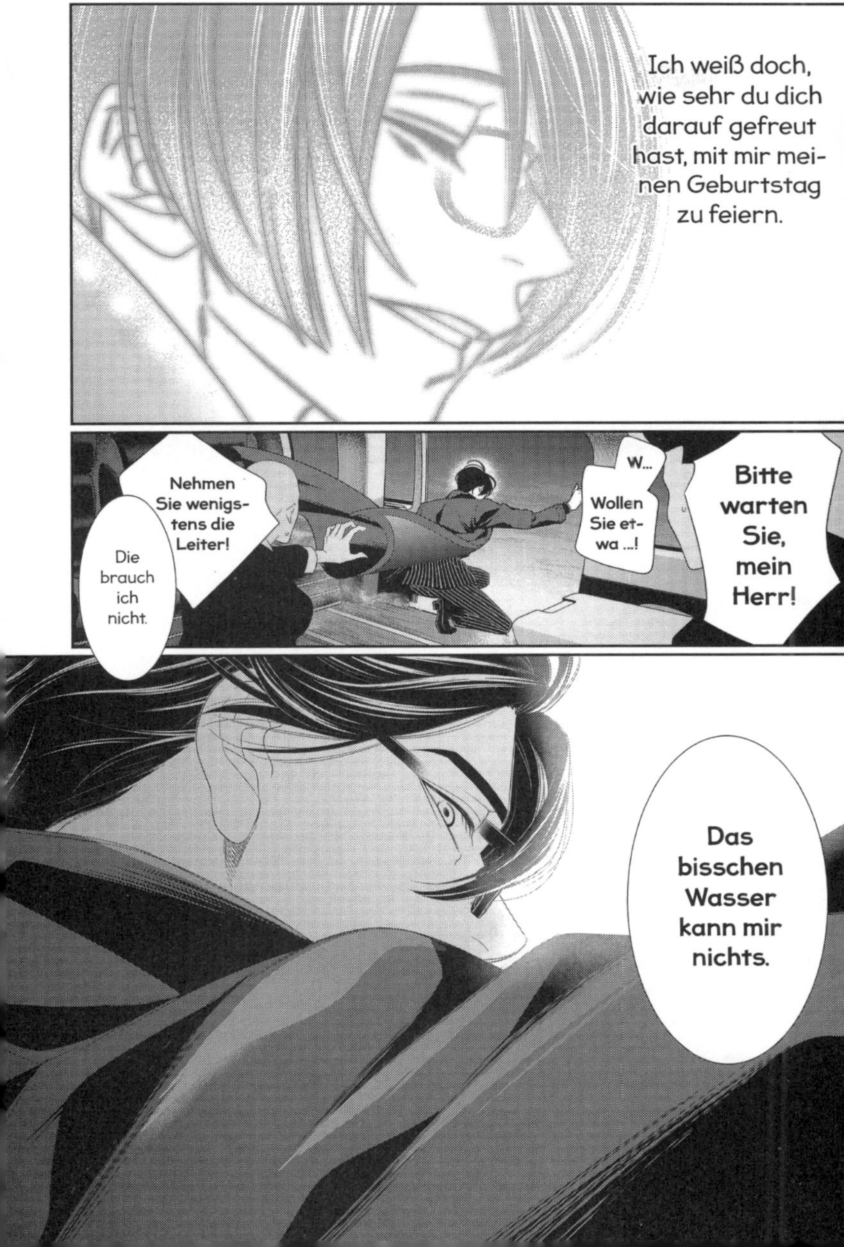
Ich weiß doch, wie sehr du dich darauf gefreut hast, mit mir meinen Geburtstag zu feiern.
Bitte warten Sie, mein Herr!
W...
Wollen Sie etwa ...!
Nehmen Sie wenigstens die Leiter!
Die brauch ich nicht.
Das bisschen Wasser kann mir nichts.

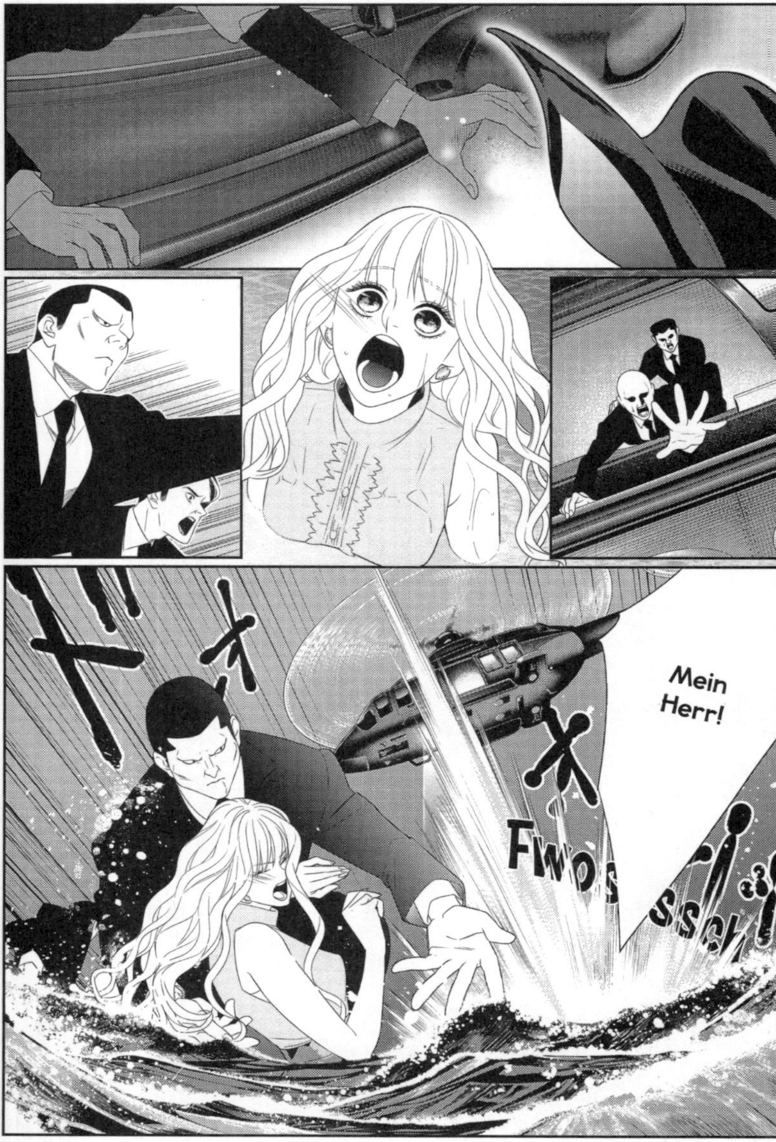
Mein Herr!
FWOSSSCH

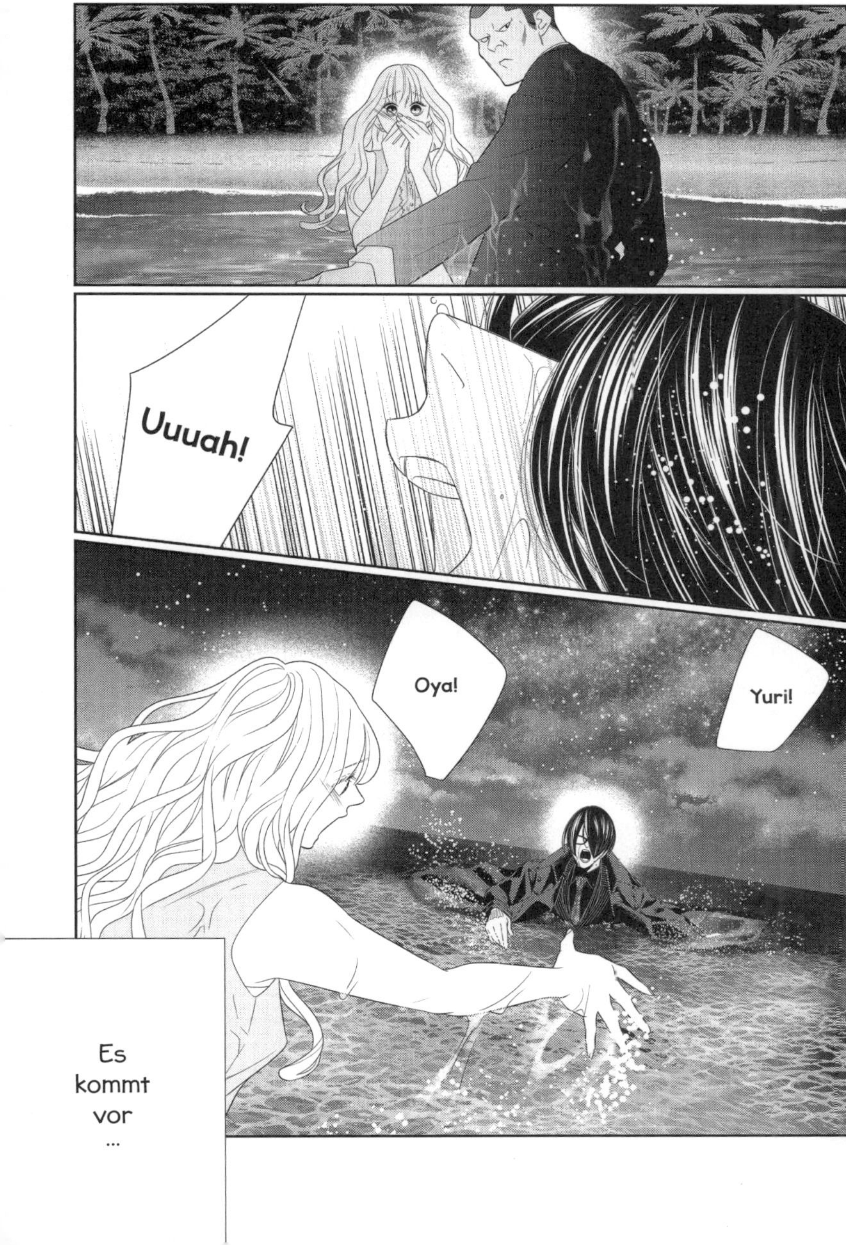
Uuuah!
Yuri!
Oya!
Es kommt vor ...

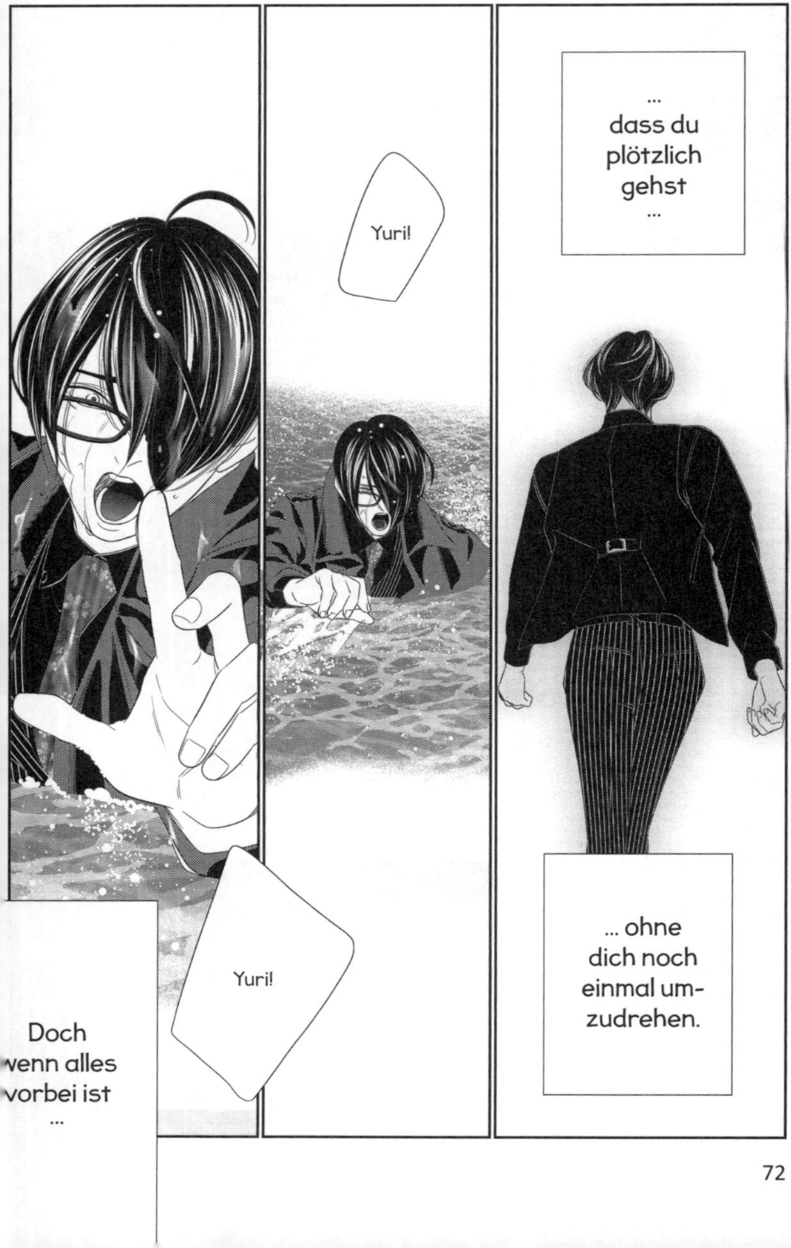
... dass du plötzlich gehst ...
... ohne dich noch einmal umzudrehen.
Yuri!
Yuri!
Doch wenn alles vorbei ist ...

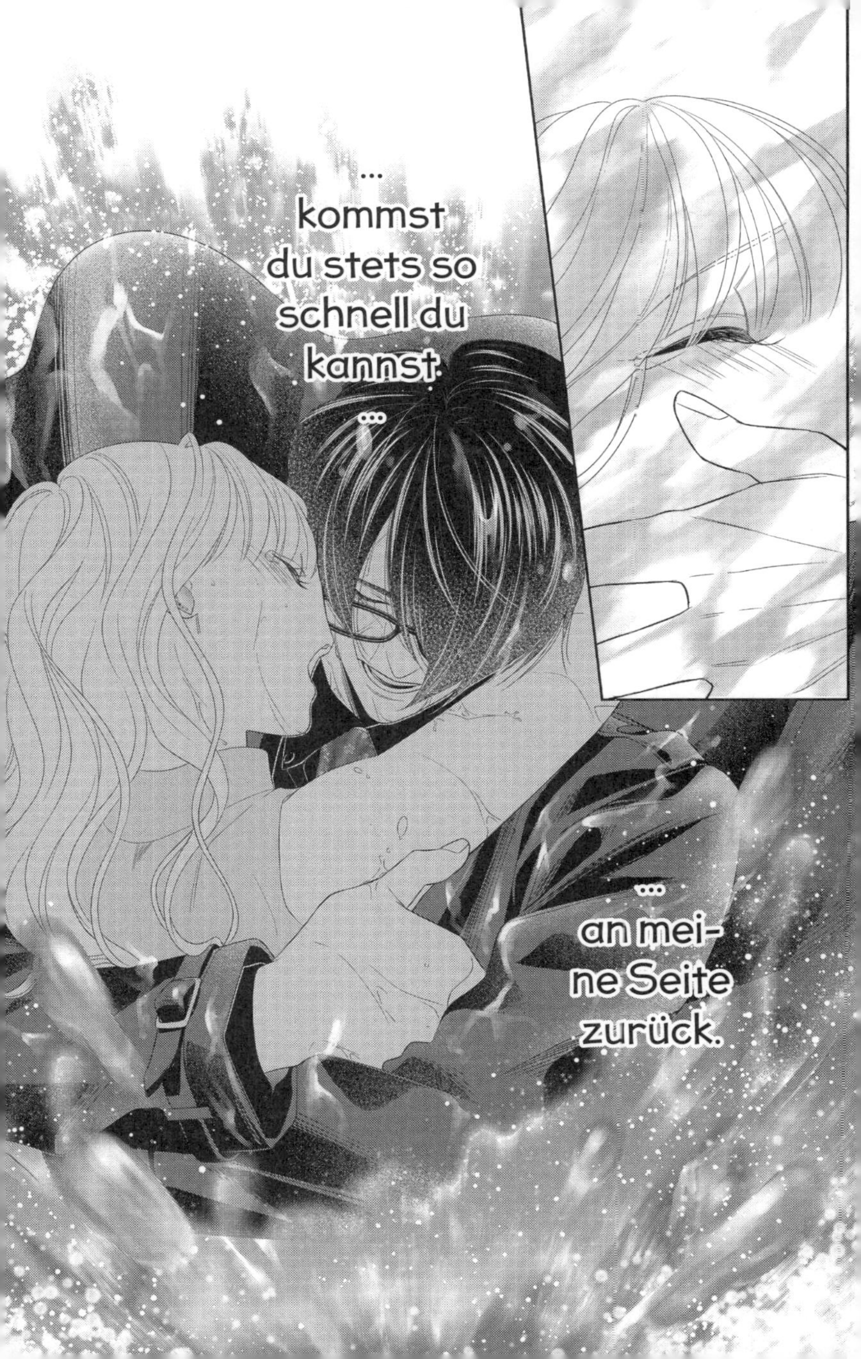
… kommst du stets so schnell du kannst …
… an meine Seite zurück.

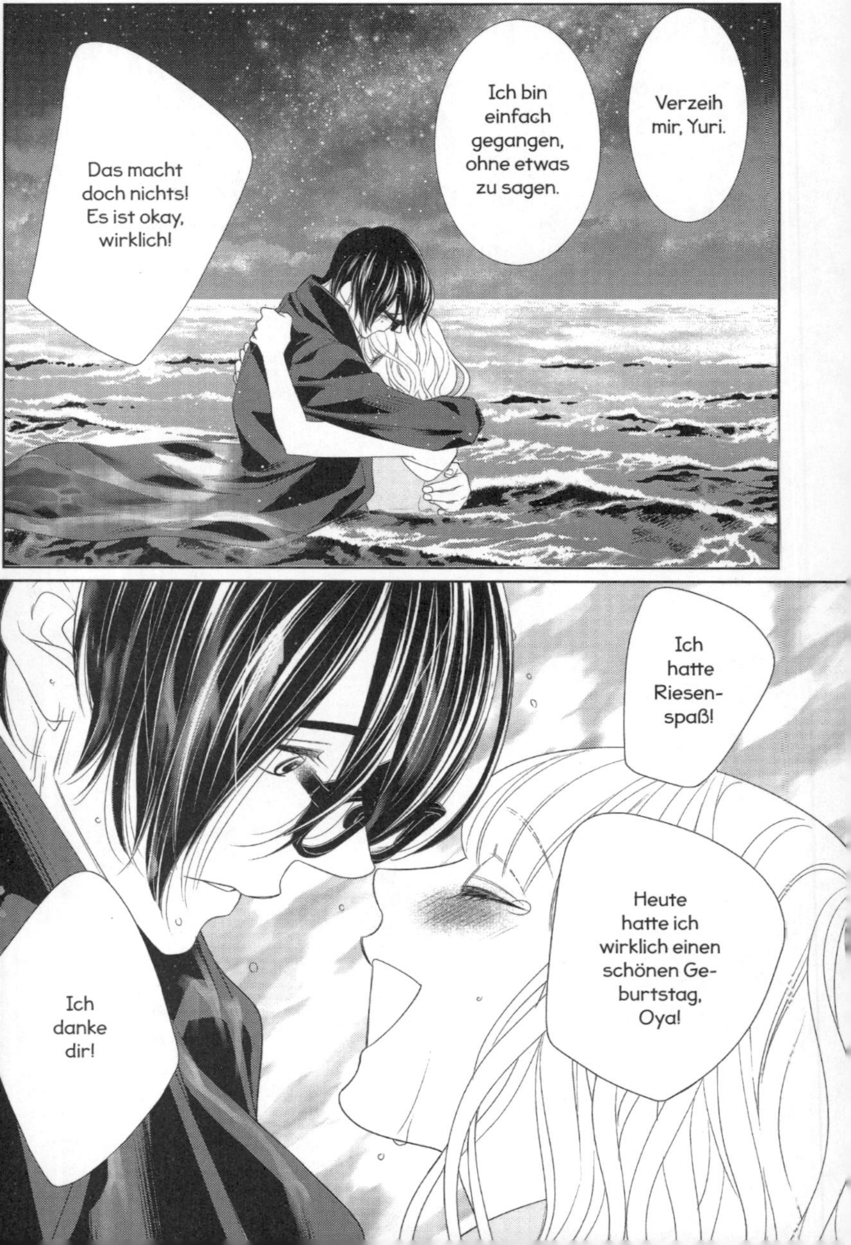
Verzeih mir, Yuri.
Ich bin einfach gegangen, ohne etwas zu sagen.
Das macht doch nichts! Es ist okay, wirklich!
Ich hatte Riesenspaß!
Heute hatte ich wirklich einen schönen Geburtstag, Oya!
Ich danke dir!

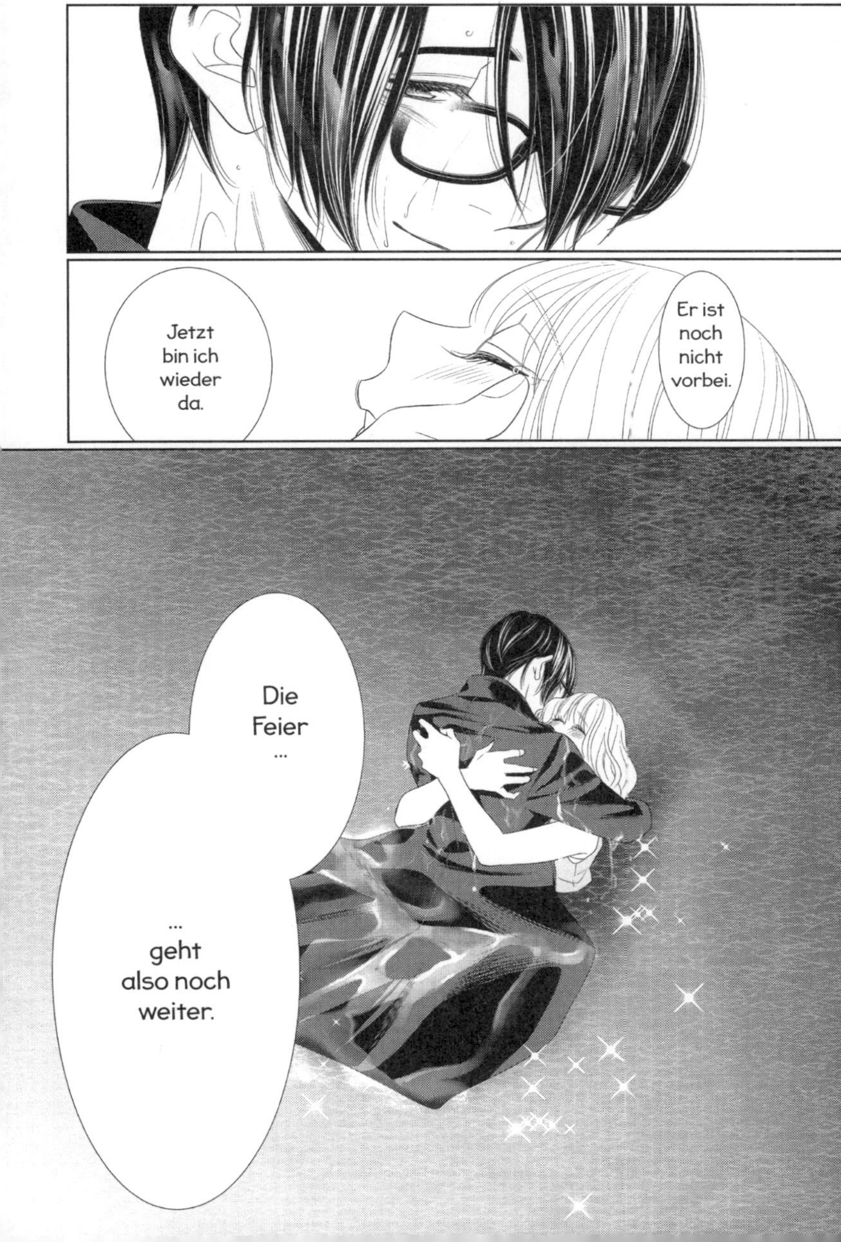
Er ist noch nicht vorbei.
Jetzt bin ich wieder da.
Die Feier ...
... geht also noch weiter.

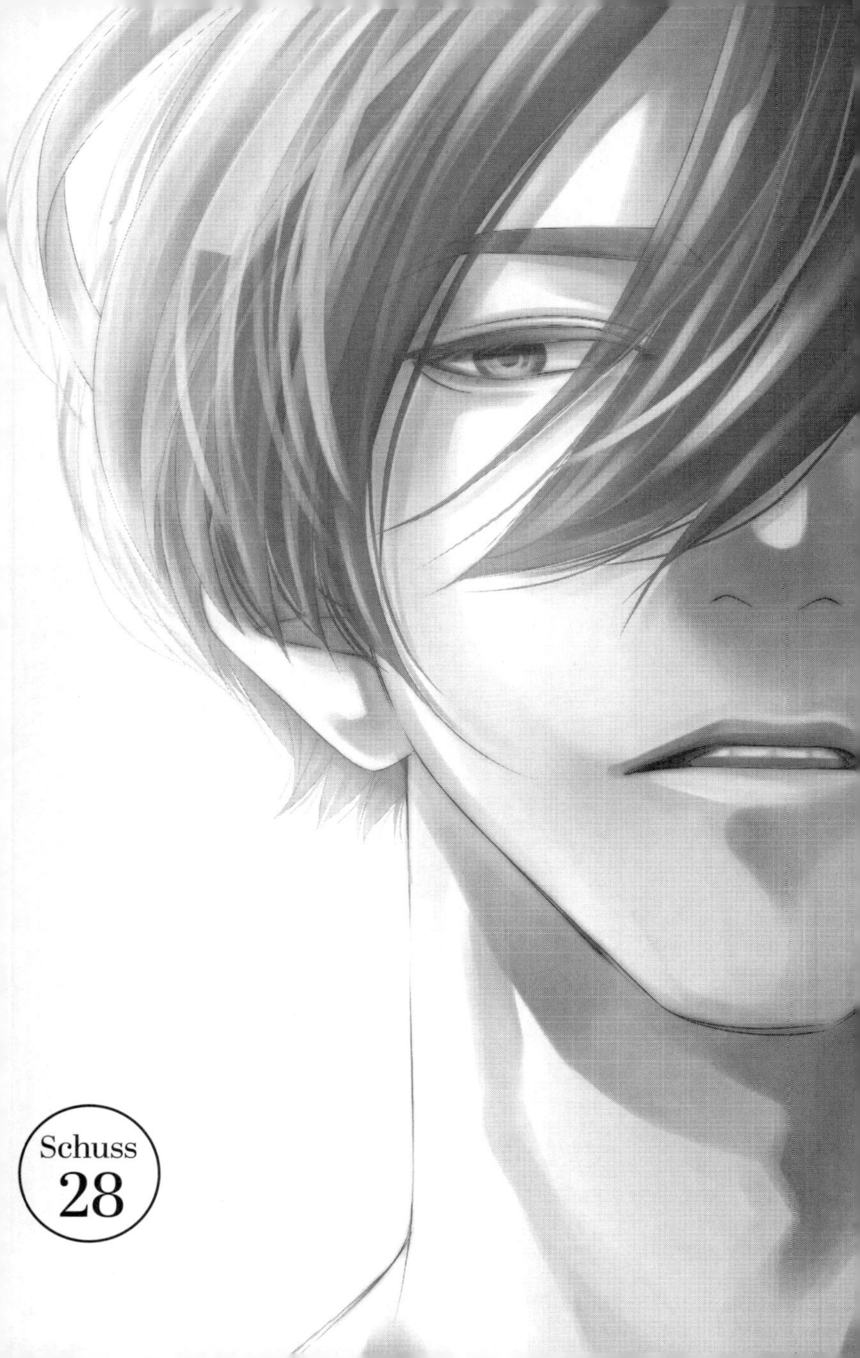

Schuss 28

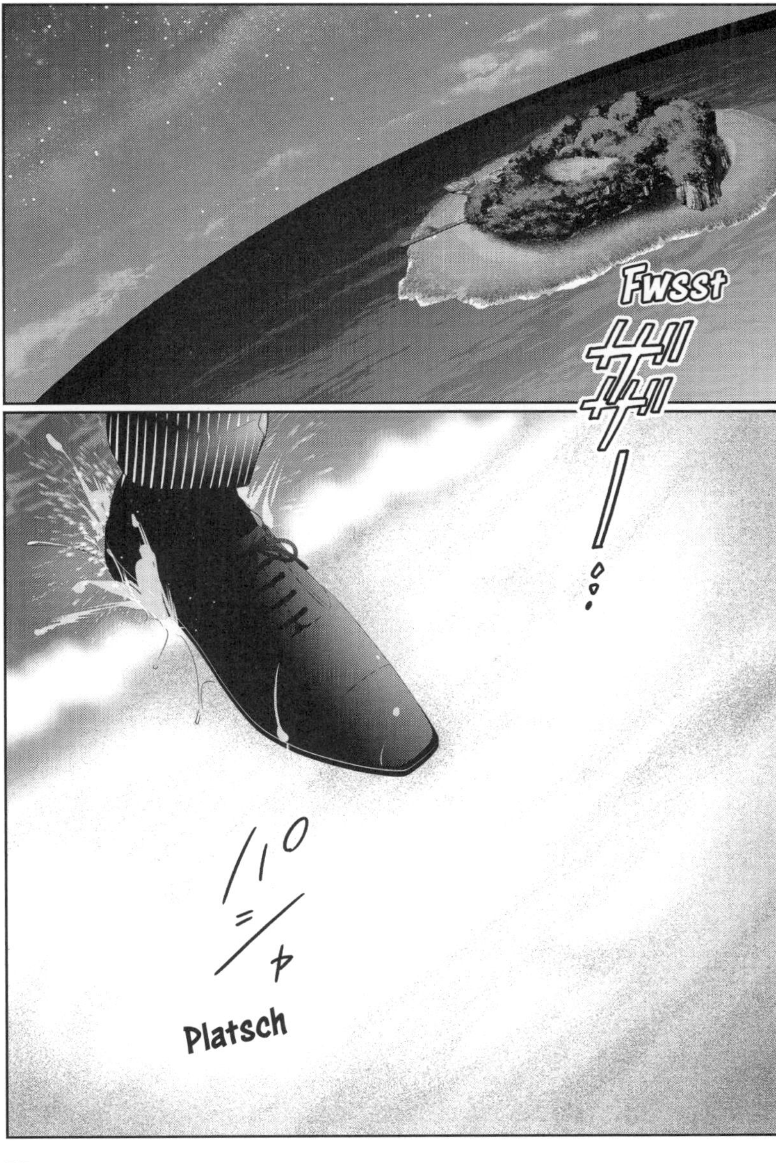
Fwsst
ザザーー…
バシャ
Platsch

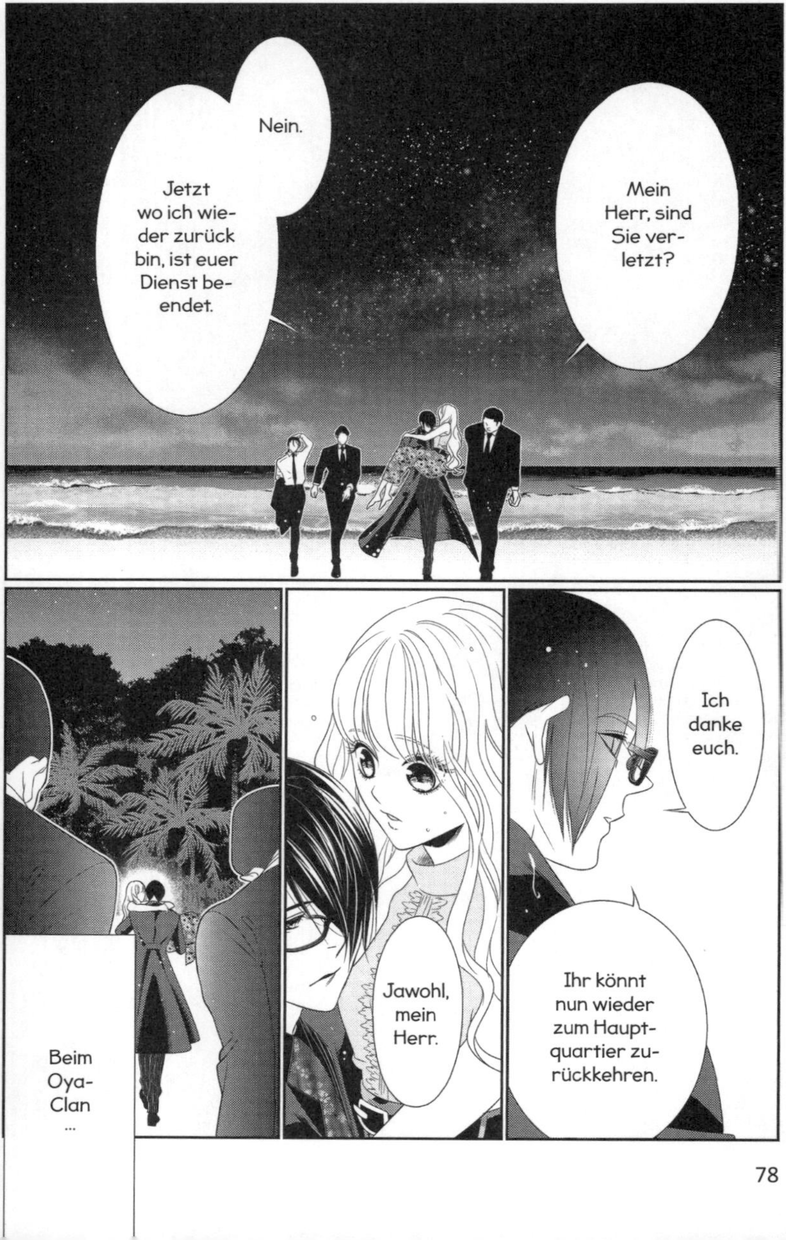
Mein Herr, sind Sie verletzt?
Nein.
Jetzt wo ich wieder zurück bin, ist euer Dienst beendet.
Ich danke euch.
Ihr könnt nun wieder zum Hauptquartier zurückkehren.
Jawohl, mein Herr.
Beim Oya-Clan …

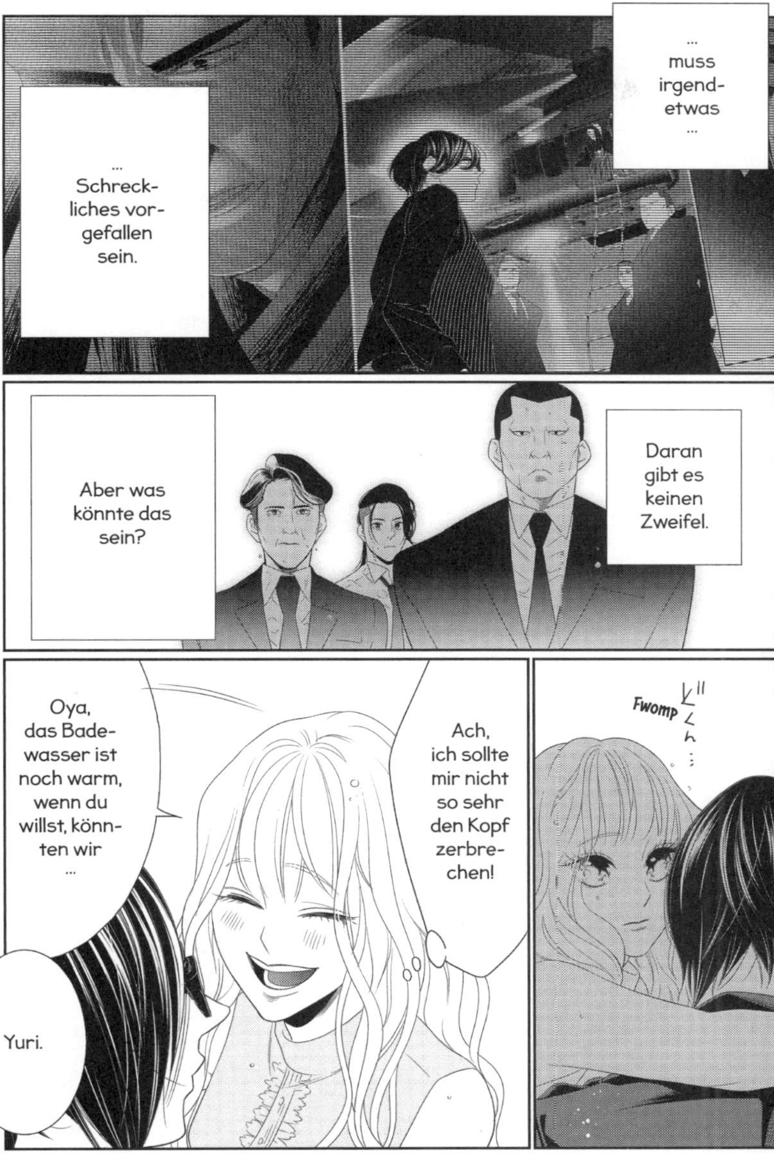
... muss irgend- etwas ...
... Schreck- liches vor- gefallen sein.
Daran gibt es keinen Zweifel.
Aber was könnte das sein?
Fwomp
Ach, ich sollte mir nicht so sehr den Kopf zerbre- chen!
Oya, das Bade- wasser ist noch warm, wenn du willst, könn- ten wir ...
Yuri.

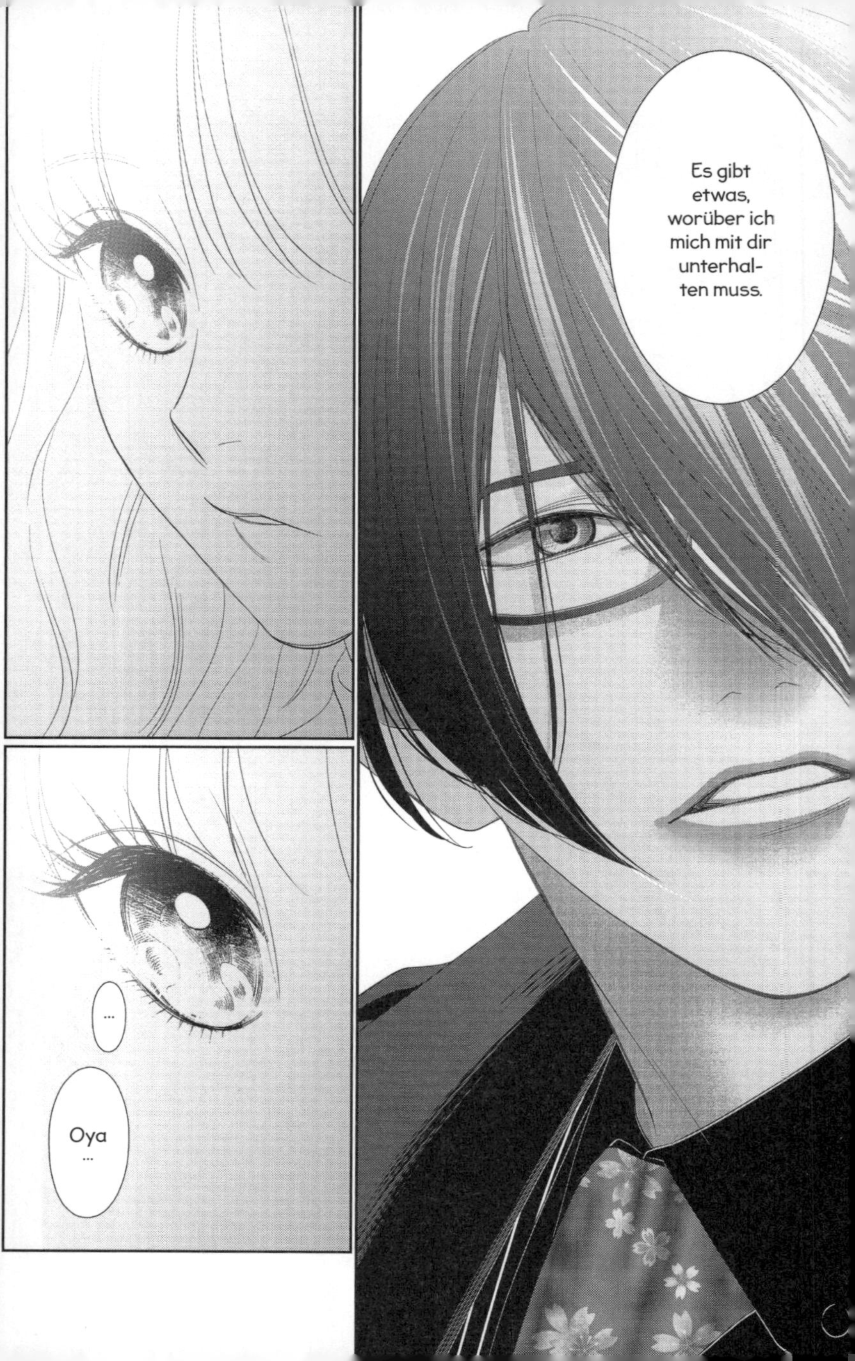
Es gibt etwas, worüber ich mich mit dir unterhal-ten muss.
...
Oya ...

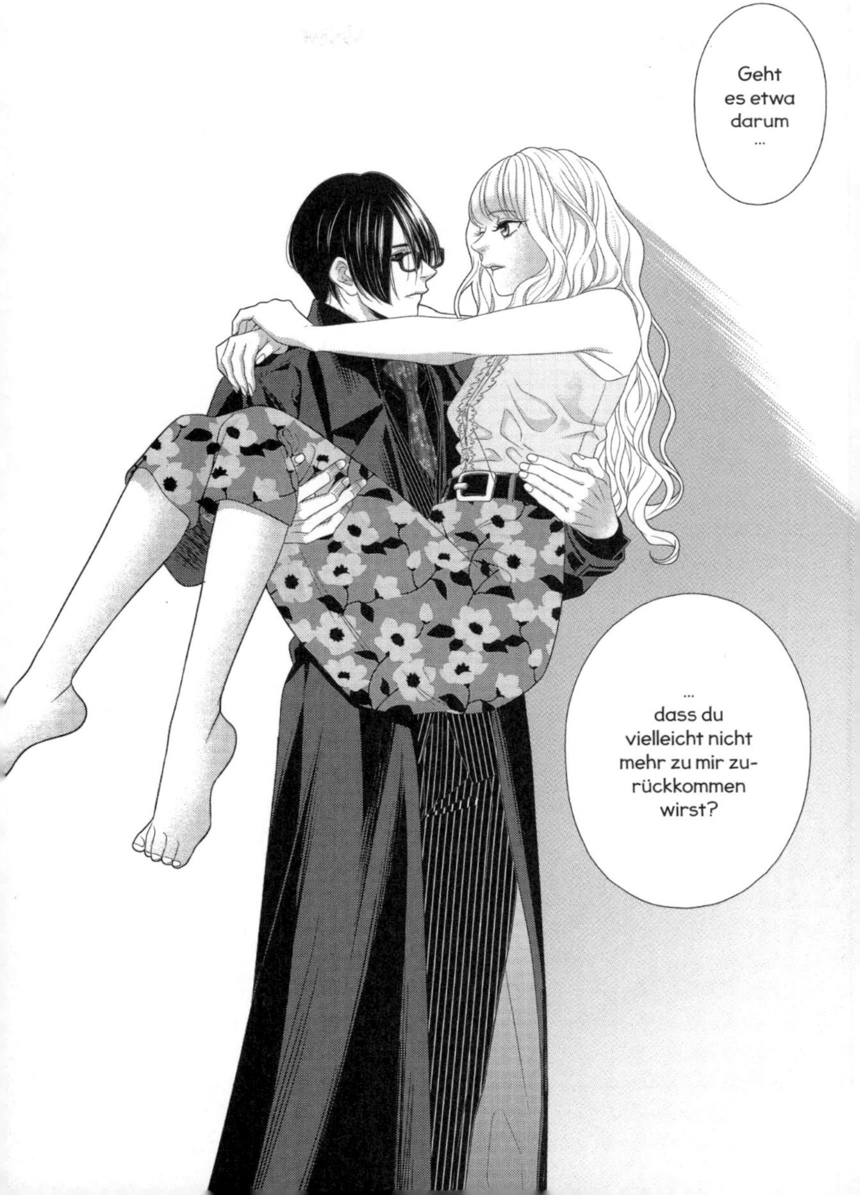
Geht es etwa darum …
… dass du vielleicht nicht mehr zu mir zurückkommen wirst?

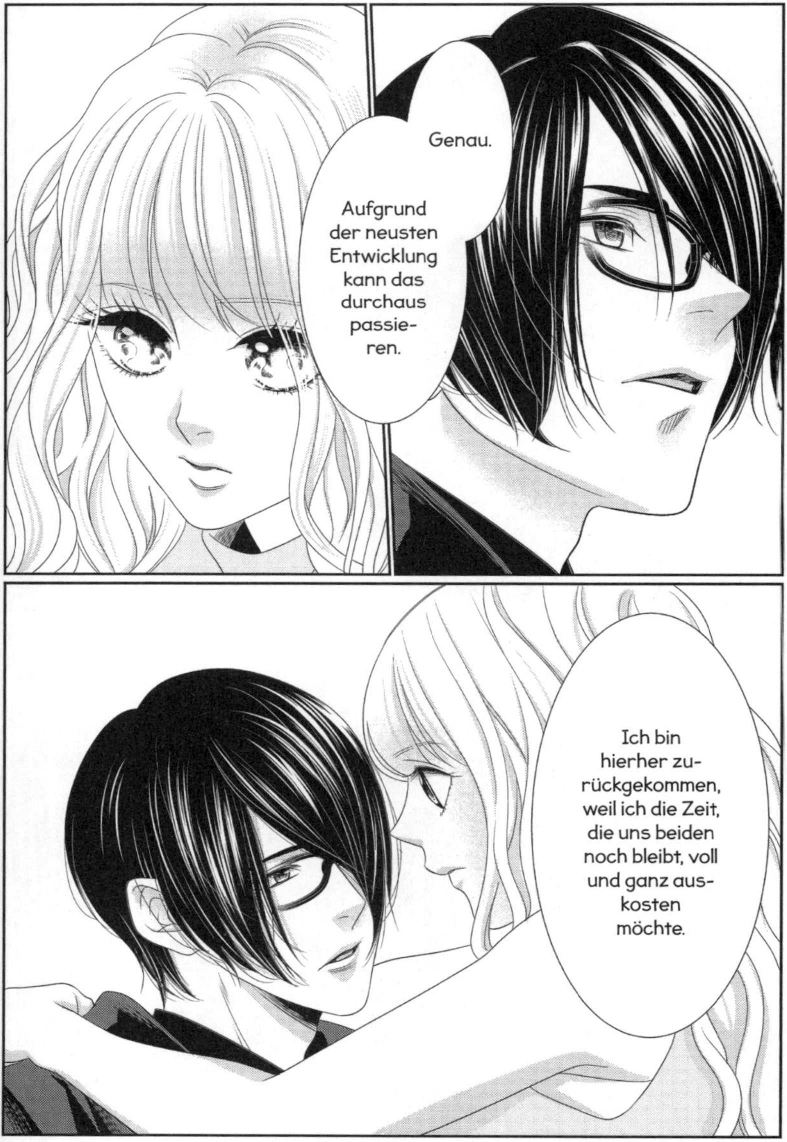
Genau.
Aufgrund der neusten Entwicklung kann das durchaus passieren.
Ich bin hierher zurückgekommen, weil ich die Zeit, die uns beiden noch bleibt, voll und ganz auskosten möchte.

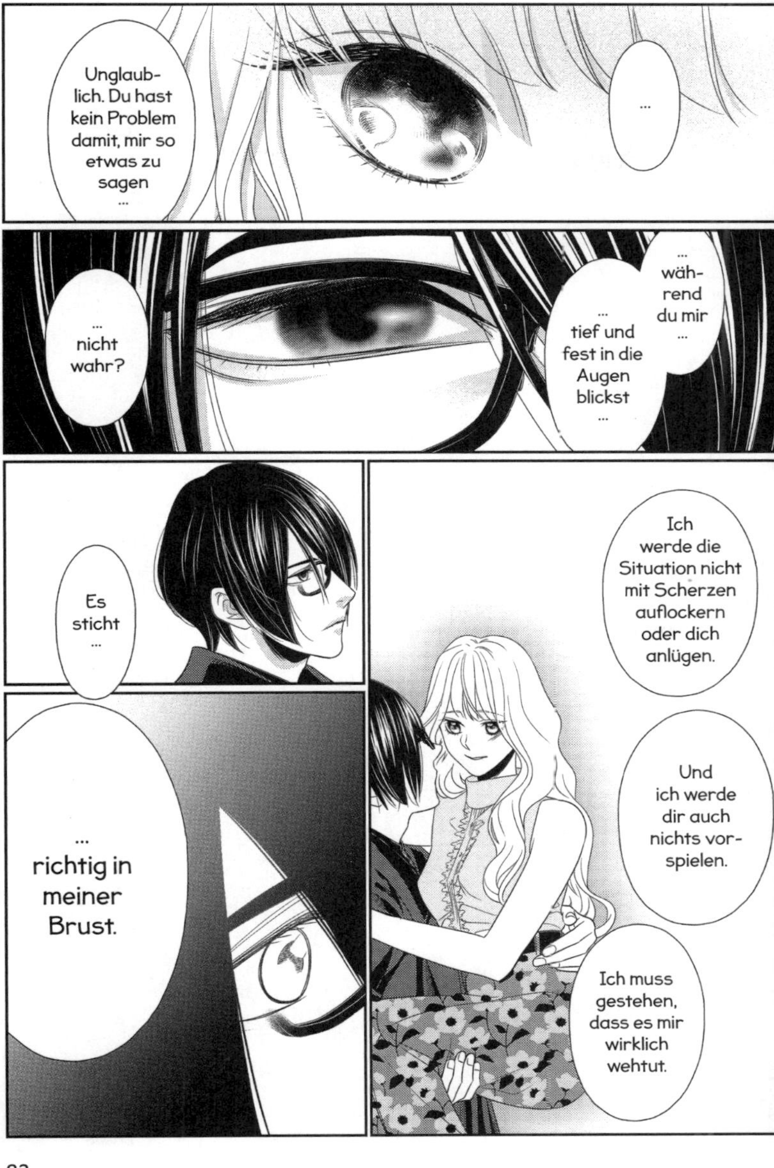
…
Unglaublich. Du hast kein Problem damit, mir so etwas zu sagen …
… während du mir …
… tief und fest in die Augen blickst …
… nicht wahr?
Ich werde die Situation nicht mit Scherzen auflockern oder dich anlügen.
Und ich werde dir auch nichts vorspielen.
Ich muss gestehen, dass es mir wirklich wehtut.
Es sticht …
… richtig in meiner Brust.

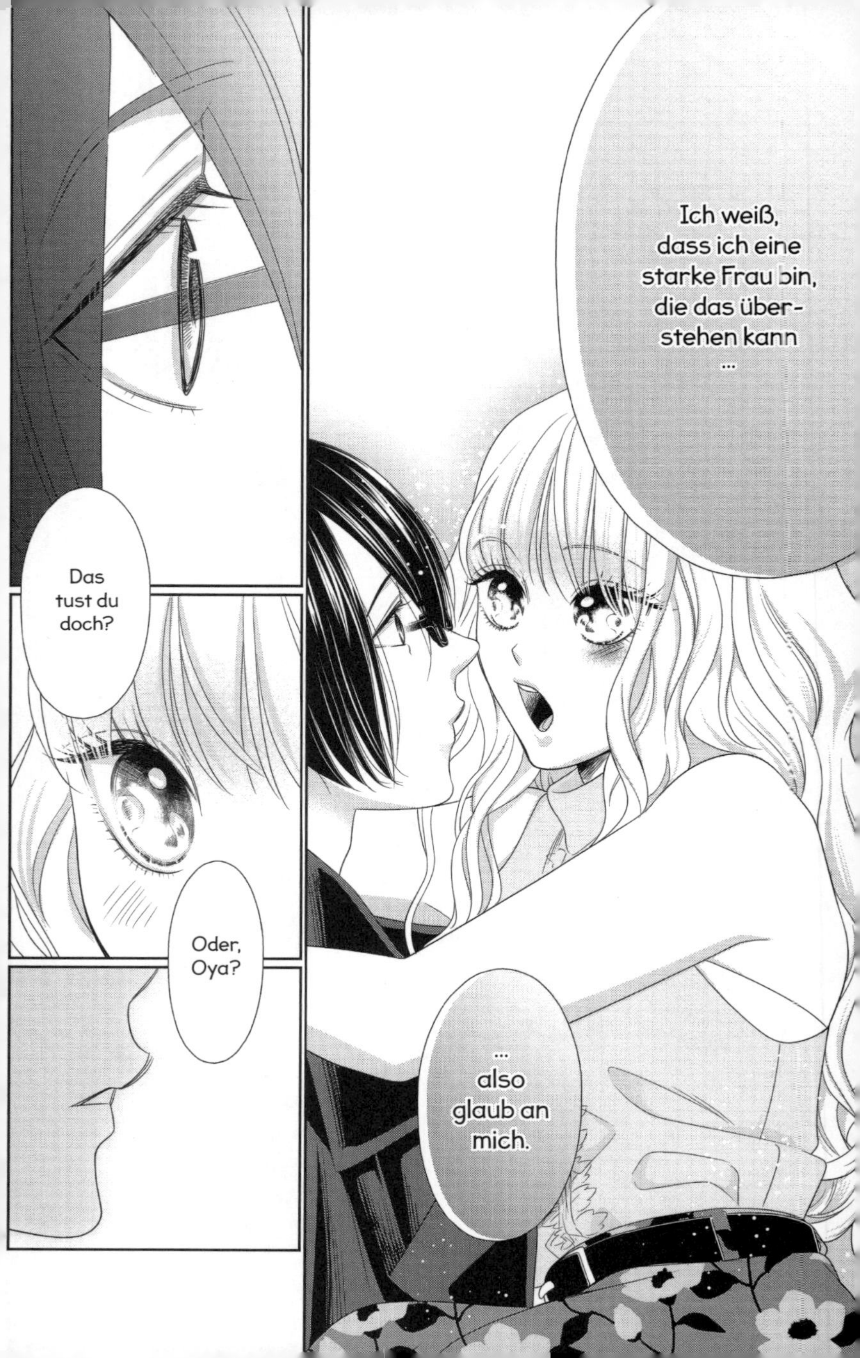
Ich weiß, dass ich eine starke Frau bin, die das überstehen kann ...
... also glaub an mich.
Das tust du doch?
Oder, Oya?

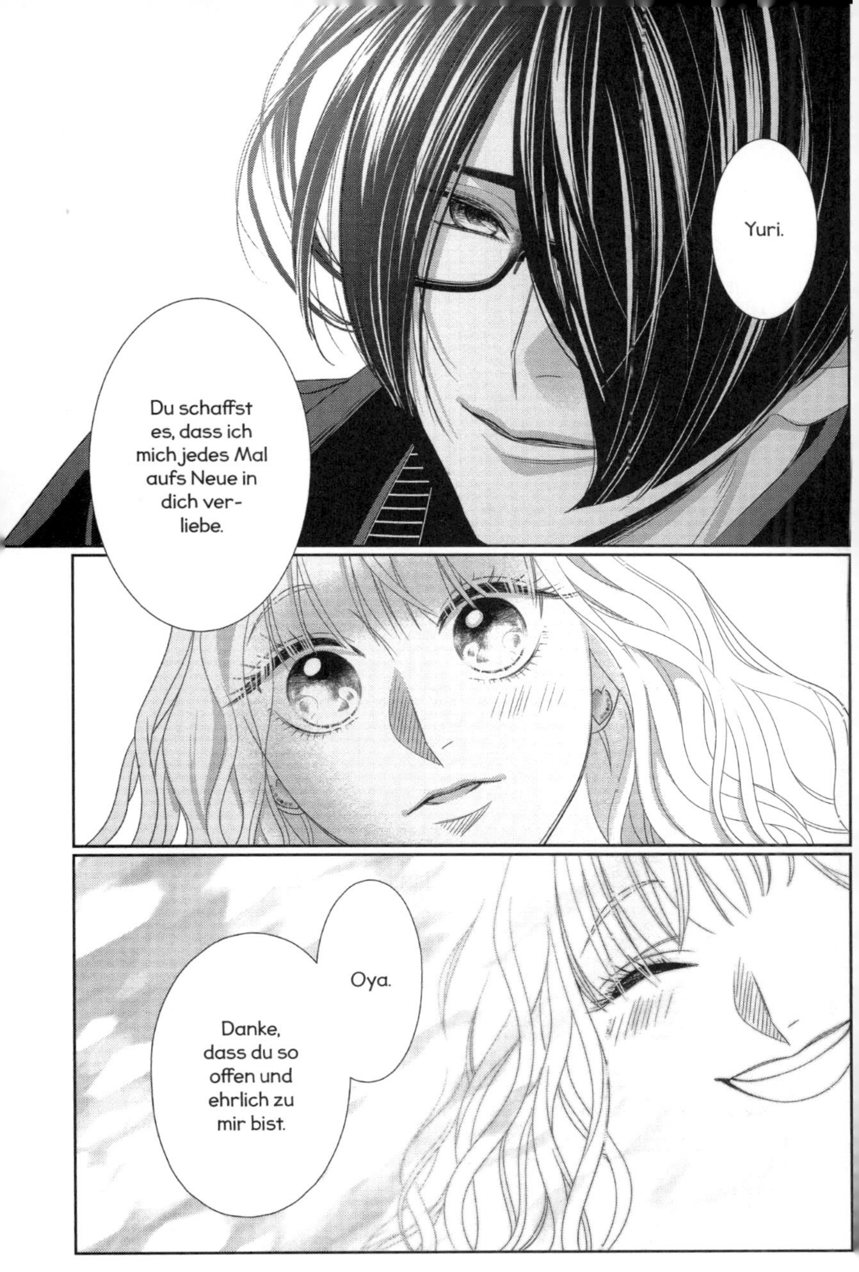
Yuri.
Du schaffst es, dass ich mich jedes Mal aufs Neue in dich verliebe.
Oya.
Danke, dass du so offen und ehrlich zu mir bist.

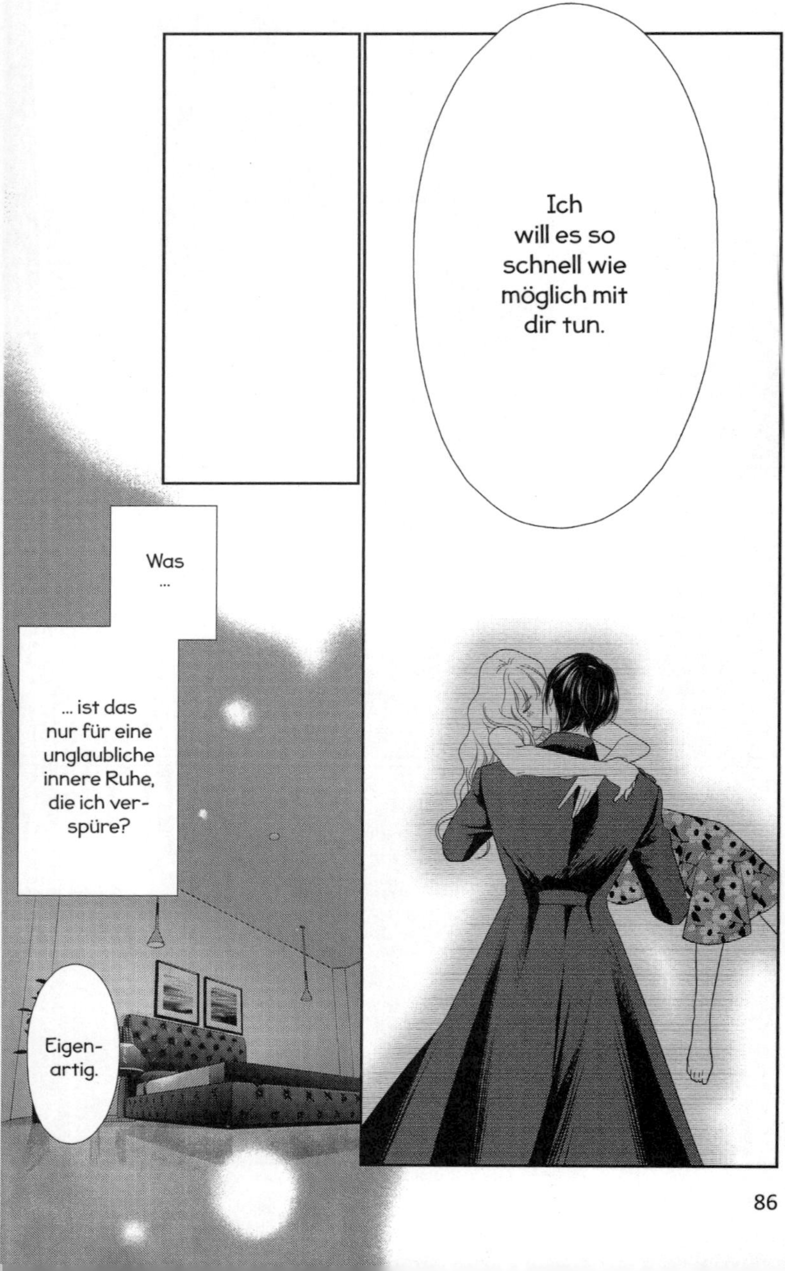
Ich will es so schnell wie möglich mit dir tun.
Was ...
... ist das nur für eine unglaubliche innere Ruhe, die ich verspüre?
Eigenartig.

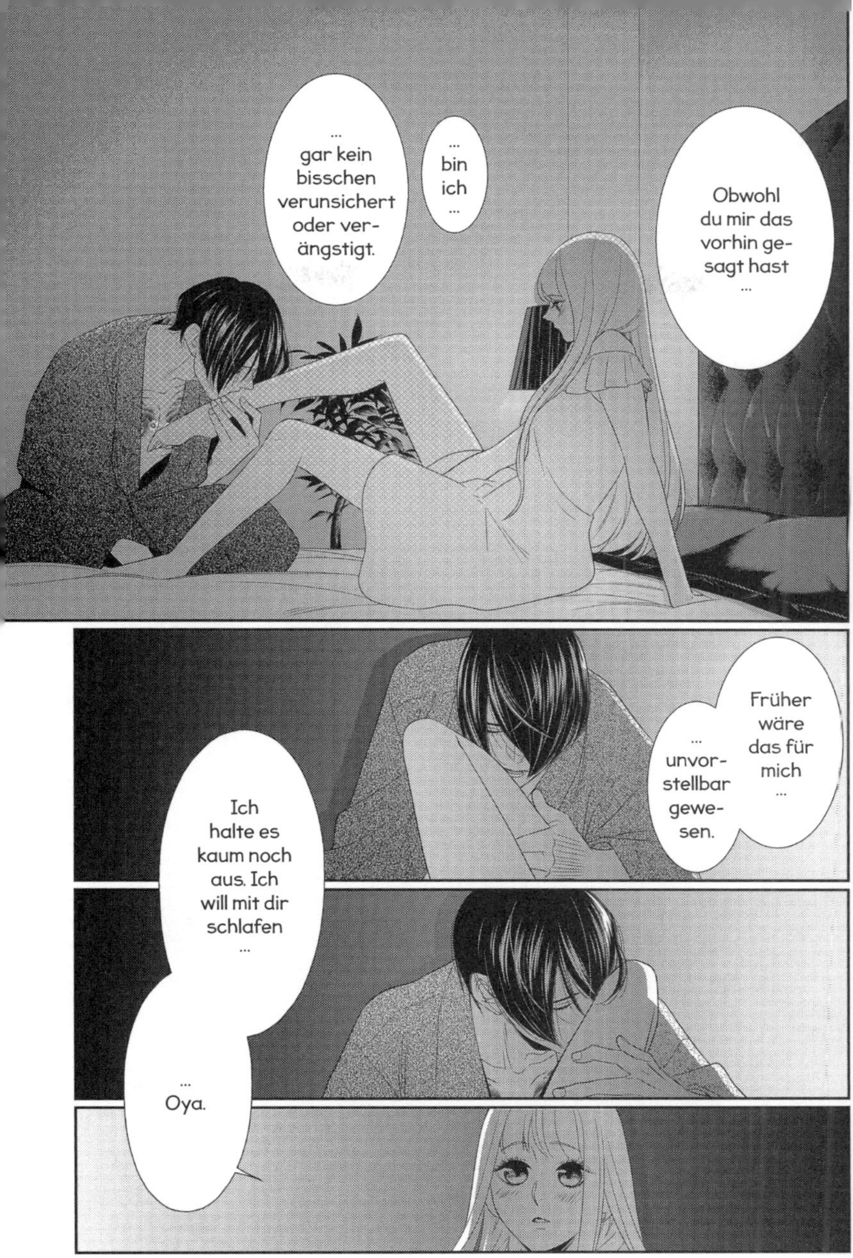
Obwohl du mir das vorhin gesagt hast ...
... bin ich ...
... gar kein bisschen verunsichert oder verängstigt.
Früher wäre das für mich ...
... unvorstellbar gewesen.
Ich halte es kaum noch aus. Ich will mit dir schlafen ...
... Oya.

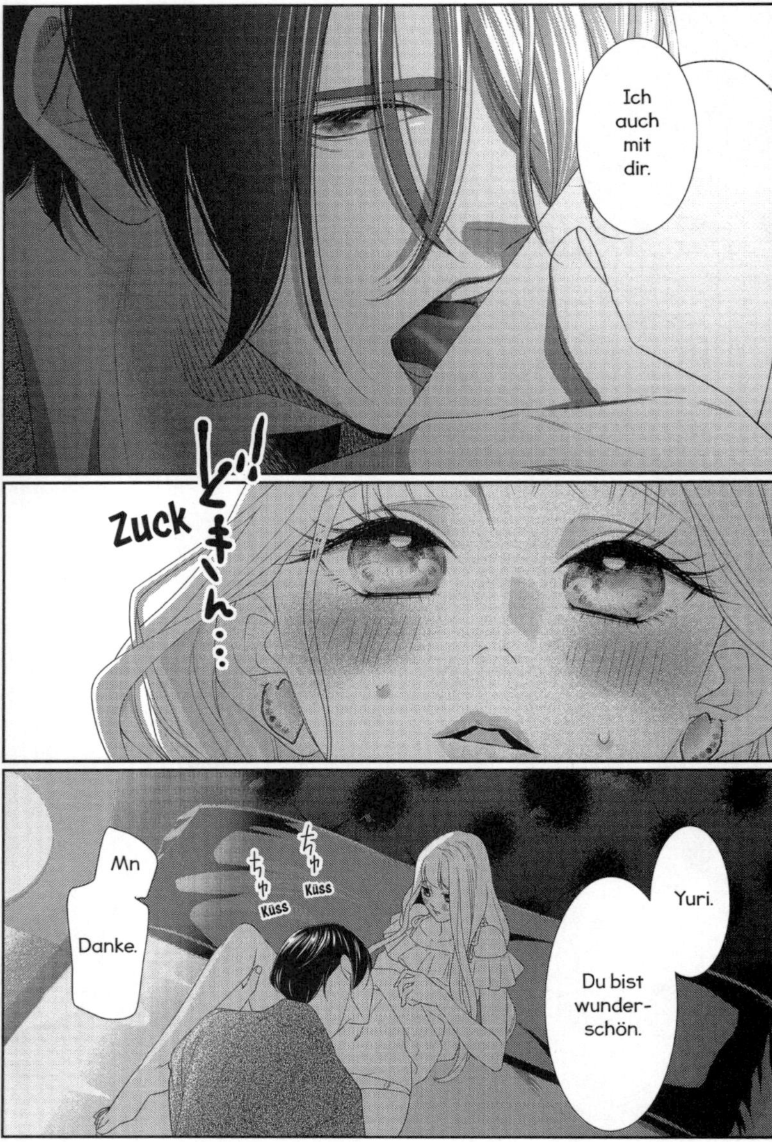

Ich auch mit dir.
どきん…
Zuck
Yuri.
Du bist wunder-schön.
ちゅ
Küss
ちゅ
Küss
Mn
Danke.

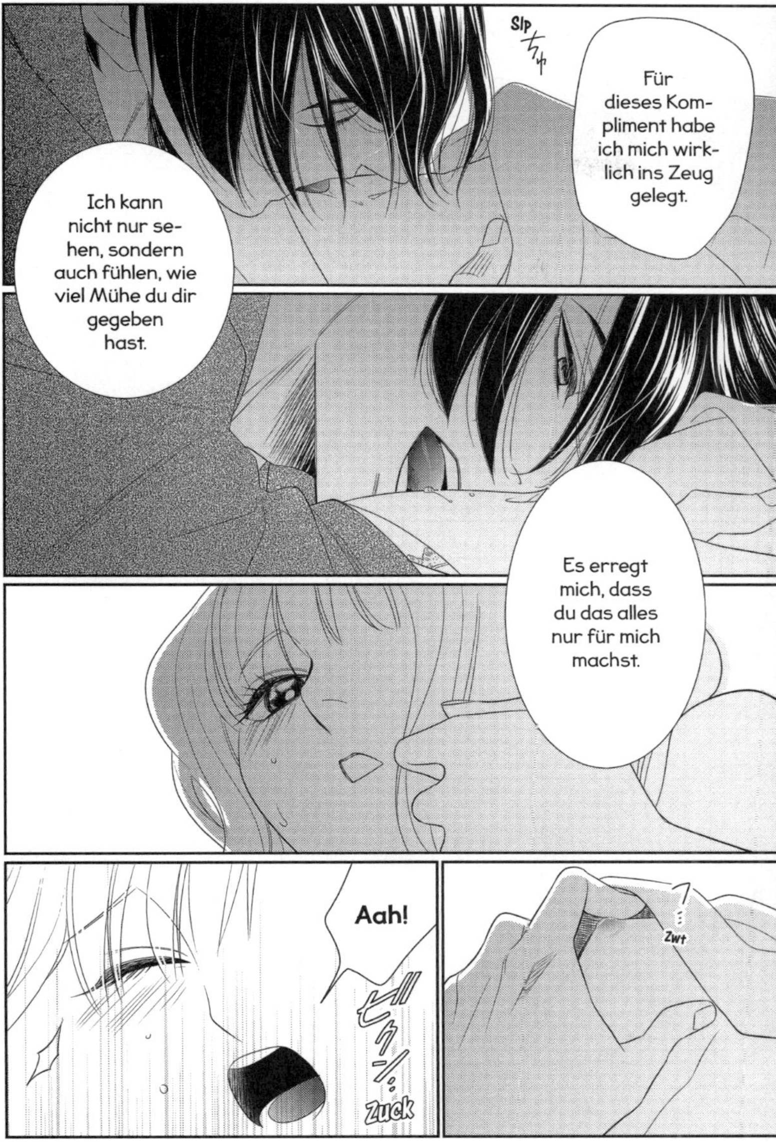
Slp
Für dieses Kompliment habe ich mich wirklich ins Zeug gelegt.
Ich kann nicht nur sehen, sondern auch fühlen, wie viel Mühe du dir gegeben hast.
Es erregt mich, dass du das alles nur für mich machst.
Zwt
Aah!
Zuck

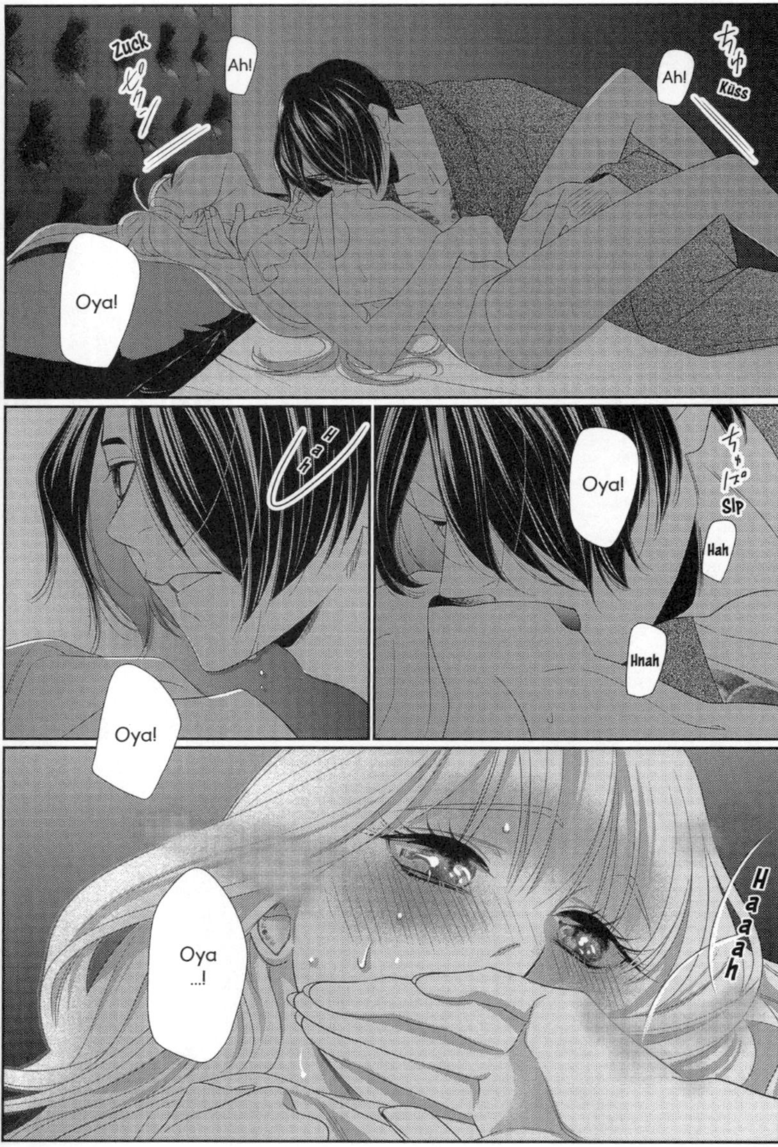

Küss
Ah!
Ah!
Zuck
Oya!
Slp
Oya!
Hah
Hnah
Hah
Oya!
Haaaah
Oya ...!

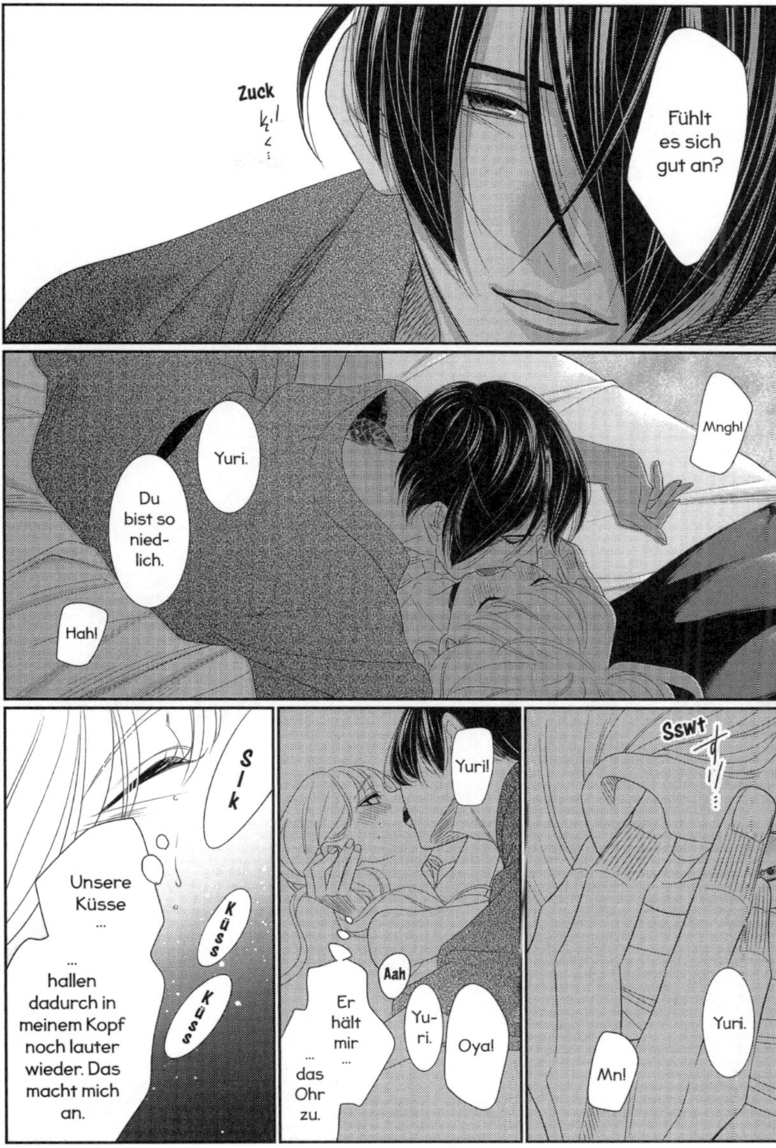
Fühlt es sich gut an?
Zuck
Mngh!
Yuri.
Du bist so nied-lich.
Hah!
Sswt
Yuri.
Mn!
Yuri!
Oya!
Yu-ri.
Aah
Er hält mir ... das Ohr zu.
Slk
Unsere Küsse ...
... hallen dadurch in meinem Kopf noch lauter wieder. Das macht mich an.
Küss
Küss

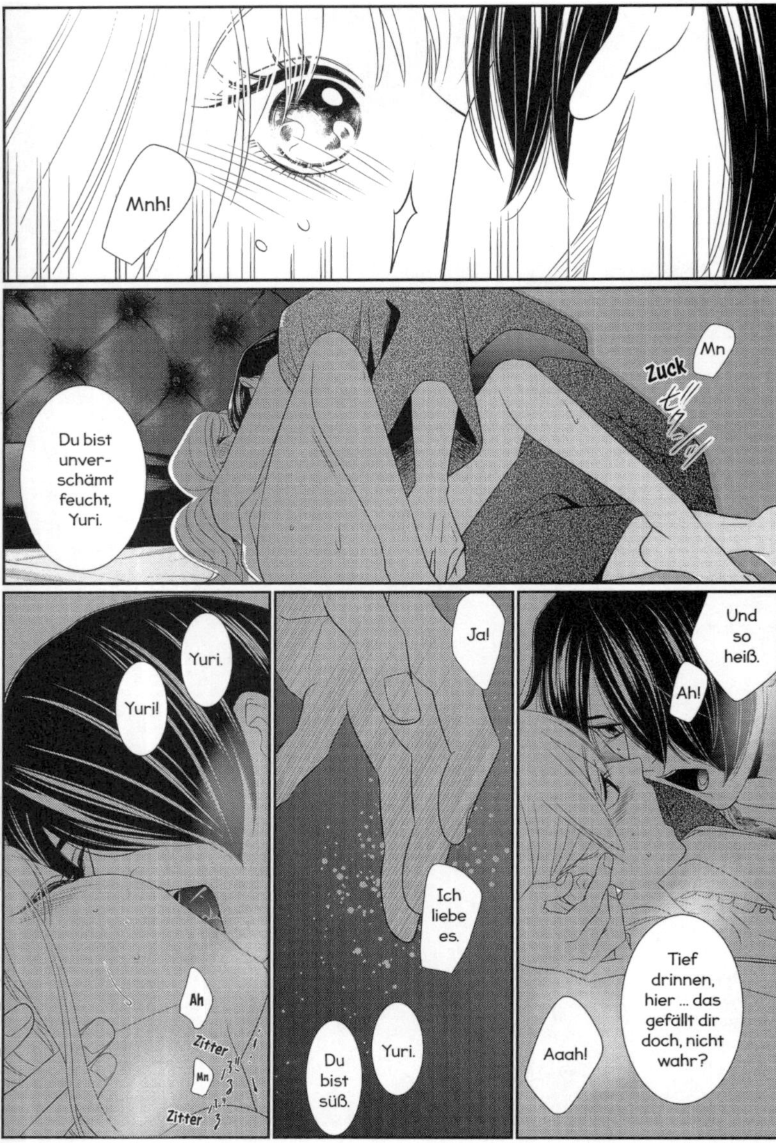

Mnh!
Mn
Zuck
Du bist unverschämt feucht, Yuri.
Und so heiß.
Ah!
Tief drinnen, hier ... das gefällt dir doch, nicht wahr?
Aaah!
Ja!
Ich liebe es.
Yuri.
Du bist süß.
Yuri.
Yuri!
Ah
Zitter
Mn
Zitter

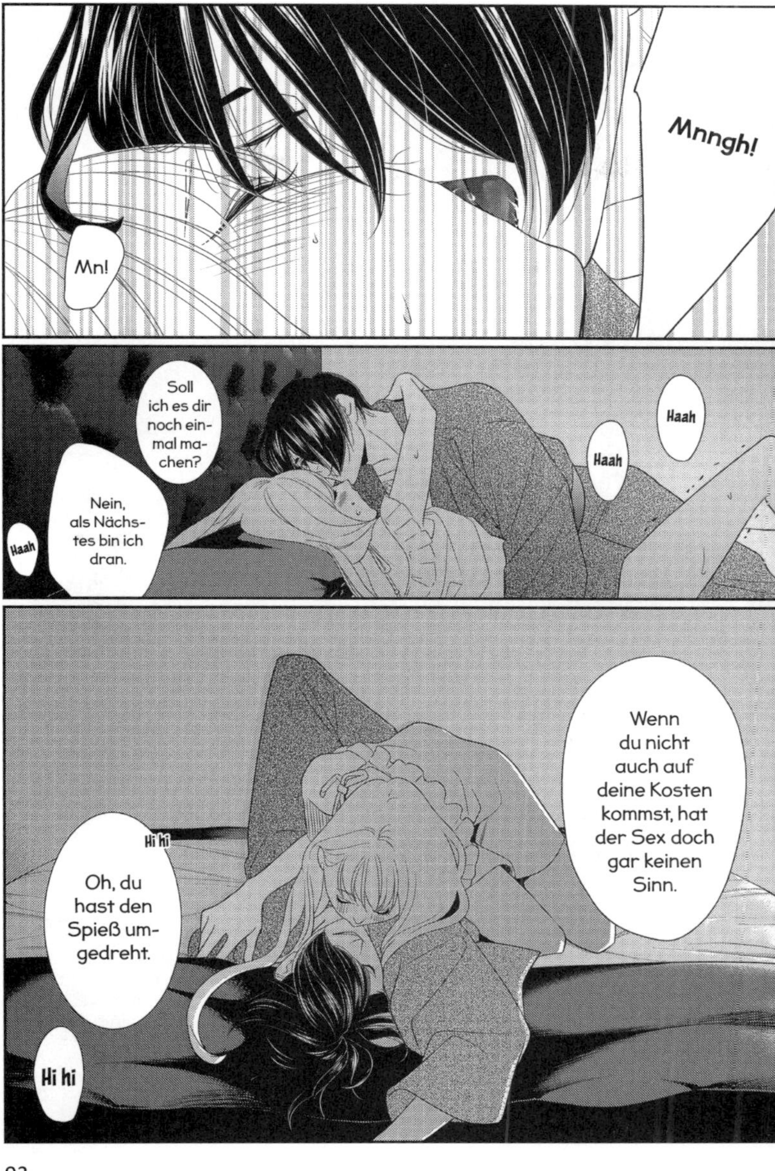
Mnngh!
Mn!
Haah
Haah
Soll ich es dir noch einmal machen?
Nein, als Nächstes bin ich dran.
Haah
Wenn du nicht auch auf deine Kosten kommst, hat der Sex doch gar keinen Sinn.
Hi hi
Oh, du hast den Spieß umgedreht.
Hi hi

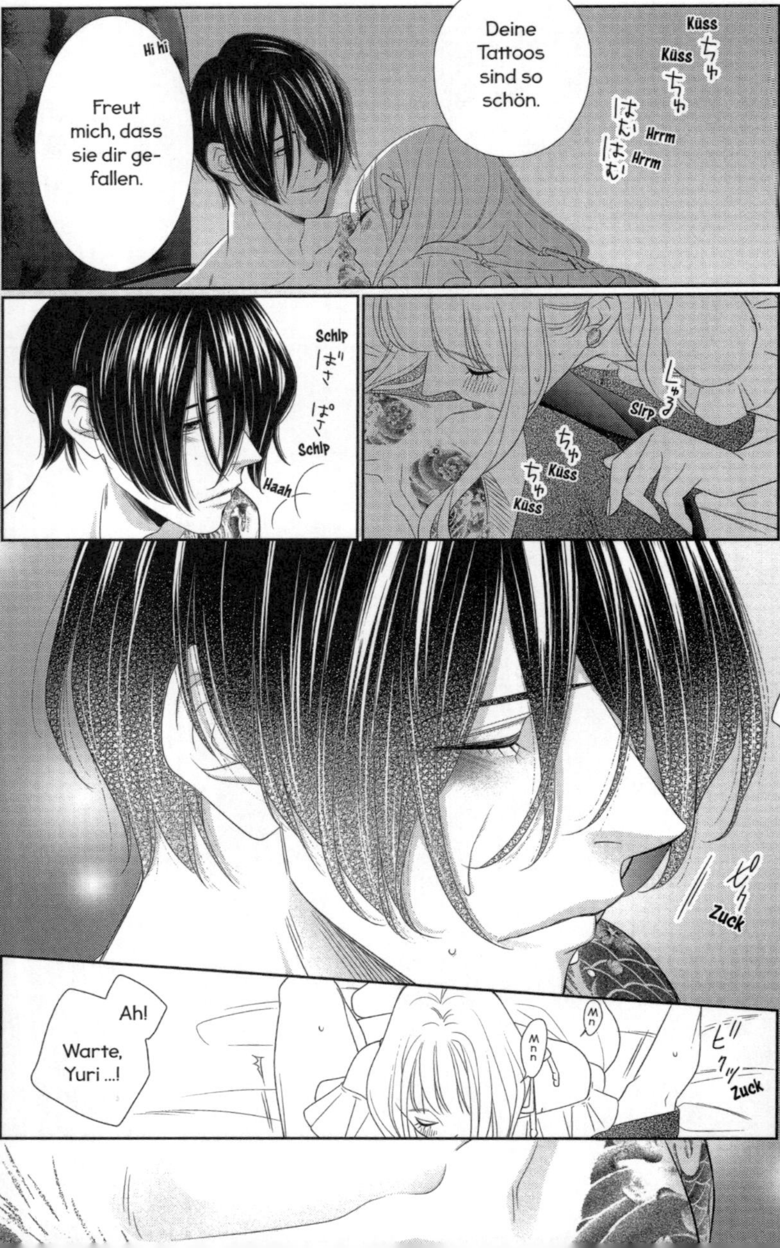
Küss ちゅ
Küss ちゅ
はむ Hrrm
はむ Hrrm
Deine Tattoos sind so schön.
Hi hi
Freut mich, dass sie dir gefallen.
Slrp しゅる
ちゅ Küss
ちゅ Küss
Schlp ぱさ
Schlp ぱさ
Haah
Mnh
ぴく Zuck
ビクッ Zuck
Mn
Mnn
Ah! Warte, Yuri ...!

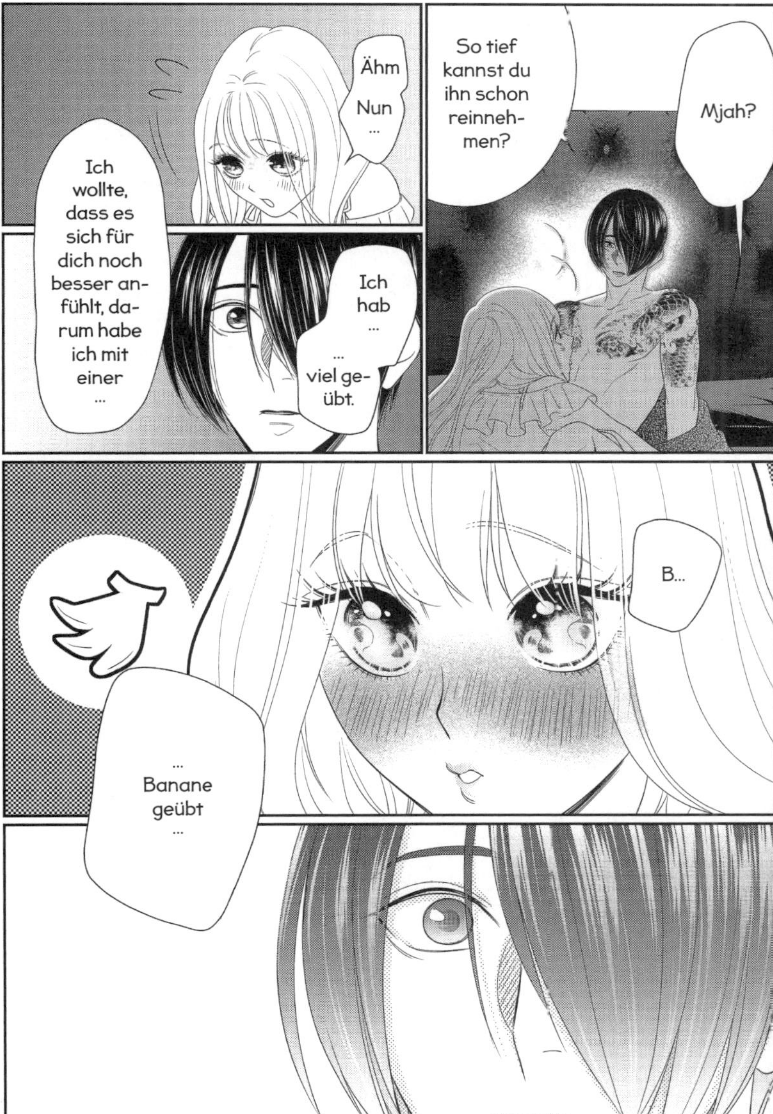

Mjah?
So tief kannst du ihn schon reinneh-men?
Ähm
Nun ...
Ich hab ...
... viel ge-übt.
Ich wollte, dass es sich für dich noch besser an-fühlt, da-rum habe ich mit einer ...
B...
... Banane geübt ...

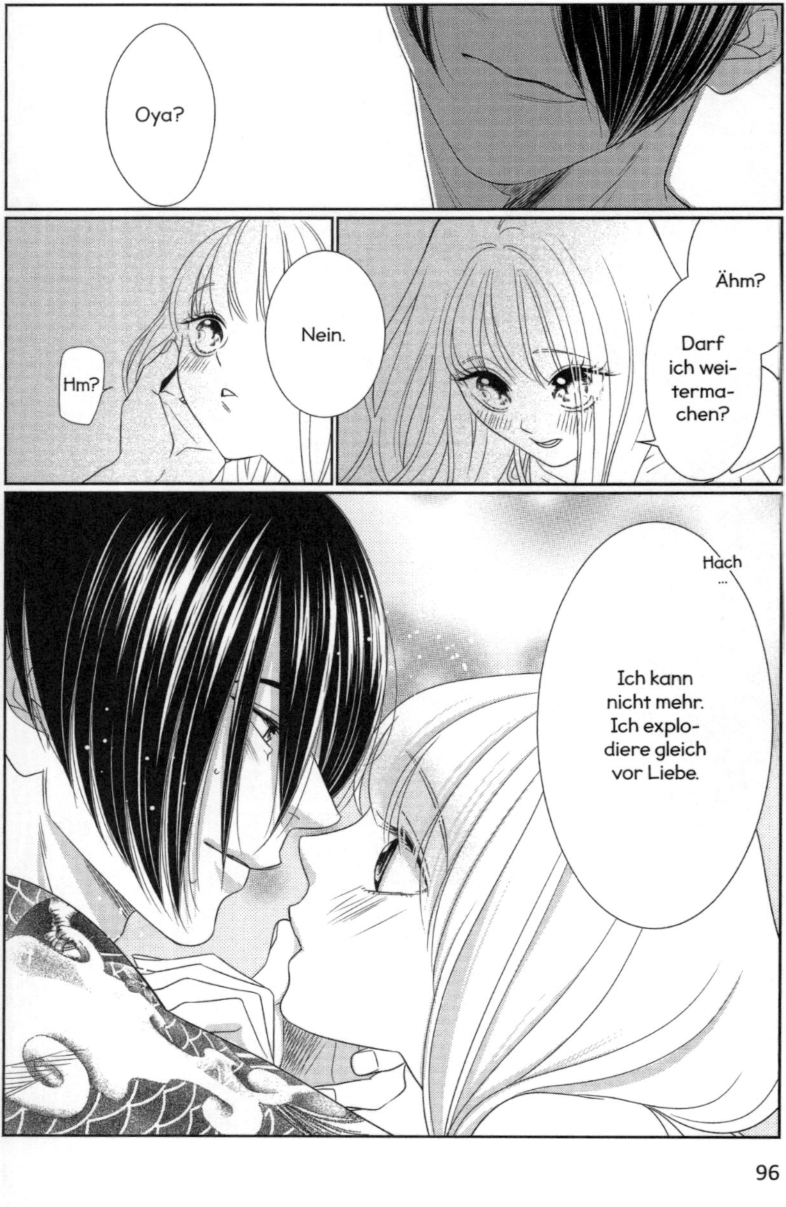
Oya?
Ähm?
Darf ich weitermachen?
Nein.
Hm?
Hach ...
Ich kann nicht mehr. Ich explodiere gleich vor Liebe.

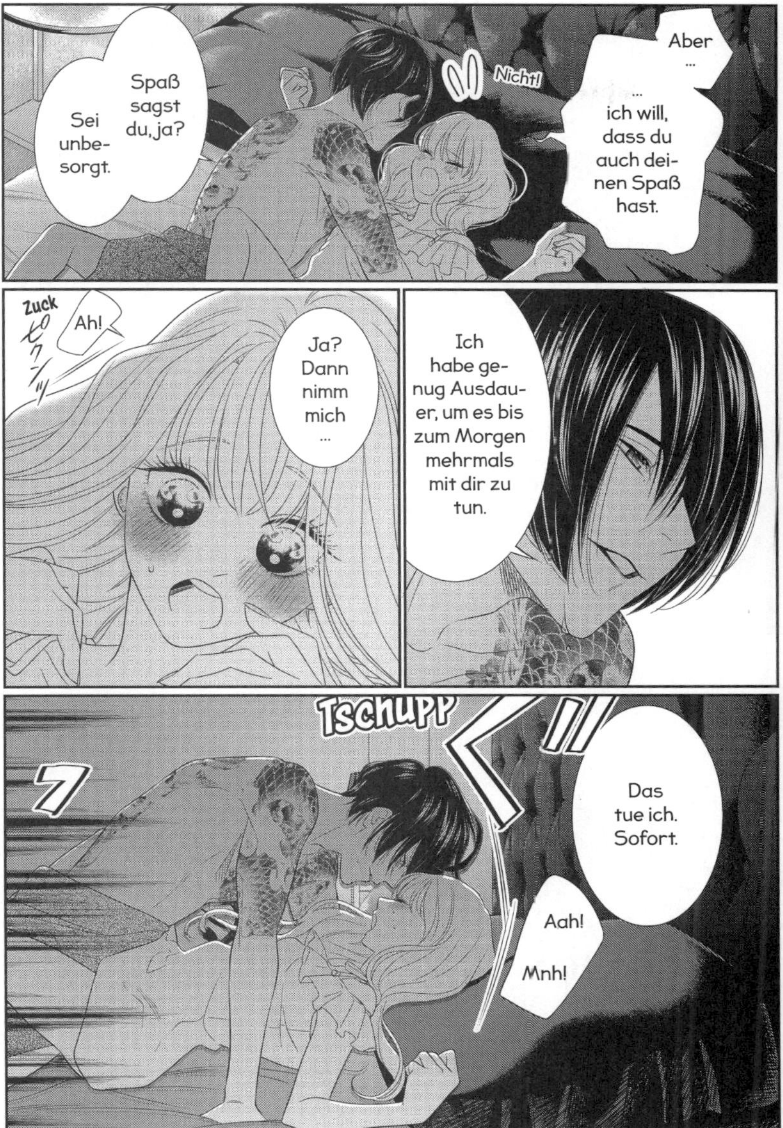
Aber ...
... ich will, dass du auch deinen Spaß hast.
Nicht!
Spaß sagst du, ja?
Sei unbesorgt.
Ich habe genug Ausdauer, um es bis zum Morgen mehrmals mit dir zu tun.
Ja? Dann nimm mich ...
Zuck
Ah!
Tschupp
Das tue ich. Sofort.
Aah!
Mnh!

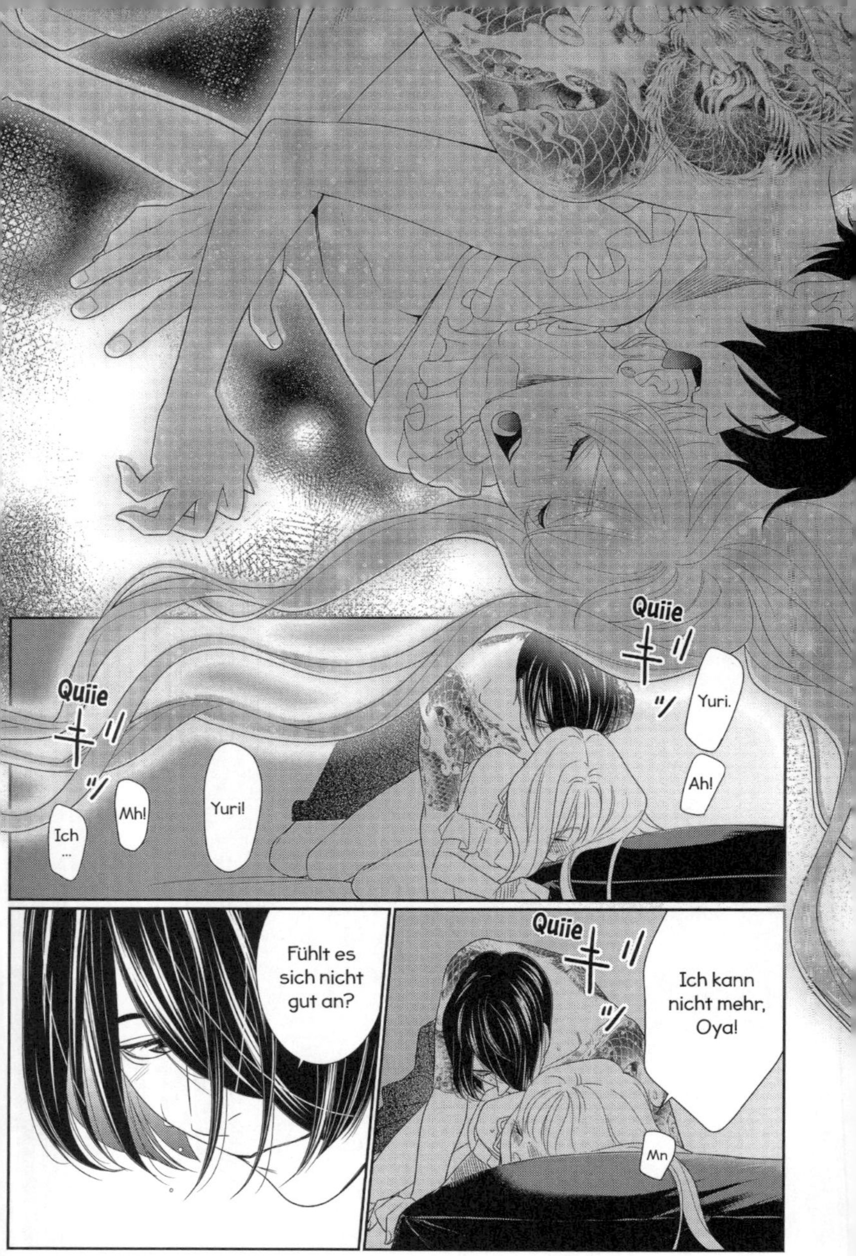
Quiie
Yuri.
Ah!
Yuri!
Mh!
Quiie
Ich ...
Quiie
Ich kann nicht mehr, Oya!
Mn
Fühlt es sich nicht gut an?

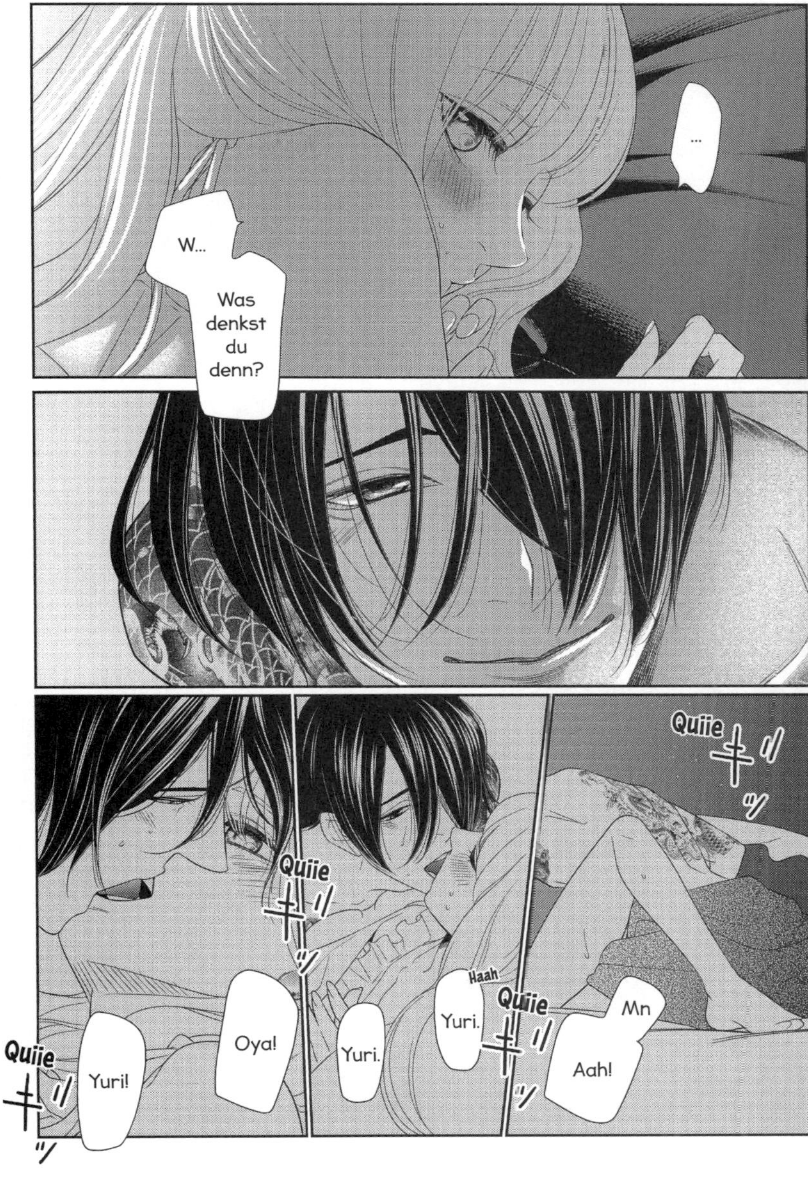
...
W...
Was denkst du denn?
Quiie
キッ
Mn
Aah!
Quiie
キッ
Haah
Yuri.
Yuri.
Quiie
キッ
Oya!
Yuri!
Quiie
キッ

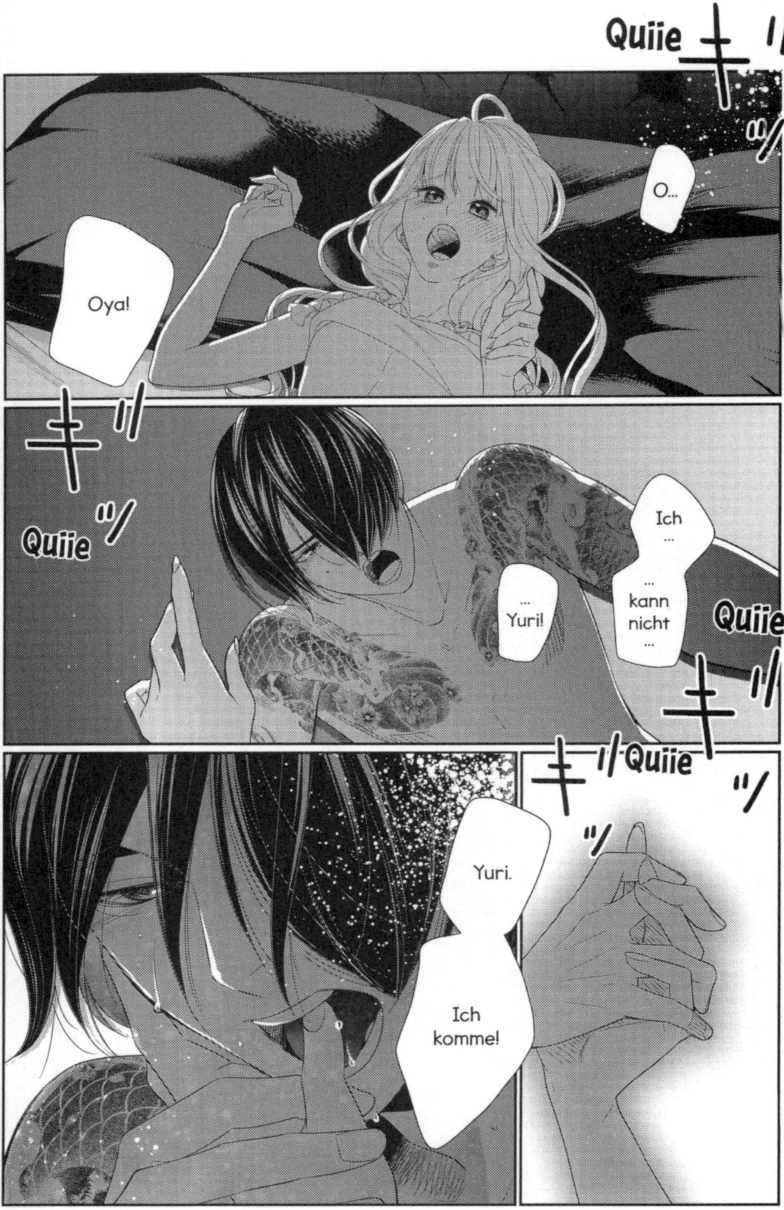
Quiie
O...
Oya!
Quiie
Ich ... ... kann nicht ...
... Yuri!
Quiie
Quiie
Yuri.
Ich komme!

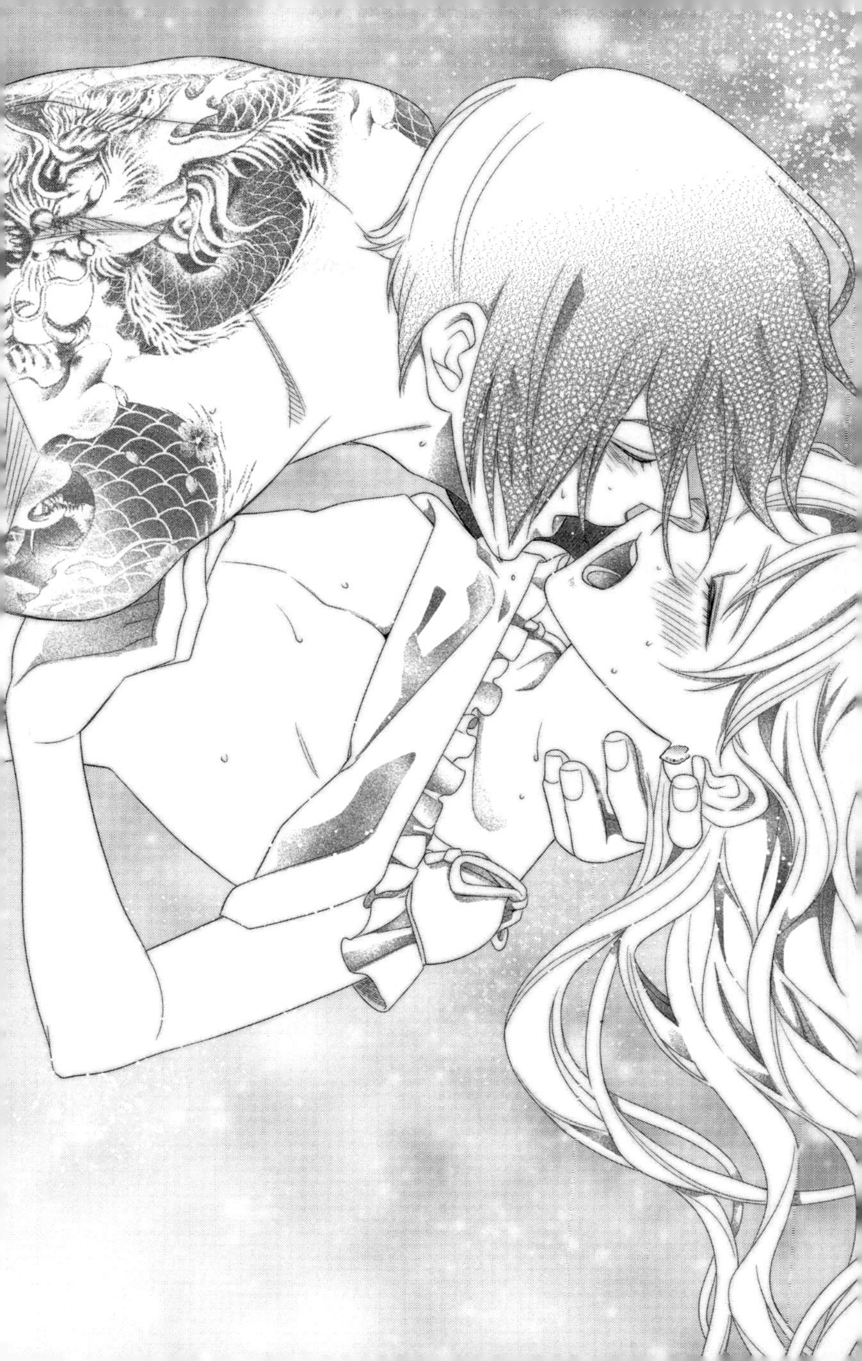

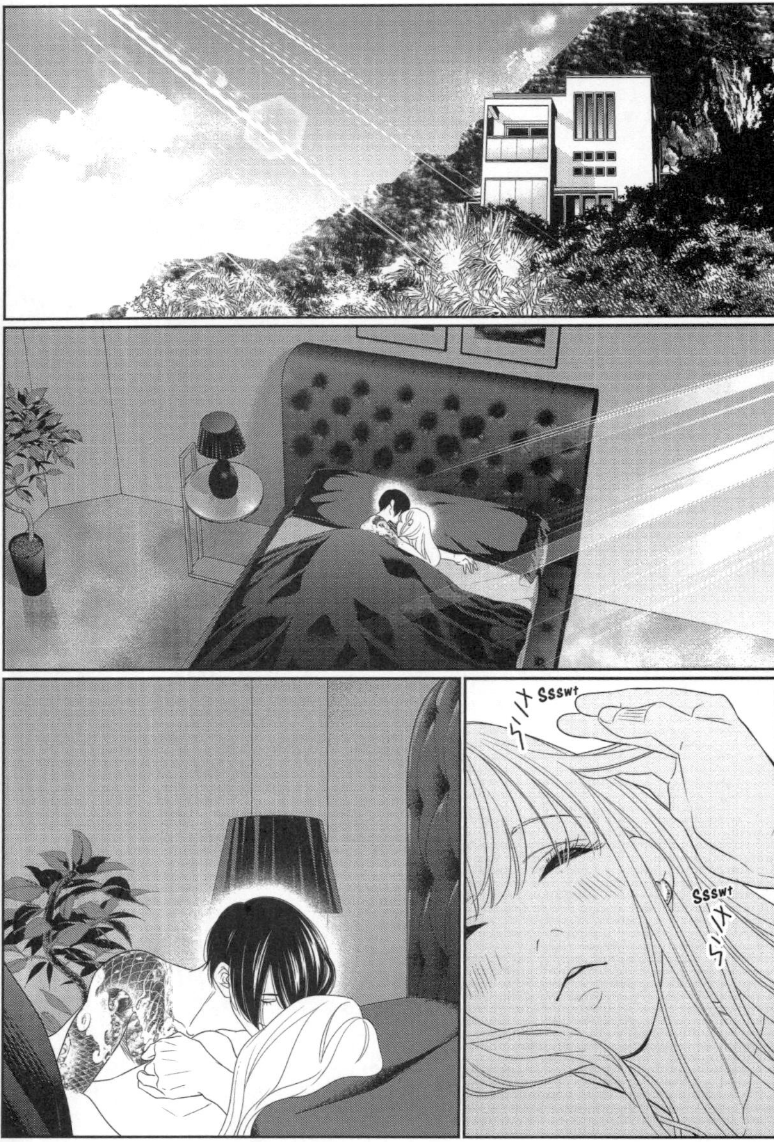
Ssswt
Ssswt

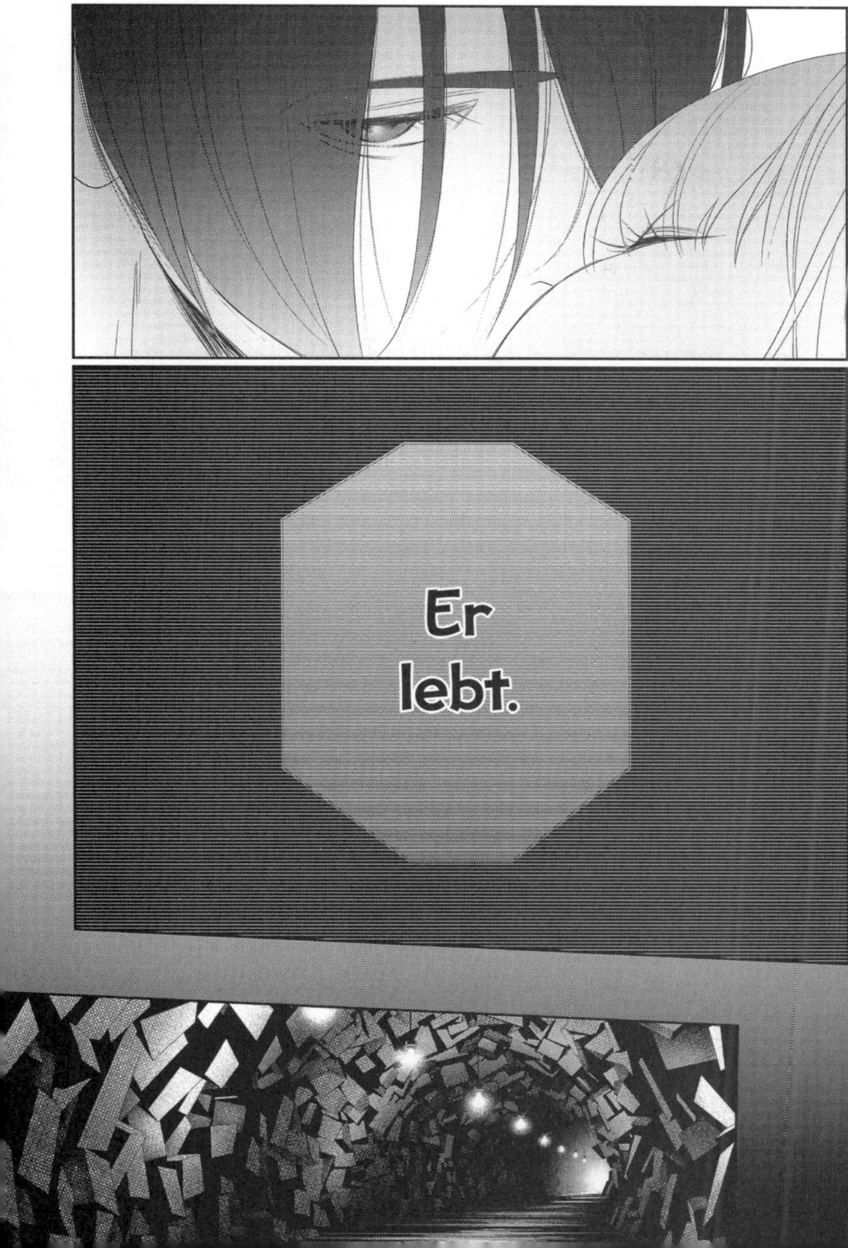
Er lebt.

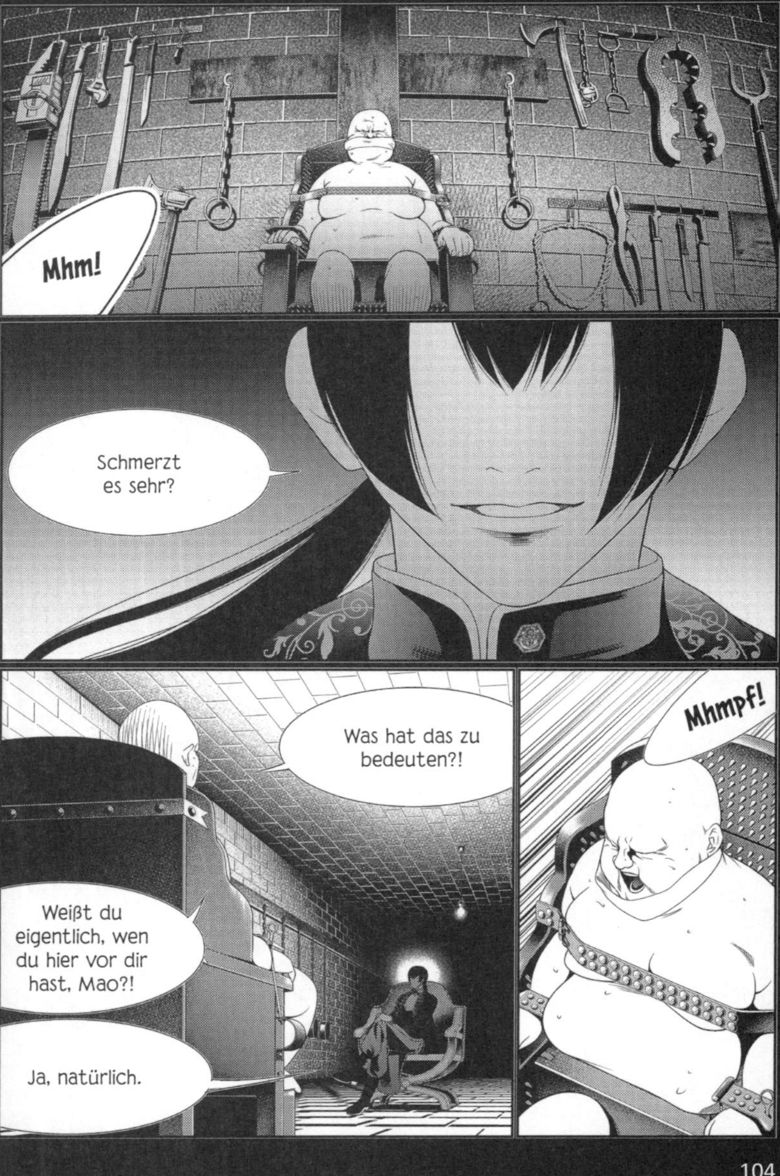
Mhm!
Schmerzt es sehr?
Mhmpf!
Was hat das zu bedeuten?!
Weißt du eigentlich, wen du hier vor dir hast, Mao?!
Ja, natürlich.

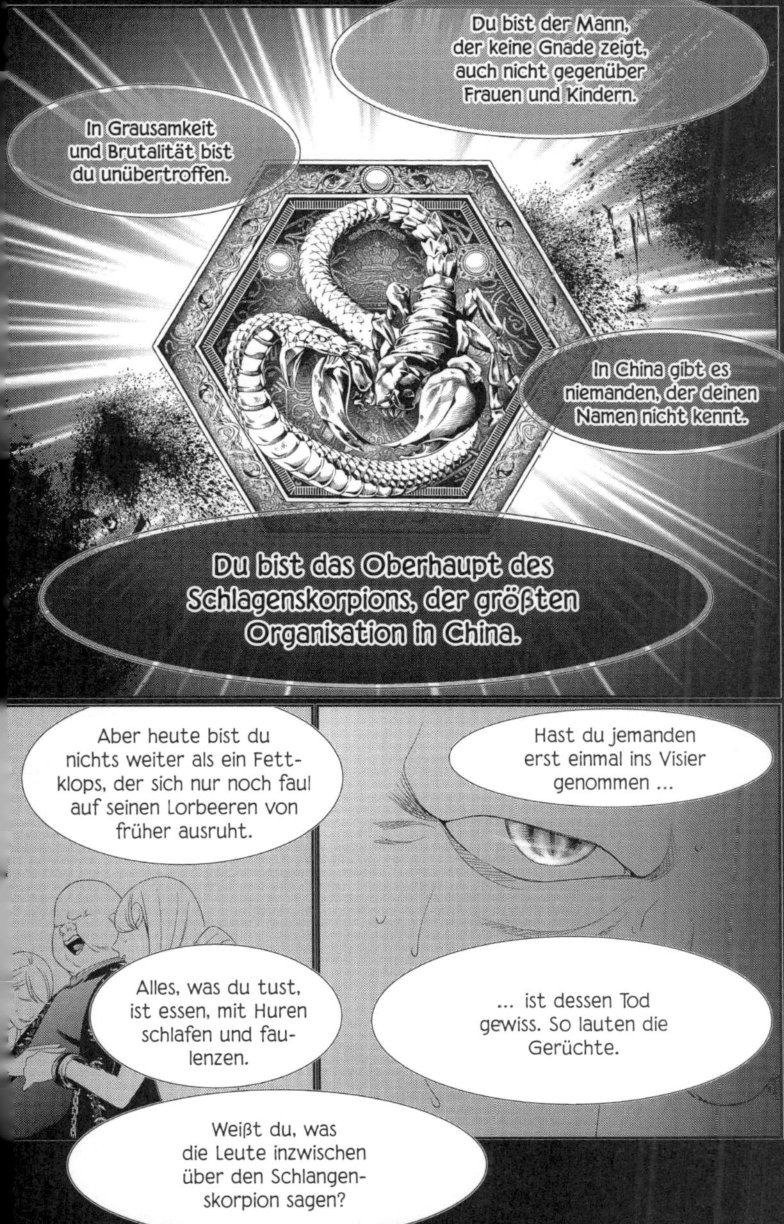
Du bist der Mann, der keine Gnade zeigt, auch nicht gegenüber Frauen und Kindern.
In Grausamkeit und Brutalität bist du unübertroffen.
In China gibt es niemanden, der deinen Namen nicht kennt.
Du bist das Oberhaupt des Schlagenskorpions, der größten Organisation in China.
Hast du jemanden erst einmal ins Visier genommen ...
Aber heute bist du nichts weiter als ein Fettklops, der sich nur noch faul auf seinen Lorbeeren von früher ausruht.
... ist dessen Tod gewiss. So lauten die Gerüchte.
Alles, was du tust, ist essen, mit Huren schlafen und faulenzen.
Weißt du, was die Leute inzwischen über den Schlangenskorpion sagen?

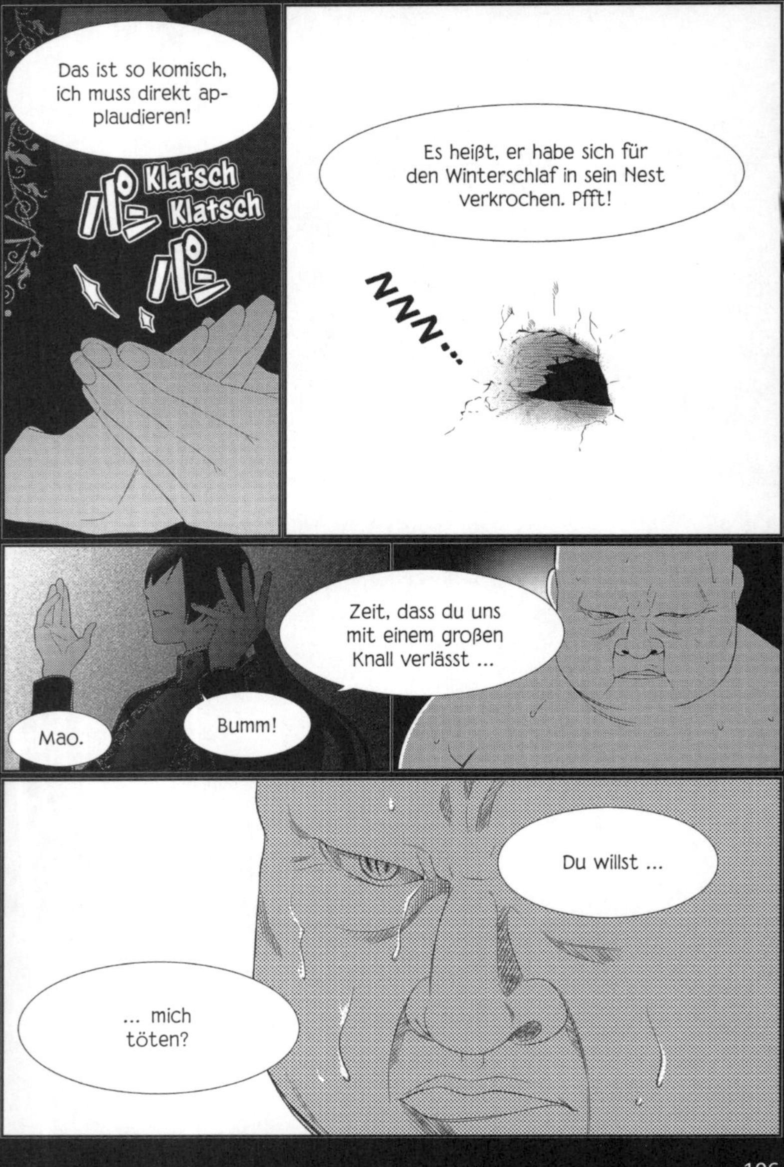
Das ist so komisch, ich muss direkt applaudieren!
Klatsch
Klatsch
パン
パン
Es heißt, er habe sich für den Winterschlaf in sein Nest verkrochen. Pfft!
NNN…
Mao.
Bumm!
Zeit, dass du uns mit einem großen Knall verlässt …
Du willst …
… mich töten?

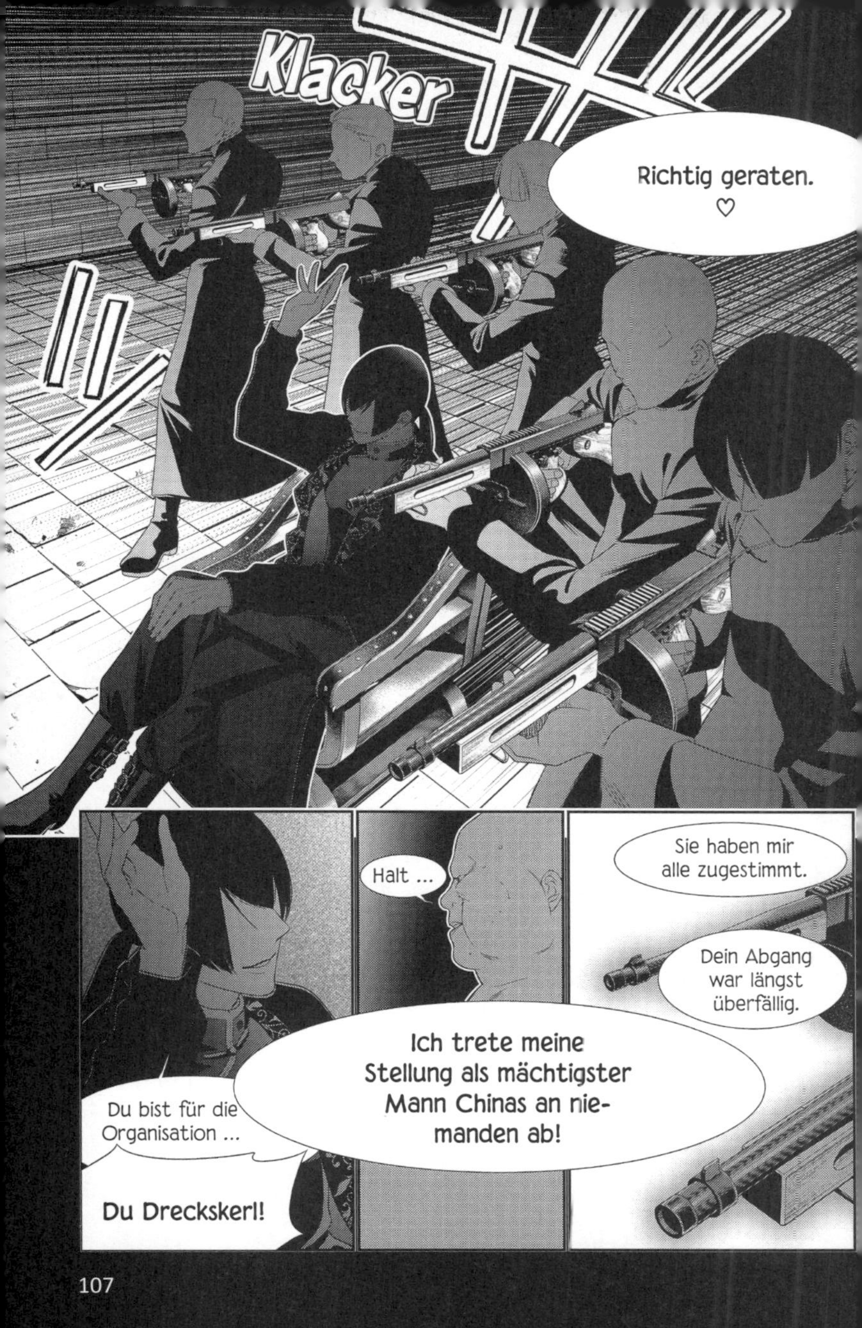
Klacker
Richtig geraten. ♡
Sie haben mir alle zugestimmt.
Halt ...
Dein Abgang war längst überfällig.
Ich trete meine Stellung als mächtigster Mann Chinas an niemanden ab!
Du bist für die Organisation ...
Du Dreckskerl!

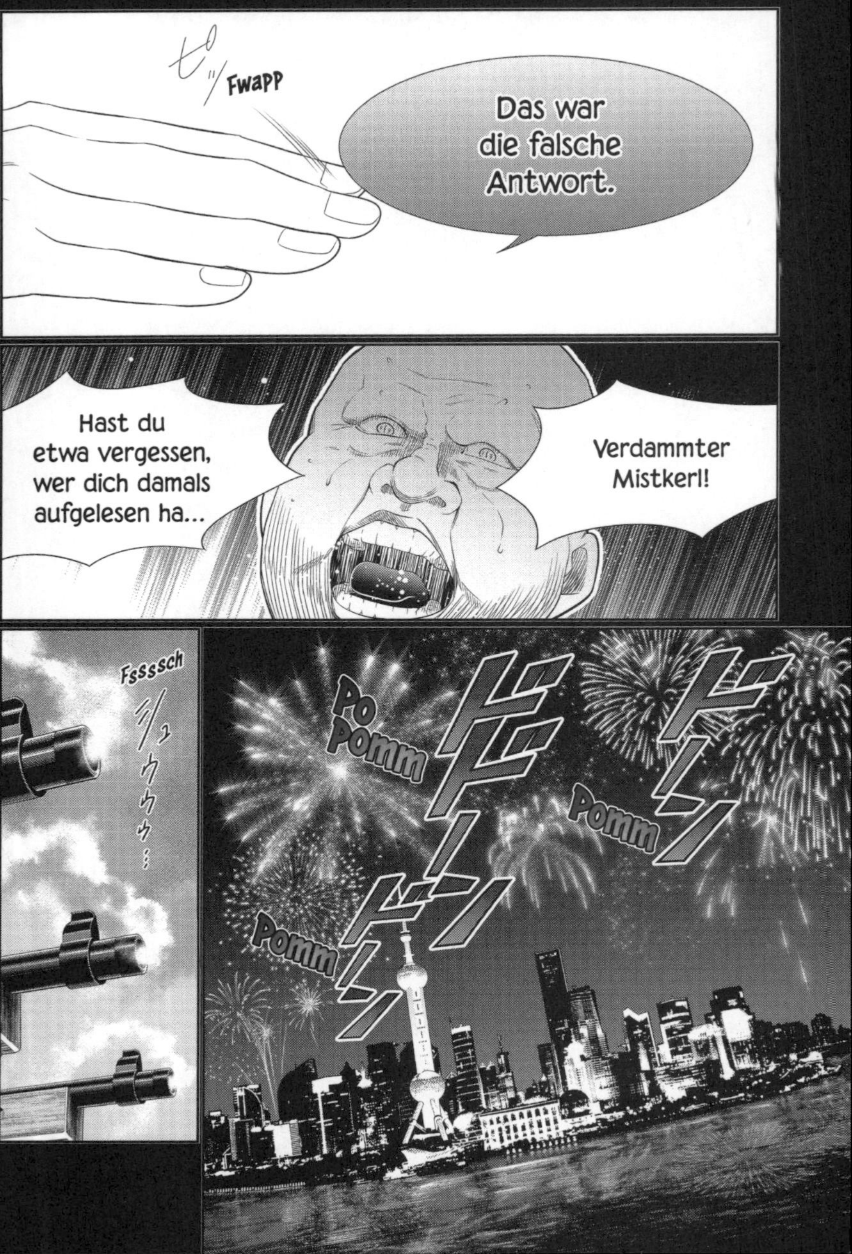

ピッ
Fwapp
Das war die falsche Antwort.
Verdammter Mistkerl!
Hast du etwa vergessen, wer dich damals aufgelesen ha...
Fssssch
シュウウウ…
ドドーン
Po Pomm
ドーン
Pomm
ドーン
Pomm

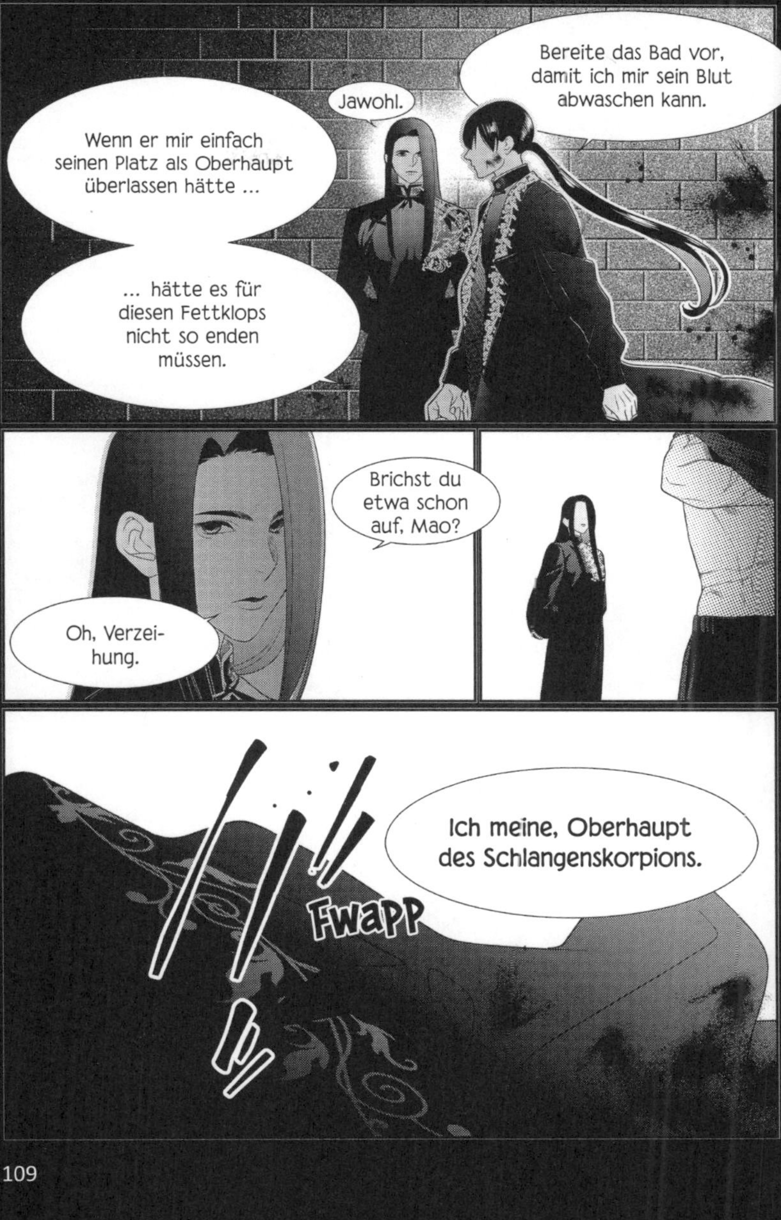
Bereite das Bad vor, damit ich mir sein Blut abwaschen kann.
Jawohl.
Wenn er mir einfach seinen Platz als Oberhaupt überlassen hätte ...
... hätte es für diesen Fettklops nicht so enden müssen.
Brichst du etwa schon auf, Mao?
Oh, Verzeihung.
Ich meine, Oberhaupt des Schlangenskorpions.
FWAPP

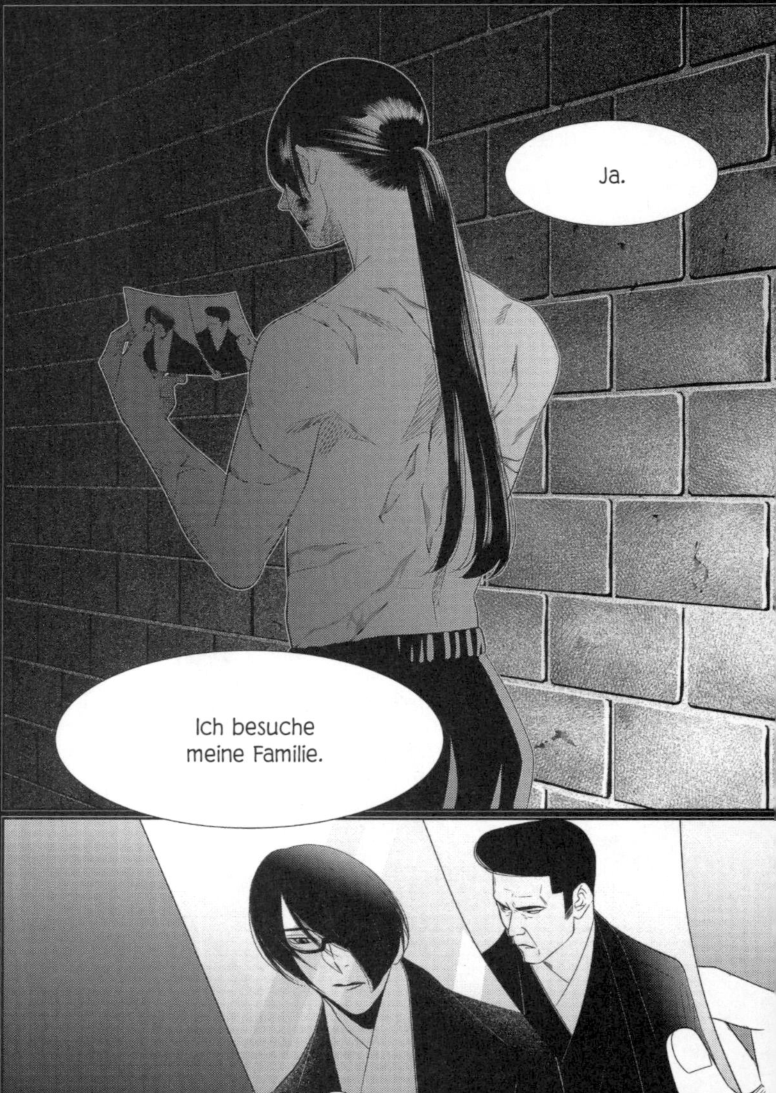
Ja.
Ich besuche meine Familie.

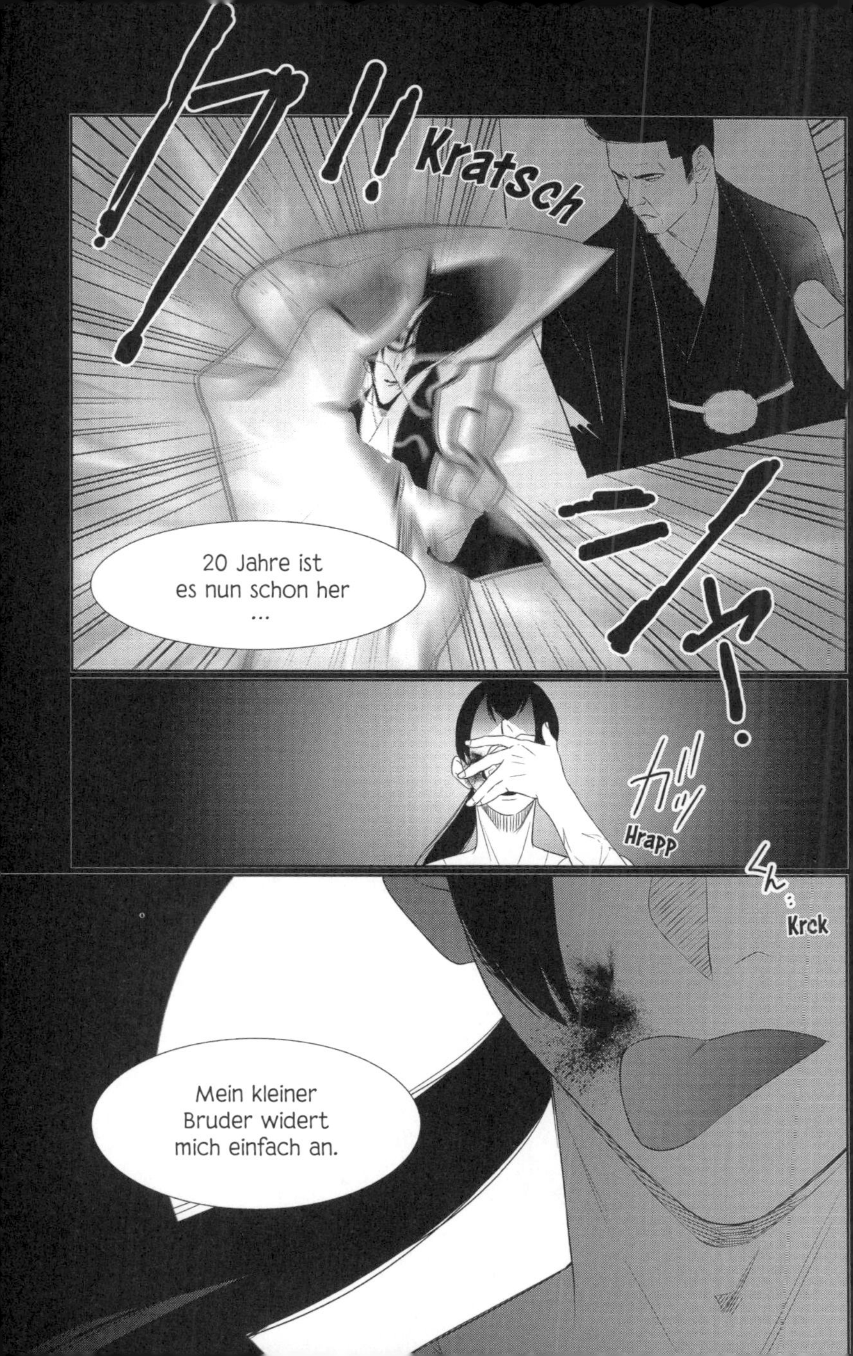
Kratsch
20 Jahre ist
es nun schon her
...
Hrapp
Krck
Mein kleiner
Bruder widert
mich einfach an.

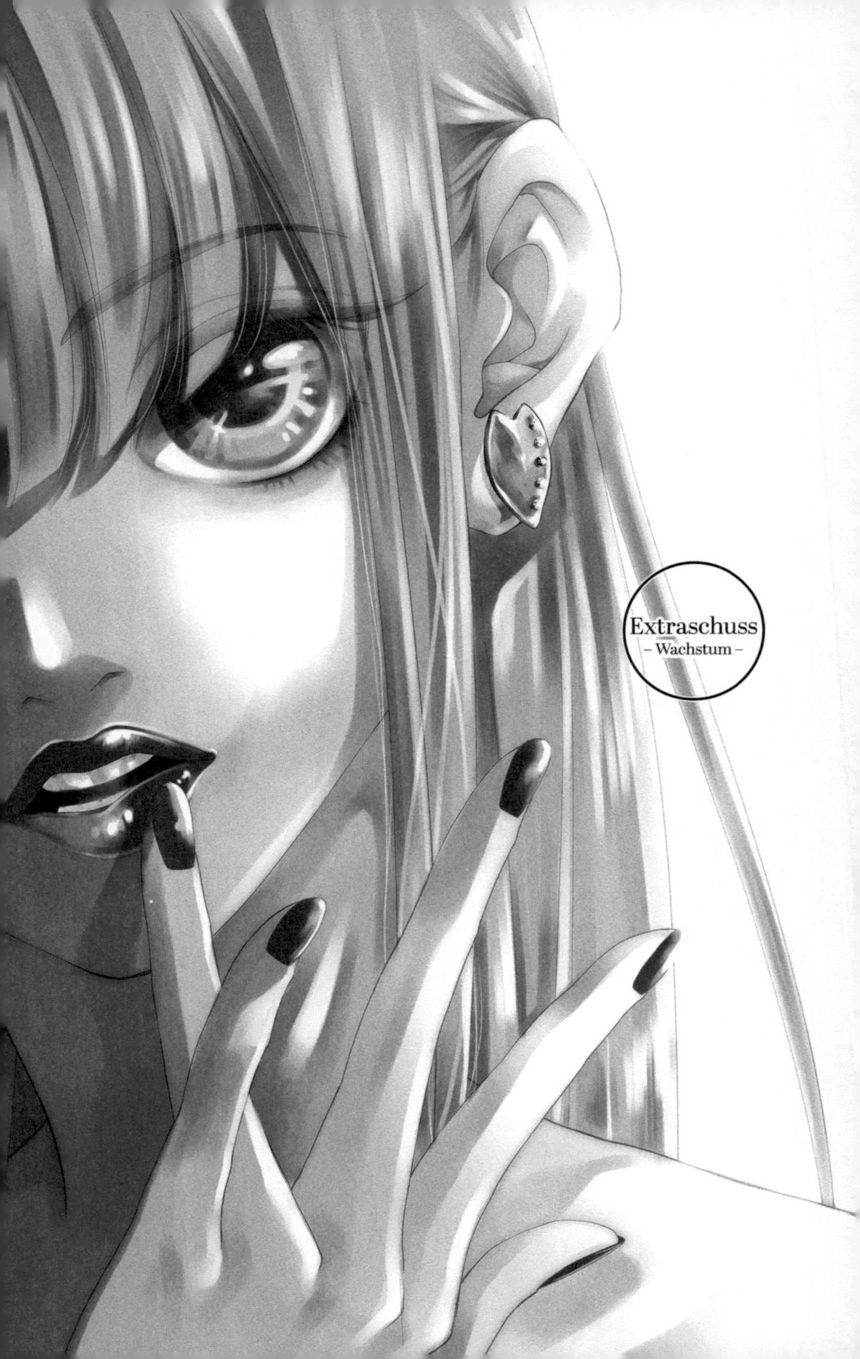
Extraschuss
– Wachstum –

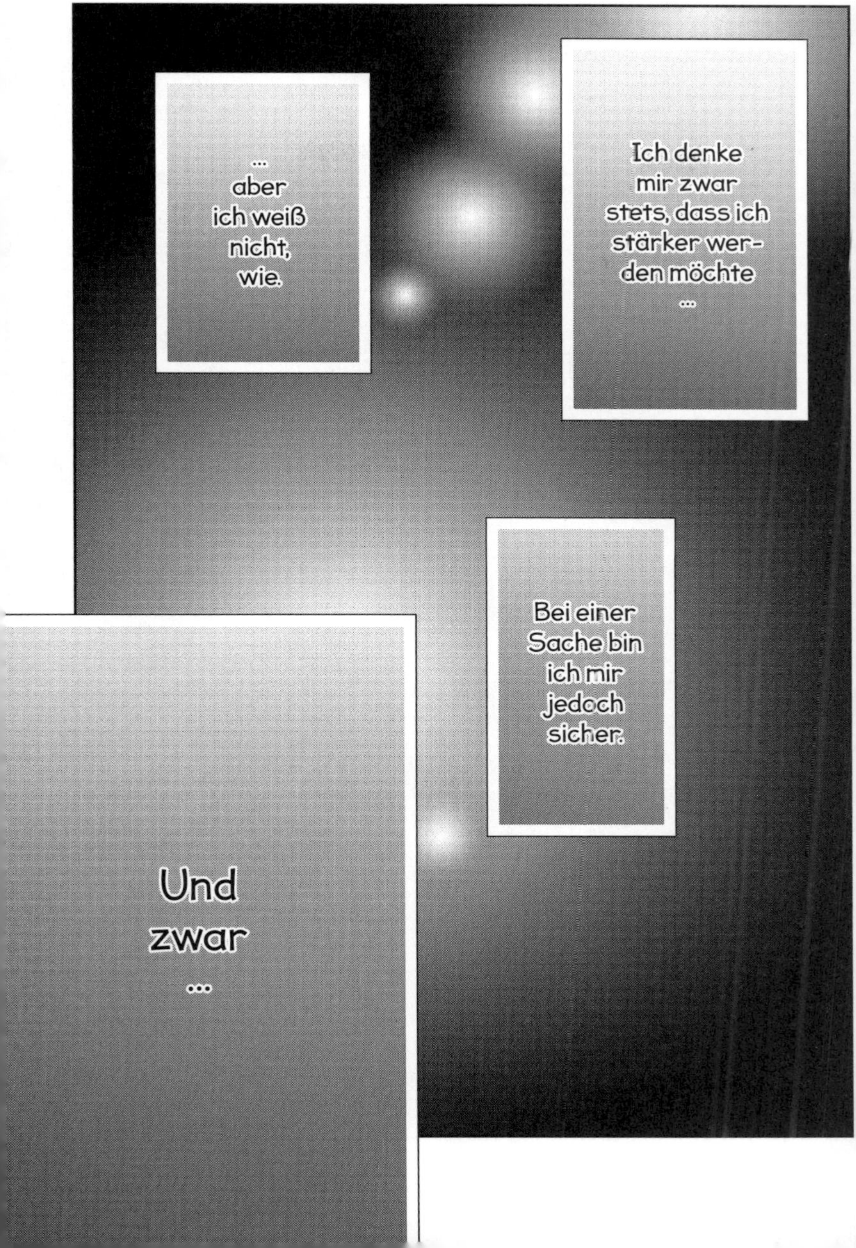
Ich denke mir zwar stets, dass ich stärker werden möchte ...
... aber ich weiß nicht, wie.
Bei einer Sache bin ich mir jedoch sicher.
Und zwar ...

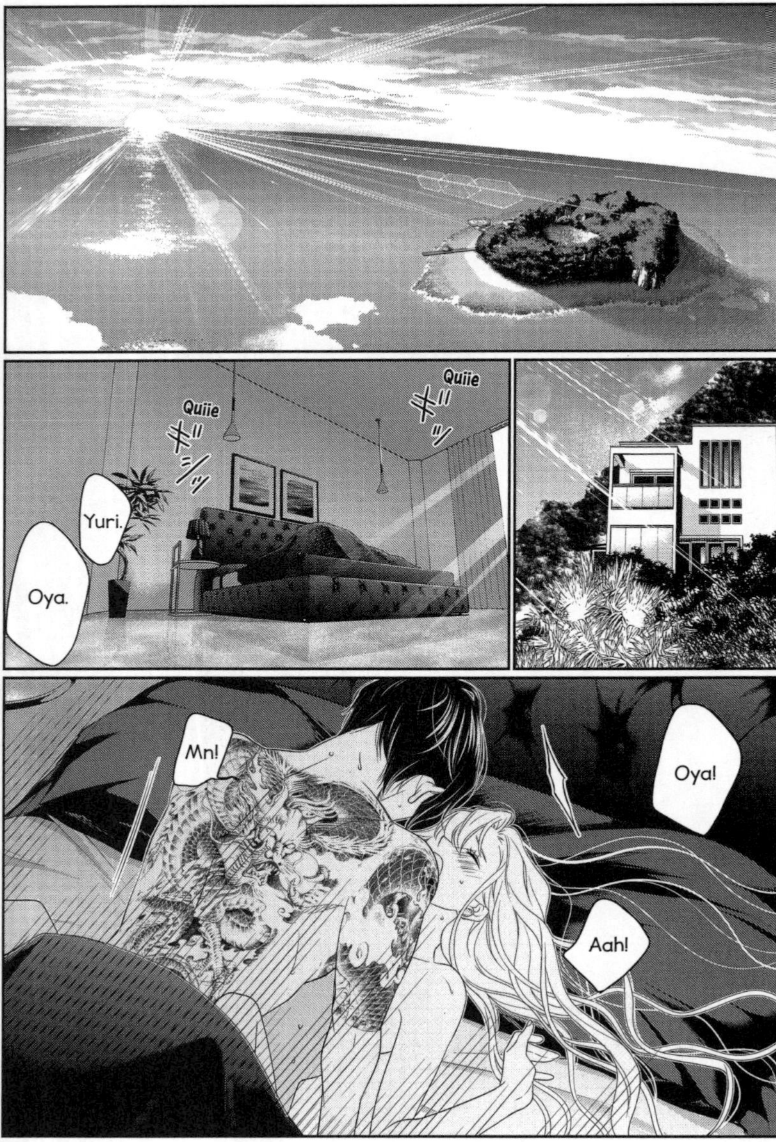
Quiie
Quiie
Yuri.
Oya.
Oya!
Mn!
Aah!

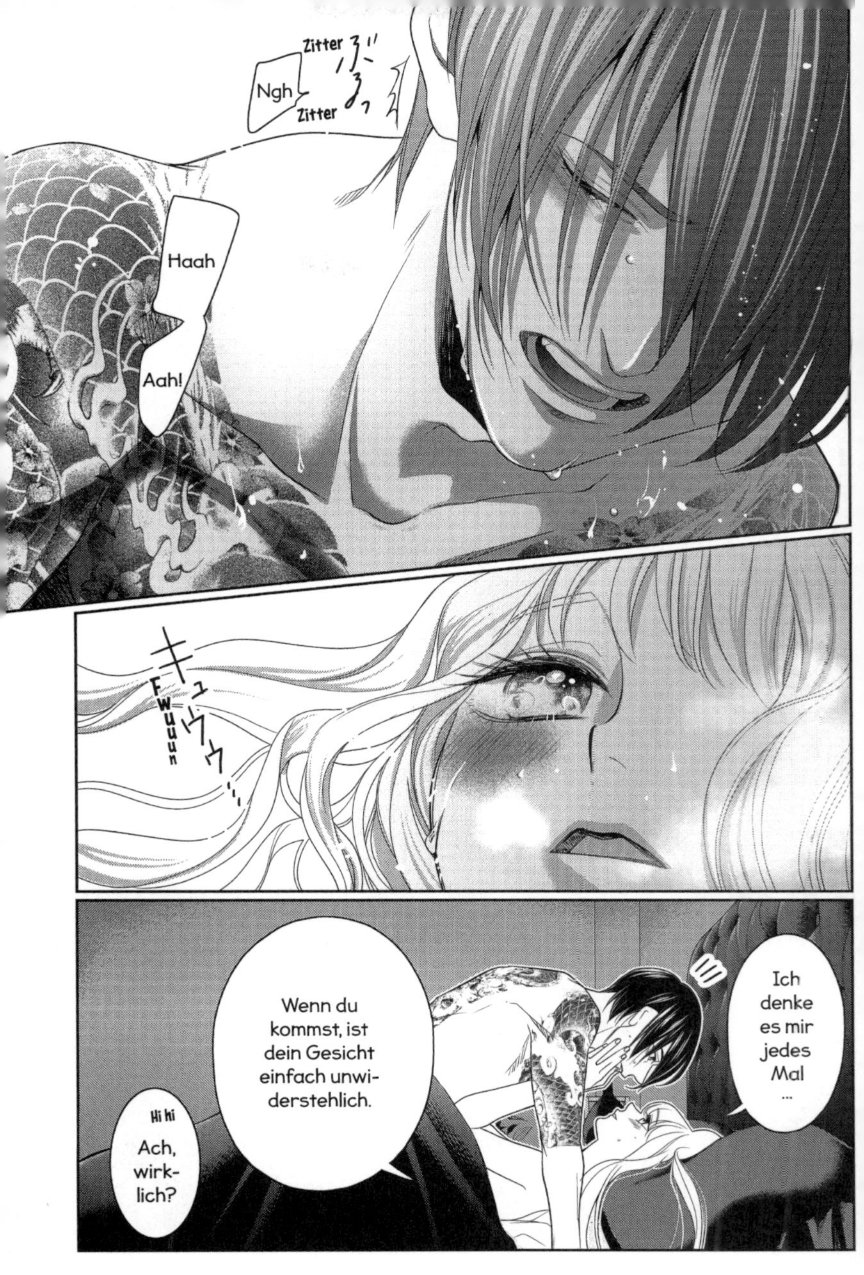
Zitter
Ngh
Zitter
Haah
Aah!
Fwuuun
Ich denke es mir jedes Mal ...
Wenn du kommst, ist dein Gesicht einfach unwiderstehlich.
Hi hi
Ach, wirklich?

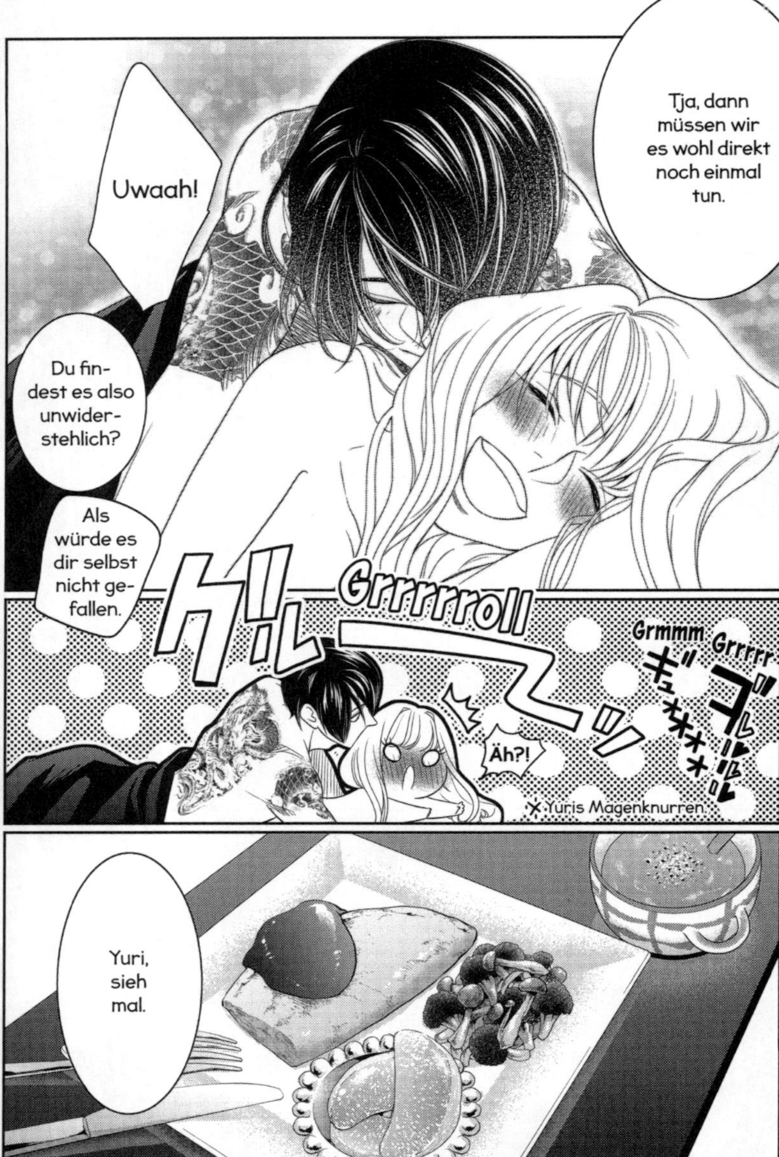
Tja, dann müssen wir es wohl direkt noch einmal tun.
Uwaah!
Du findest es also unwiderstehlich?
Als würde es dir selbst nicht gefallen.
Grrrrrroll
Grrrrr
Grmmm
Äh?!
※ Yuris Magenknurren
Yuri, sieh mal.

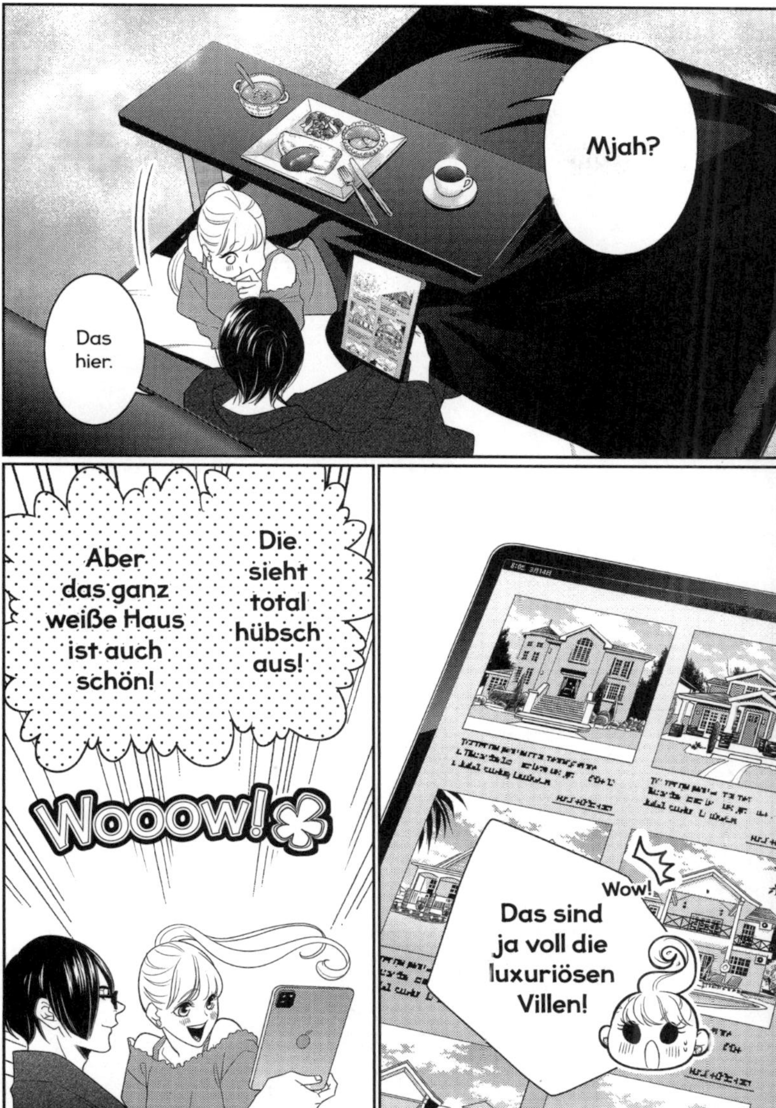
Mjah?
Das hier.
Wow!
Das sind ja voll die luxuriösen Villen!
Die sieht total hübsch aus!
Aber das ganz weiße Haus ist auch schön!
Wooow!

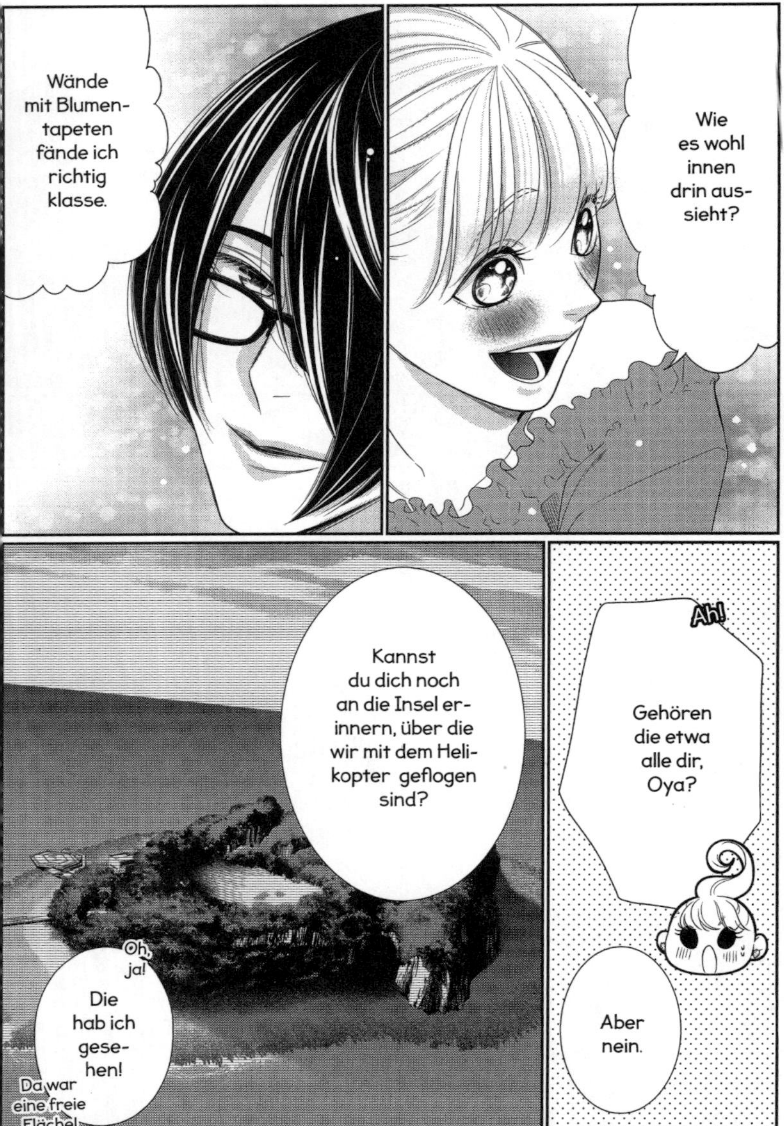
Wie es wohl innen drin aussieht?
Wände mit Blumentapeten fände ich richtig klasse.
Ah!
Gehören die etwa alle dir, Oya?
Aber nein.
Kannst du dich noch an die Insel erinnern, über die wir mit dem Helikopter geflogen sind?
Oh, ja!
Die hab ich gesehen!
Da war eine freie Fläche!

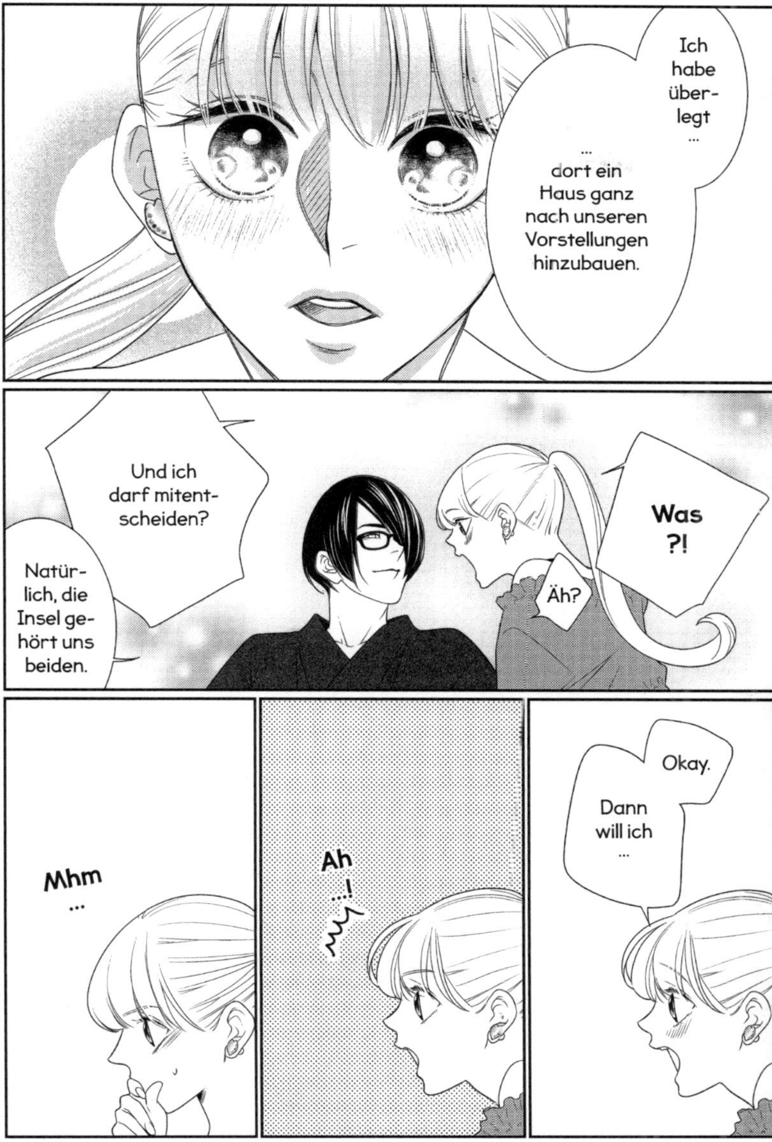
Ich habe über-legt …
… dort ein Haus ganz nach unseren Vorstellungen hinzubauen.
Was ?!
Äh?
Und ich darf mitent-scheiden?
Natür-lich, die Insel ge-hört uns beiden.
Okay.
Dann will ich …
Ah …!
Mhm …

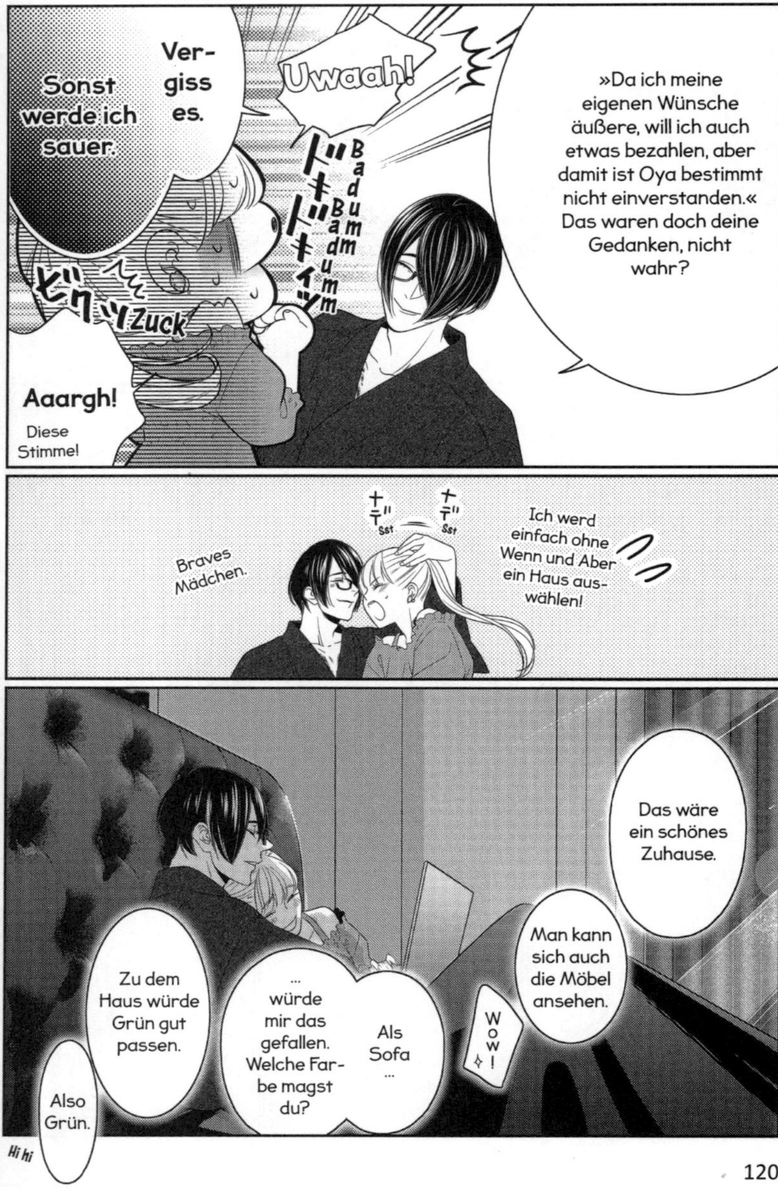
»Da ich meine eigenen Wünsche äußere, will ich auch etwas bezahlen, aber damit ist Oya bestimmt nicht einverstanden.« Das waren doch deine Gedanken, nicht wahr?
Uwaah!
Badumm Badumm Badumm
Ver-giss es.
Sonst werde ich sauer.
Zuck
Aaargh!
Diese Stimme!
Ich werd einfach ohne Wenn und Aber ein Haus aus-wählen!
Sst
Sst
Braves Mädchen.
Das wäre ein schönes Zuhause.
Man kann sich auch die Möbel ansehen.
Wow!
Als Sofa ...
... würde mir das gefallen. Welche Far-be magst du?
Zu dem Haus würde Grün gut passen.
Also Grün.
Hi hi

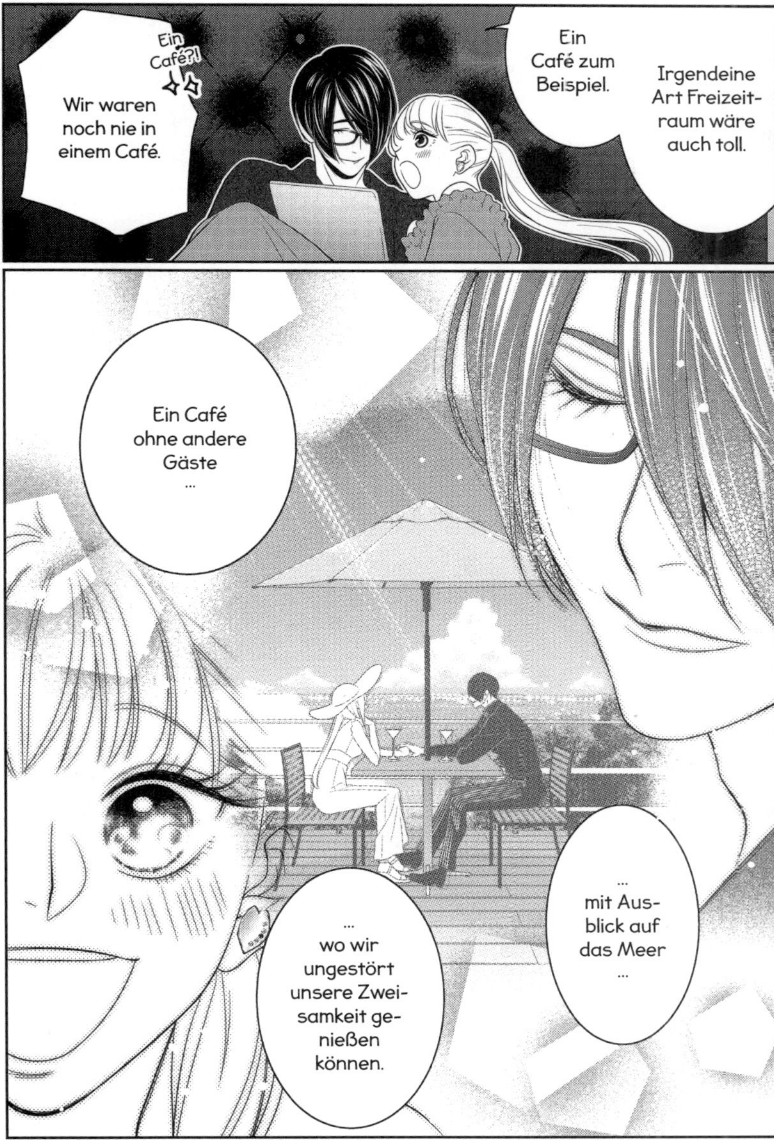
Irgendeine Art Freizeitraum wäre auch toll.
Ein Café zum Beispiel.
Ein Café?!
Wir waren noch nie in einem Café.
Ein Café ohne andere Gäste ...
... mit Ausblick auf das Meer ...
... wo wir ungestört unsere Zweisamkeit genießen können.

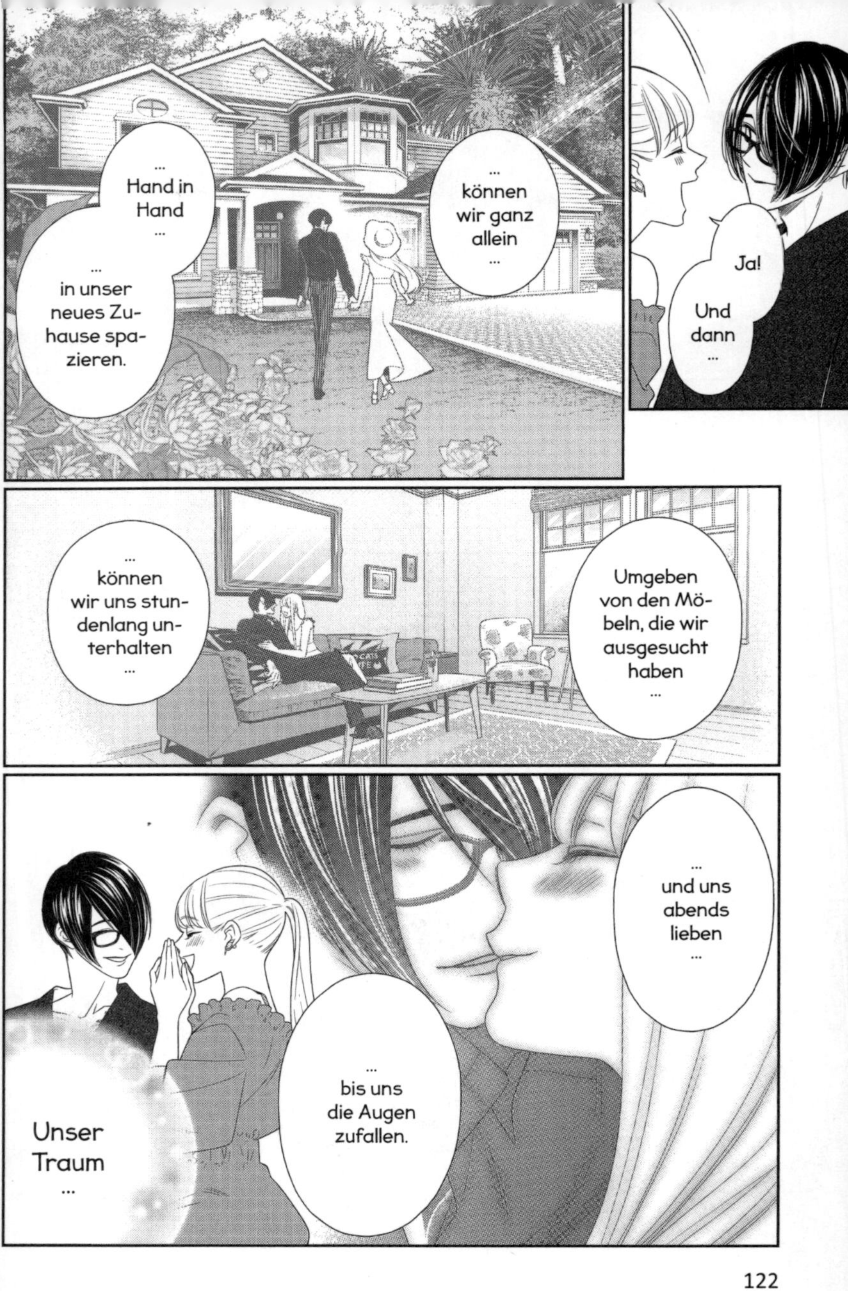
Ja! Und dann ...
... können wir ganz allein ...
... Hand in Hand ...
... in unser neues Zuhause spazieren.
Umgeben von den Möbeln, die wir ausgesucht haben ...
... können wir uns stundenlang unterhalten ...
... und uns abends lieben ...
... bis uns die Augen zufallen.
Unser Traum ...

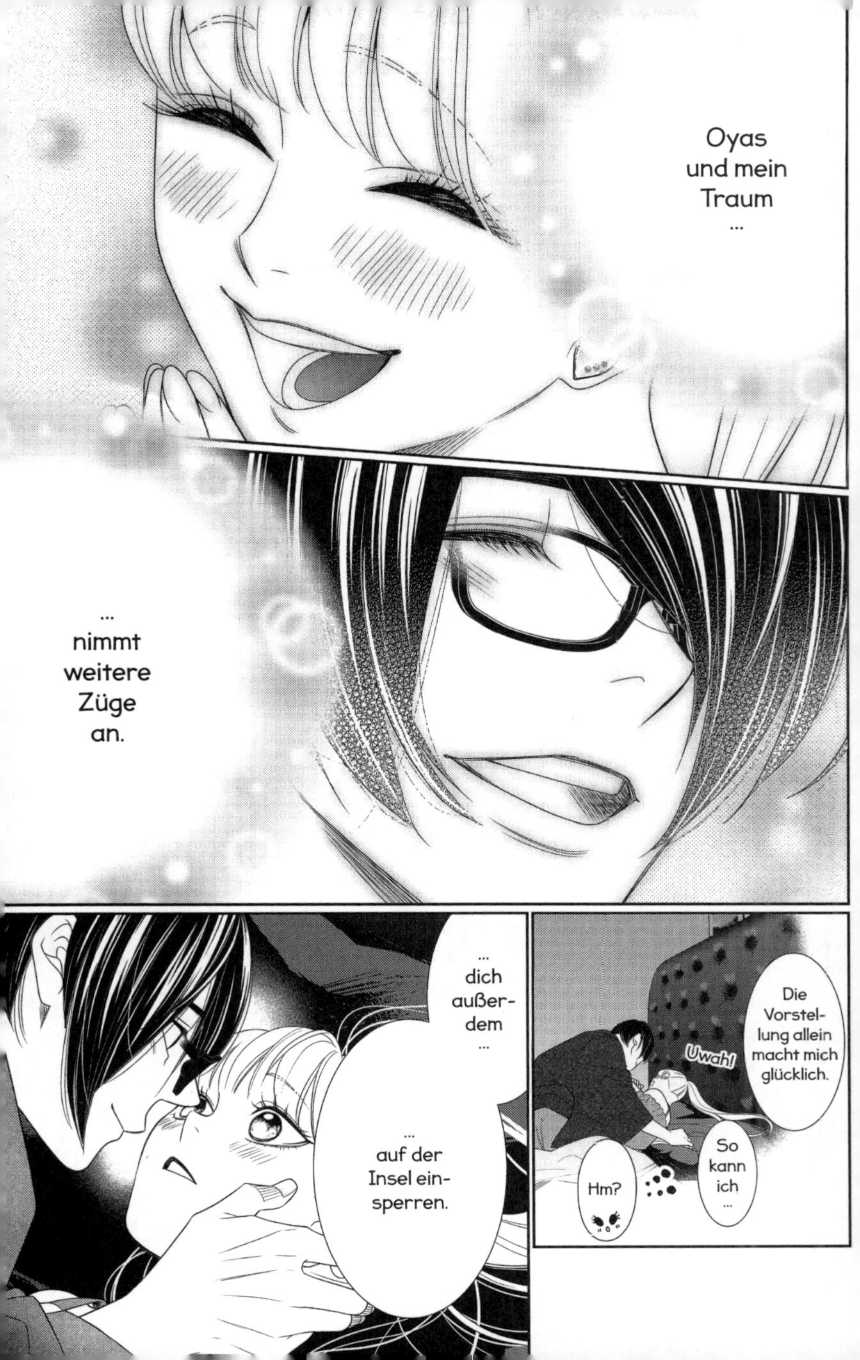

Oyas und mein Traum ...
... nimmt weitere Züge an.
Die Vorstellung allein macht mich glücklich.
Uwah!
So kann ich ...
Hm?
... dich außerdem ...
... auf der Insel einsperren.

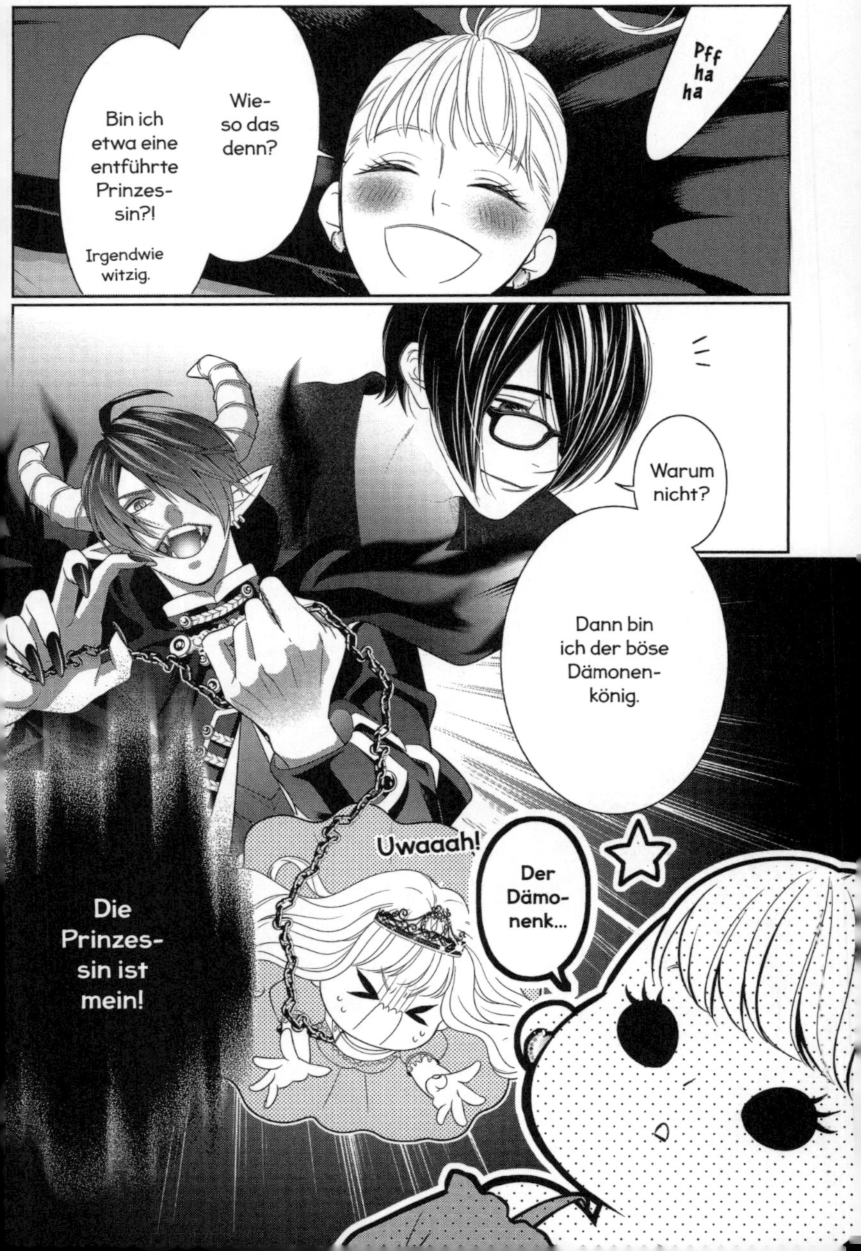
Pff ha ha
Wie-so das denn?
Bin ich etwa eine entführte Prinzes-sin?!
Irgendwie witzig.
Warum nicht?
Dann bin ich der böse Dämonen-könig.
Der Dämo-nenk...
Uwaaah!
Die Prinzes-sin ist mein!

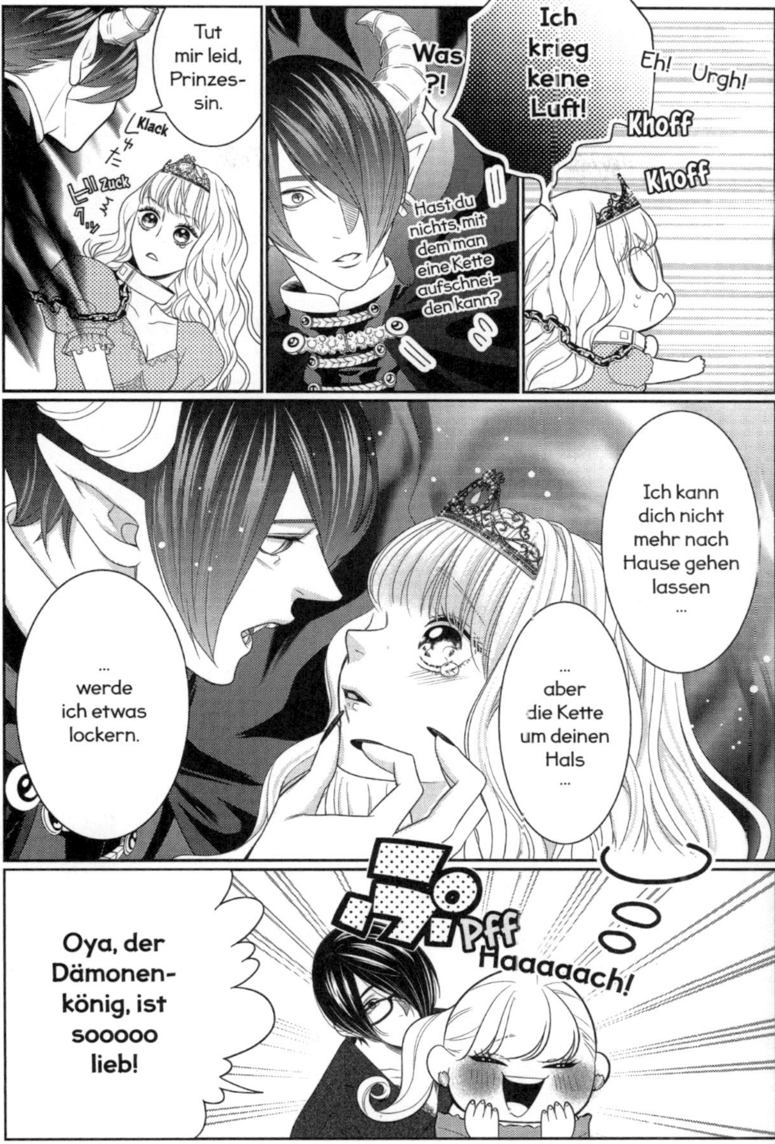
Eh! Urgh!
Khoff
Khoff
Ich krieg keine Luft!
Was ?!
Hast du nichts, mit dem man eine Kette aufschneiden kann?
Tut mir leid, Prinzessin.
Klack
Zuck
Ich kann dich nicht mehr nach Hause gehen lassen ...
... aber die Kette um deinen Hals ...
... werde ich etwas lockern.
Pff
Haaaaach!
Oya, der Dämonenkönig, ist sooooo lieb!

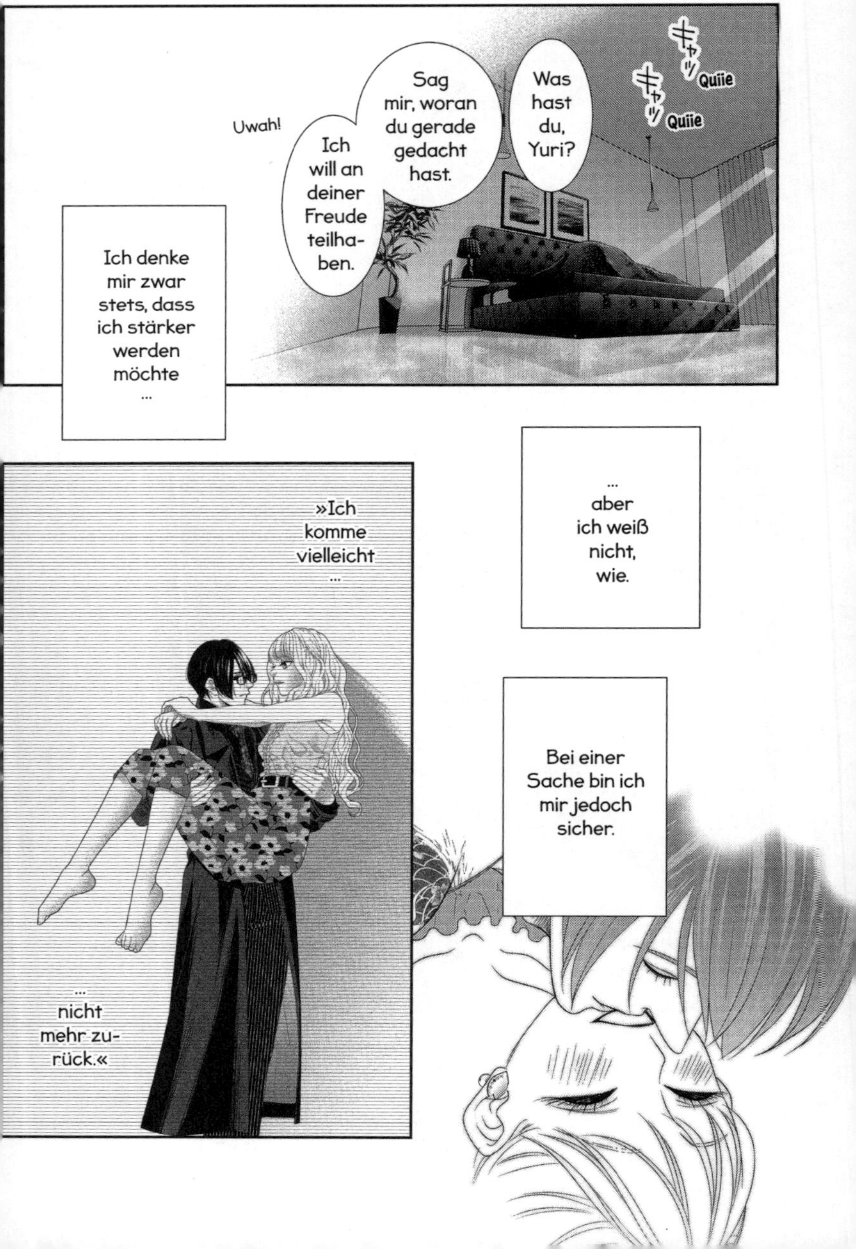
キャッ Quiie
キャッ Quiie
Was hast du, Yuri?
Sag mir, woran du gerade gedacht hast.
Ich will an deiner Freude teilhaben.
Uwah!
Ich denke mir zwar stets, dass ich stärker werden möchte ...
... aber ich weiß nicht, wie.
Bei einer Sache bin ich mir jedoch sicher.
»Ich komme vielleicht ...
... nicht mehr zurück.«

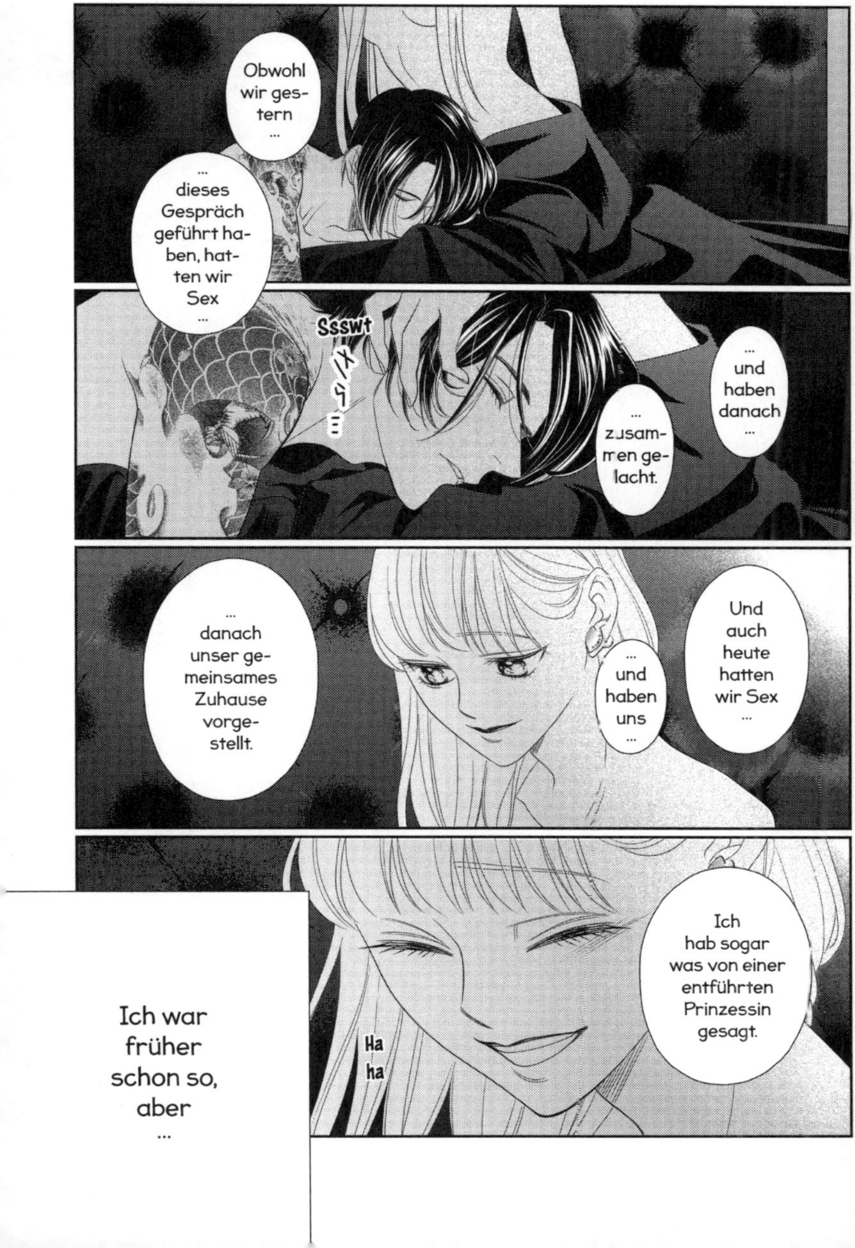
Obwohl wir gestern ...
... dieses Gespräch geführt haben, hatten wir Sex ...
Ssswt
... und haben danach ...
... zusammen gelacht.
Und auch heute hatten wir Sex ...
... und haben uns ...
... danach unser gemeinsames Zuhause vorgestellt.
Ich hab sogar was von einer entführten Prinzessin gesagt.
Haha
Ich war früher schon so, aber ...

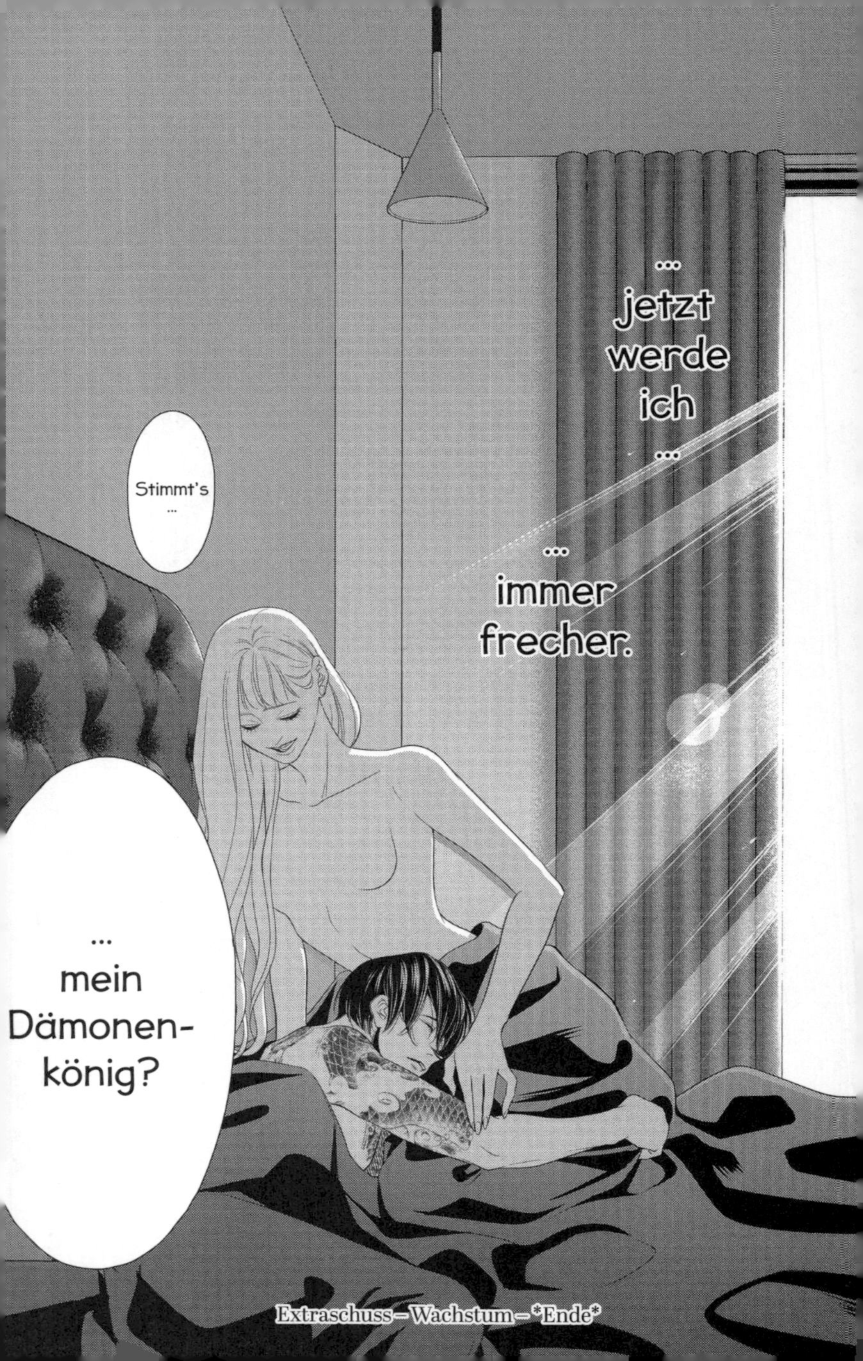

Extraschuss – Wachstum – *Ende*

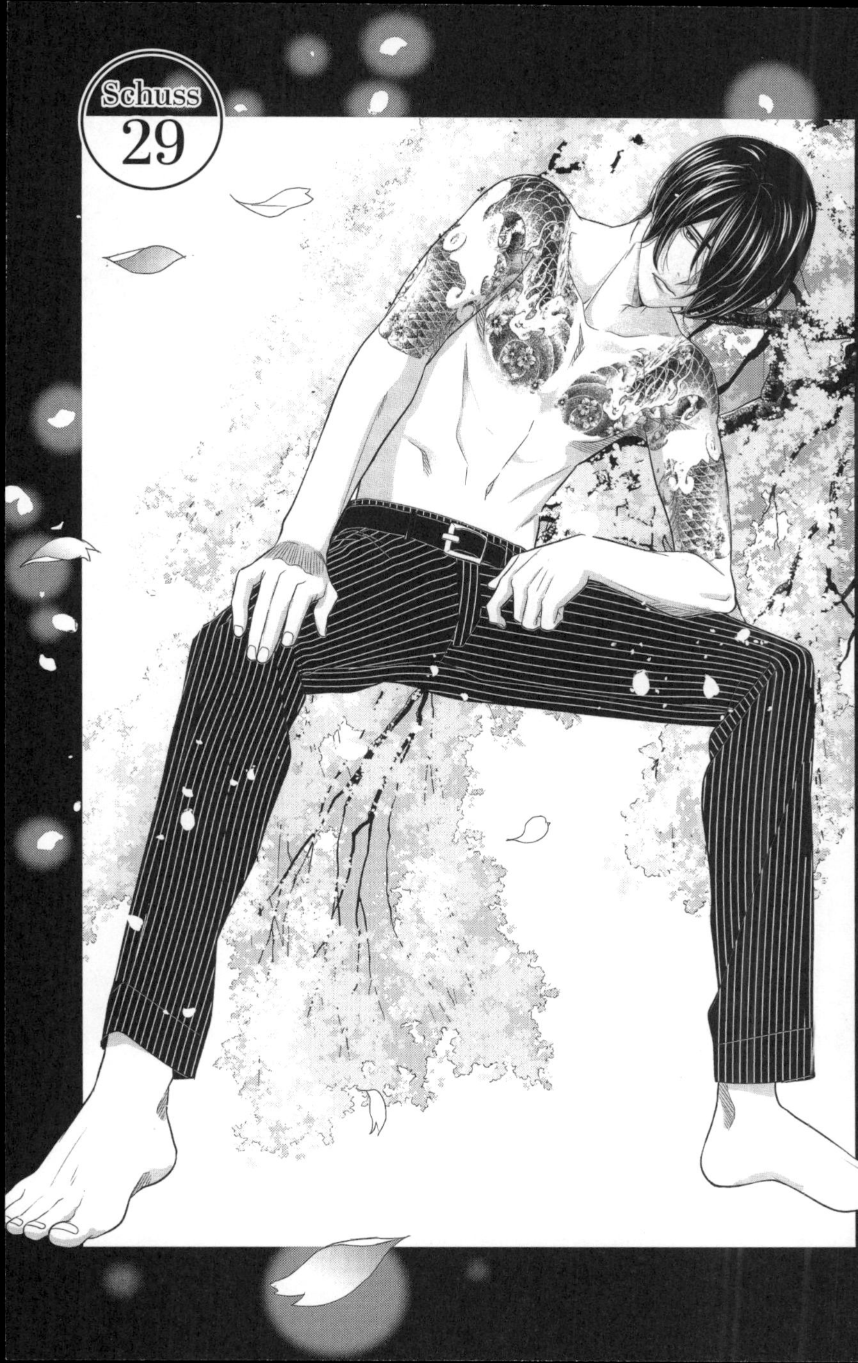
Schuss
29

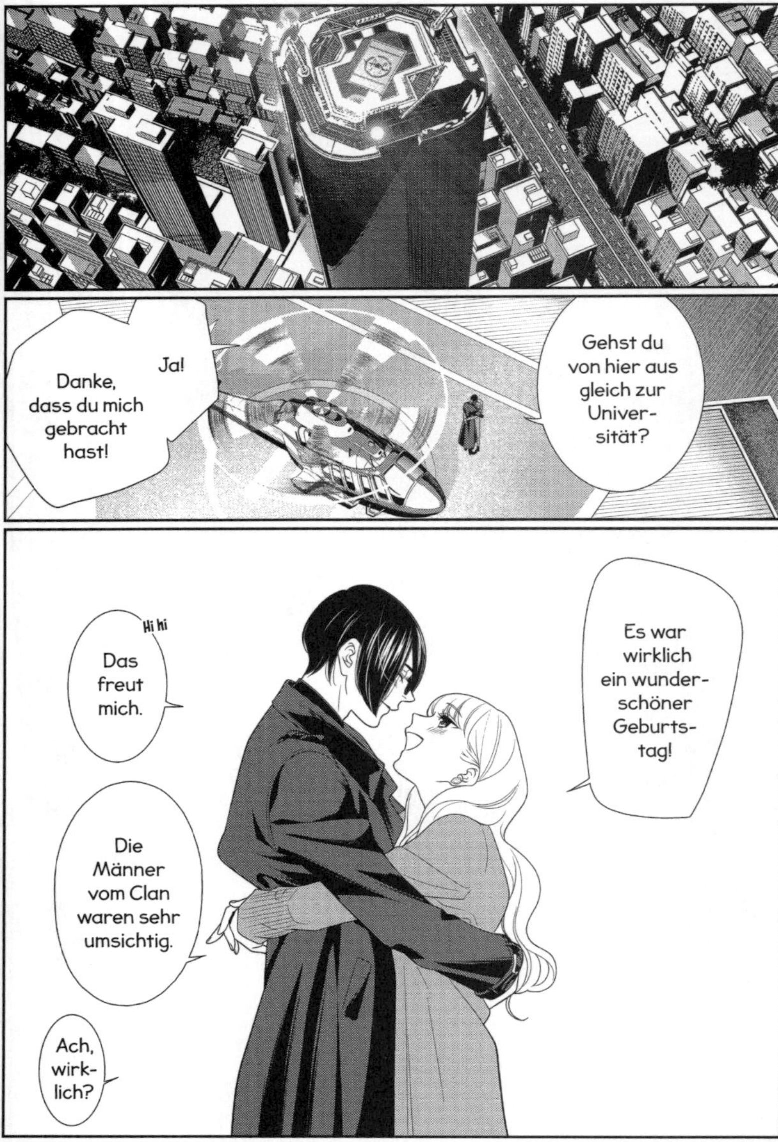
Gehst du von hier aus gleich zur Universität?
Ja!
Danke, dass du mich gebracht hast!
Es war wirklich ein wunderschöner Geburtstag!
Hi hi
Das freut mich.
Die Männer vom Clan waren sehr umsichtig.
Ach, wirklich?

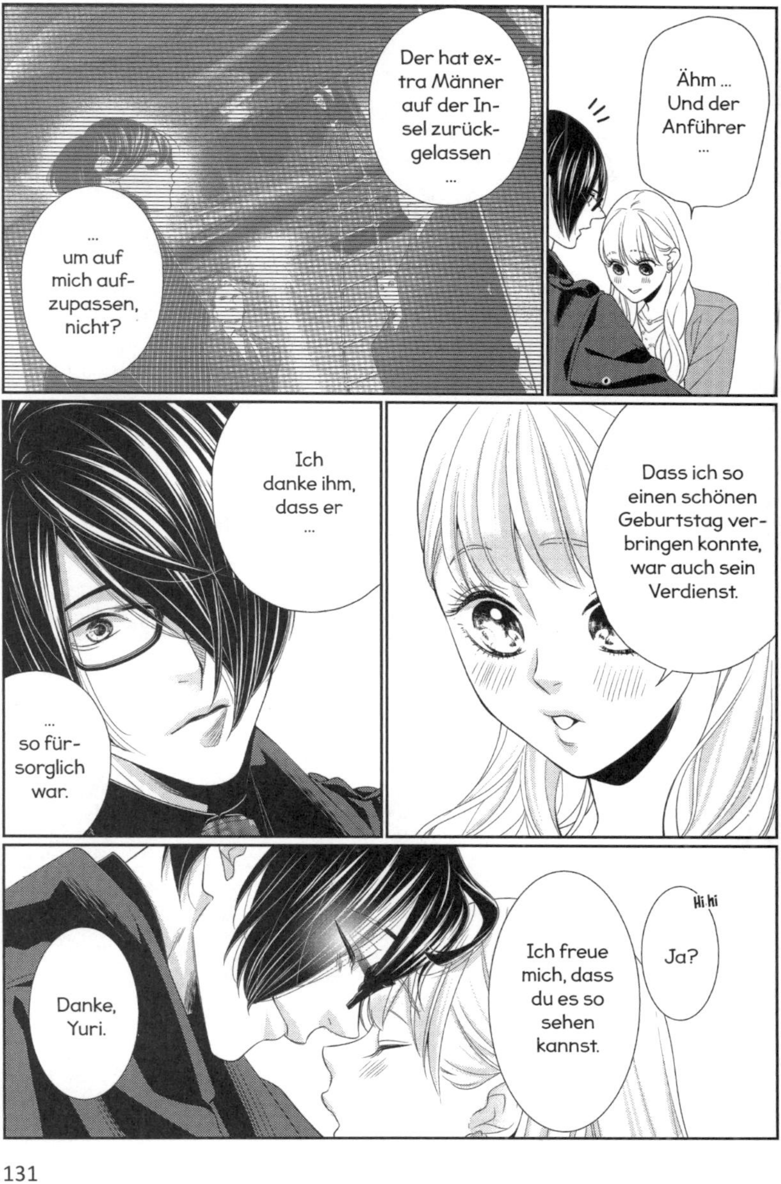
Ähm ... Und der Anführer ...
Der hat extra Männer auf der Insel zurückgelassen ...
... um auf mich aufzupassen, nicht?
Dass ich so einen schönen Geburtstag verbringen konnte, war auch sein Verdienst.
Ich danke ihm, dass er ...
... so fürsorglich war.
Hi hi
Ja?
Ich freue mich, dass du es so sehen kannst.
Danke, Yuri.

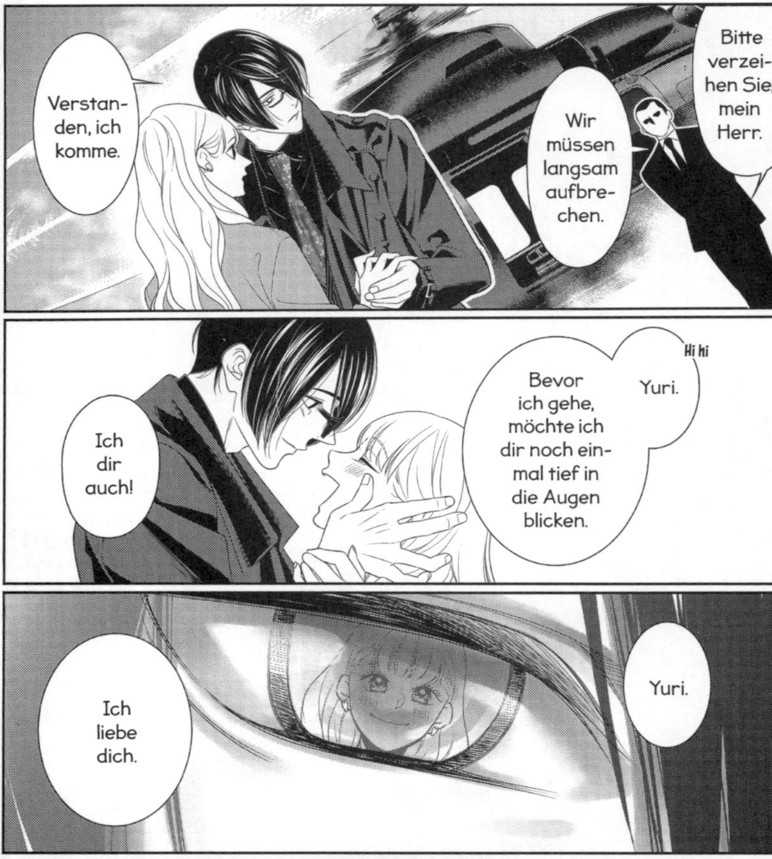
Bitte verzeihen Sie, mein Herr.
Wir müssen langsam aufbrechen.
Verstanden, ich komme.
Hi hi
Yuri.
Bevor ich gehe, möchte ich dir noch einmal tief in die Augen blicken.
Ich dir auch!
Yuri.
Ich liebe dich.
Ich dich auch!

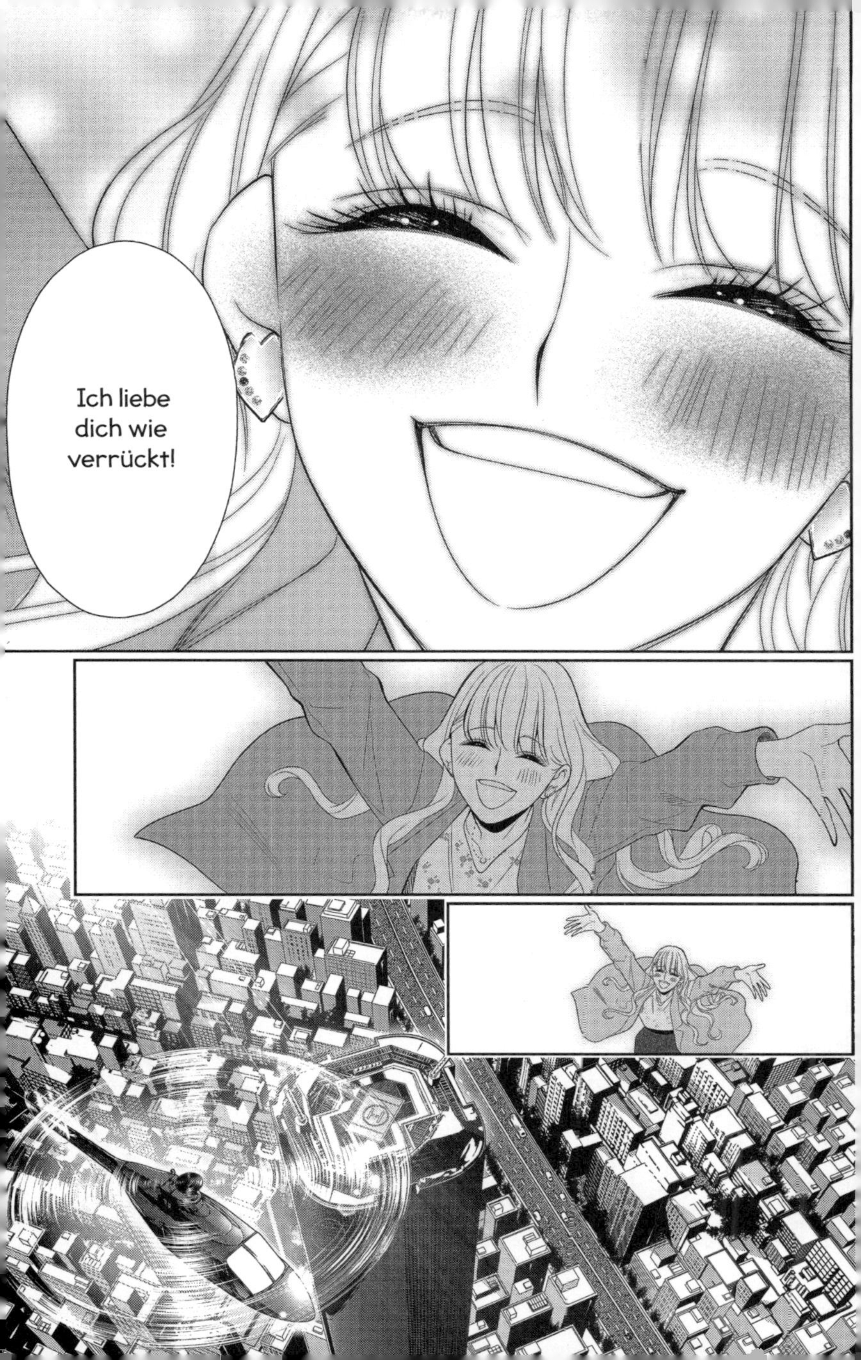
Ich liebe dich wie verrückt!

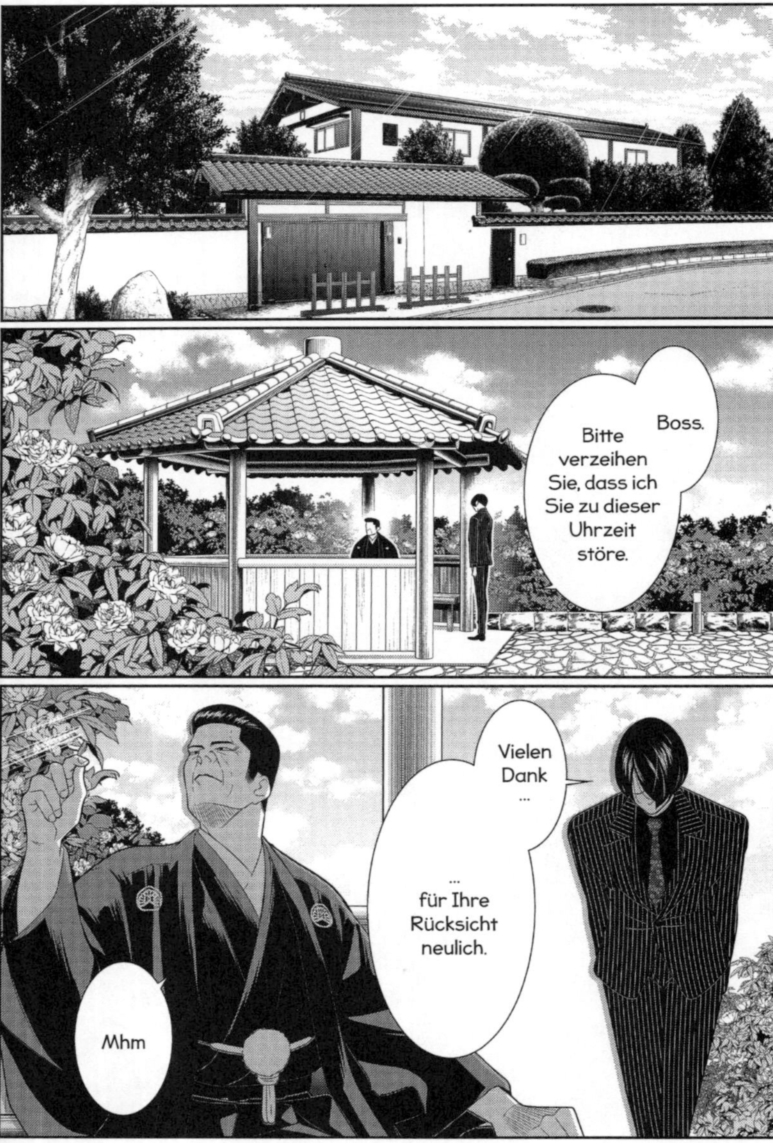
Boss.
Bitte verzeihen Sie, dass ich Sie zu dieser Uhrzeit störe.
Vielen Dank ...
... für Ihre Rücksicht neulich.
Mhm

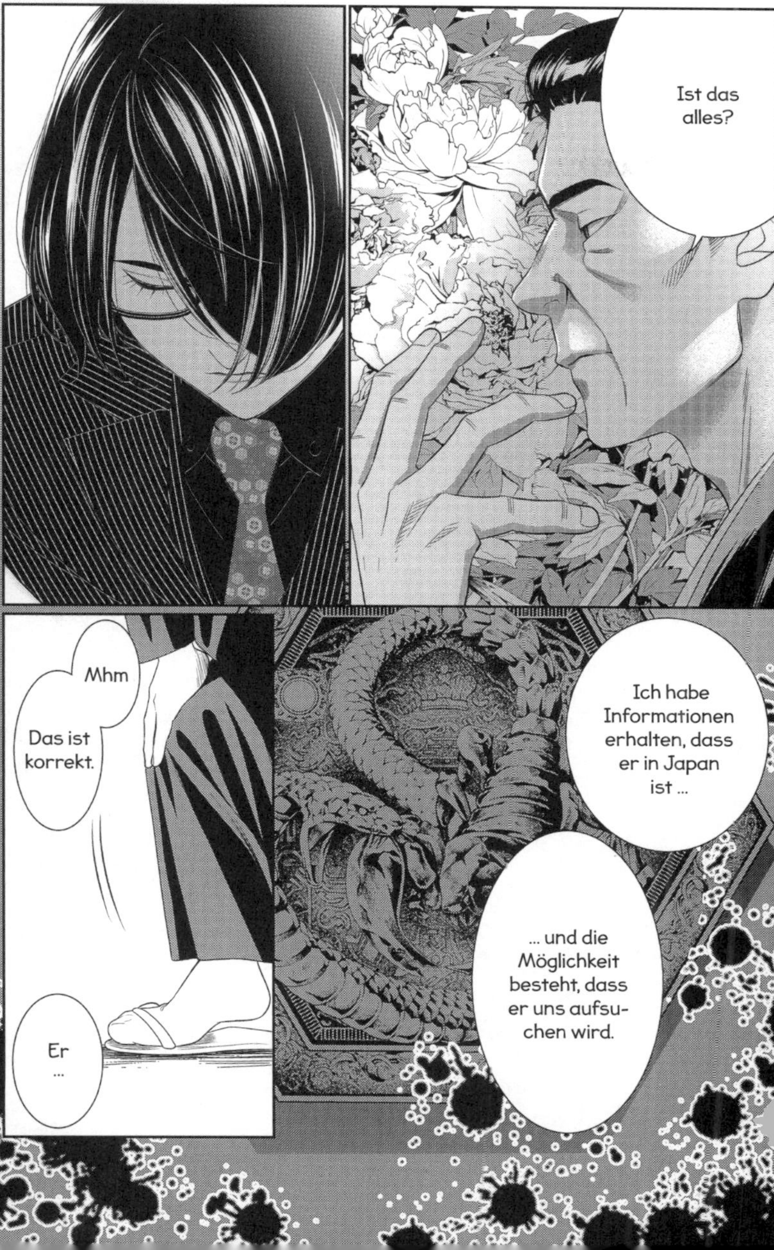
Ist das alles?
Ich habe Informationen erhalten, dass er in Japan ist ...
... und die Möglichkeit besteht, dass er uns aufsuchen wird.
Mhm
Das ist korrekt.
Er ...

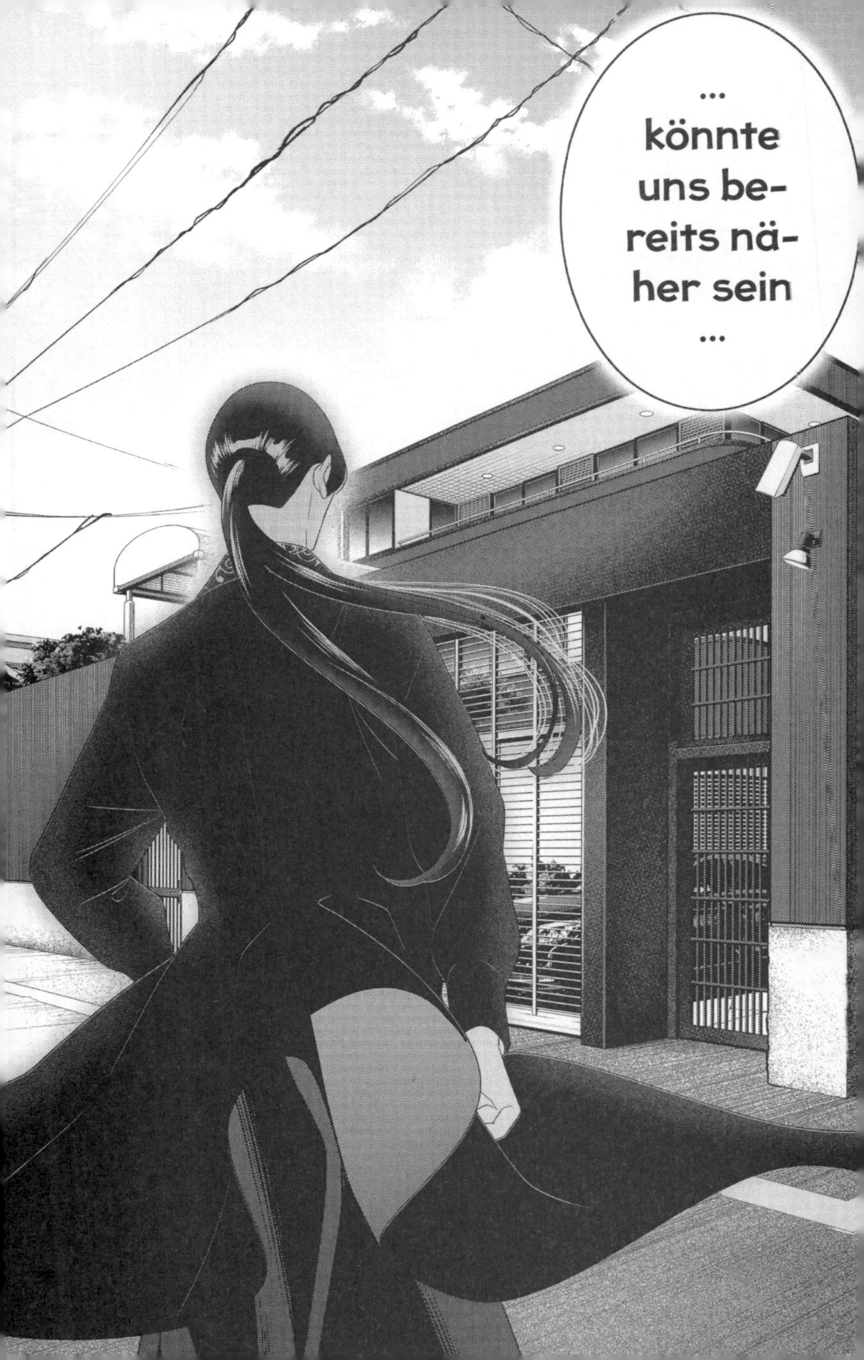
... könnte uns be-reits nä-her sein ...

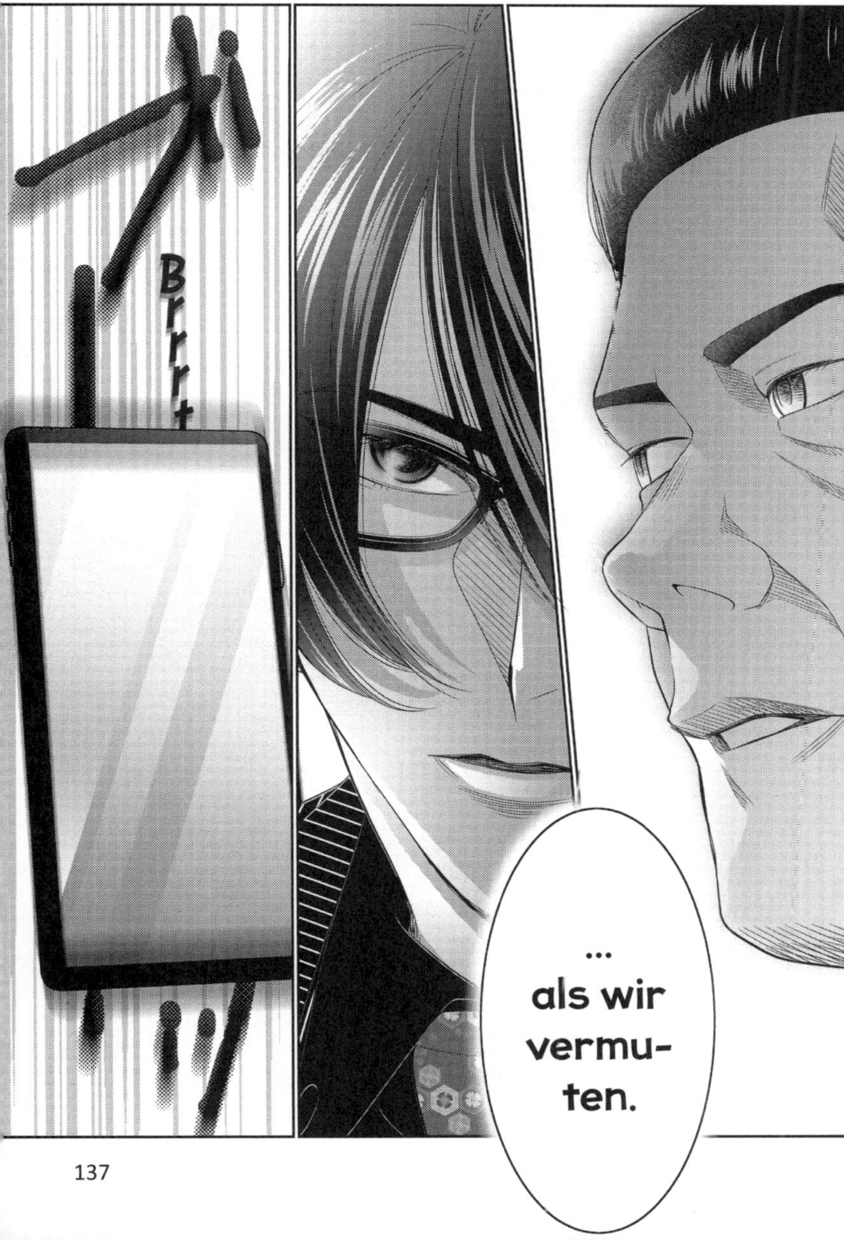
Brrr
... als wir vermu-
ten.

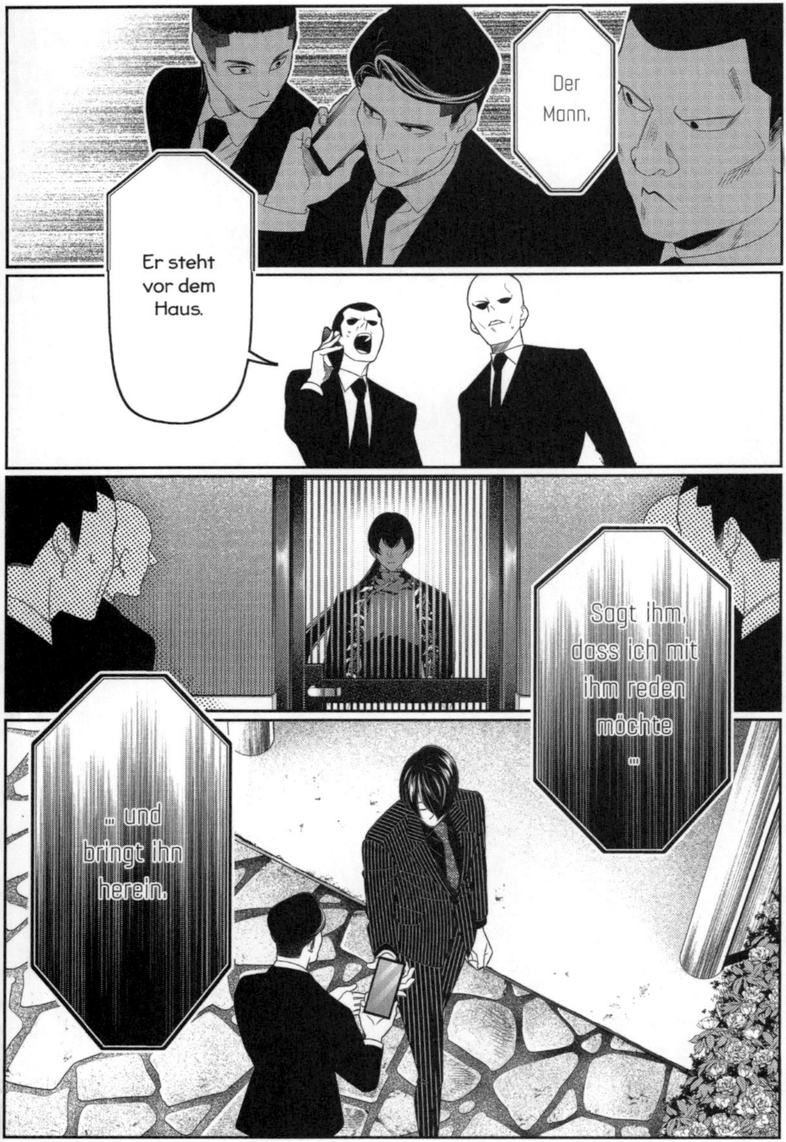

Der Mann.
Er steht vor dem Haus.
Sagt ihm, dass ich mit ihm reden möchte ...
... und bringt ihn herein.

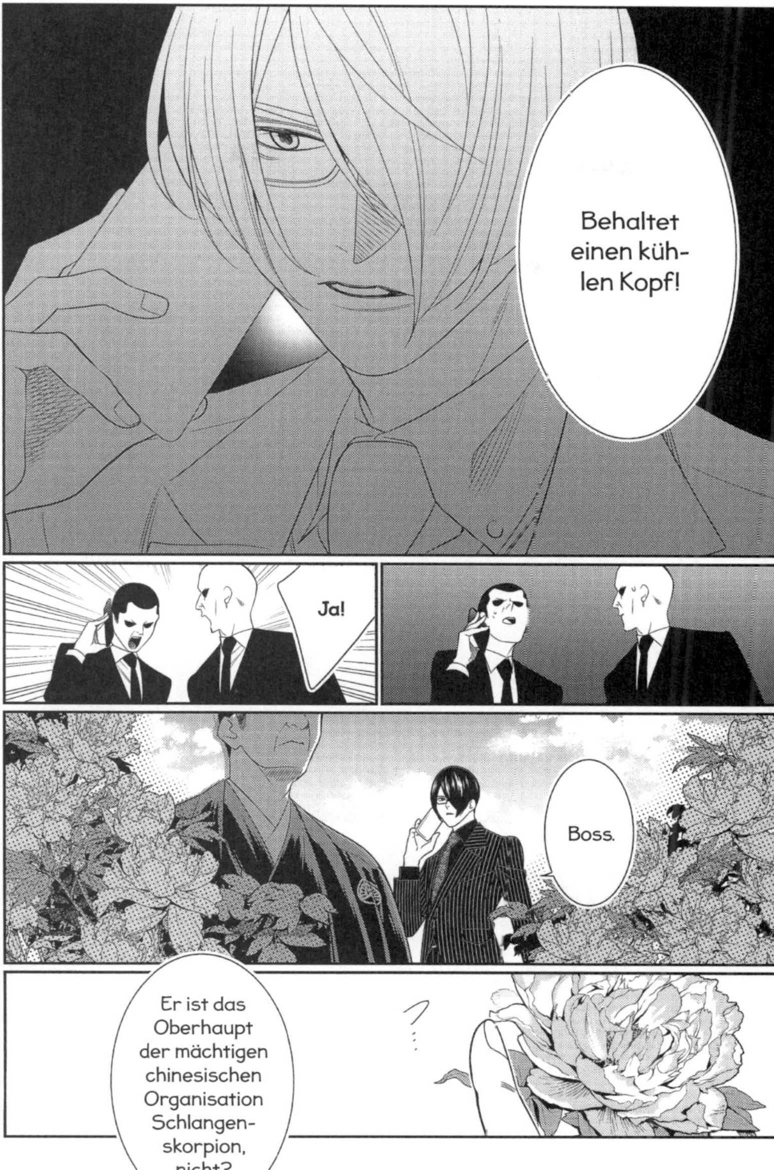
Behaltet einen kühlen Kopf!
Ja!
Boss.
Er ist das Oberhaupt der mächtigen chinesischen Organisation Schlangenskorpion, nicht?

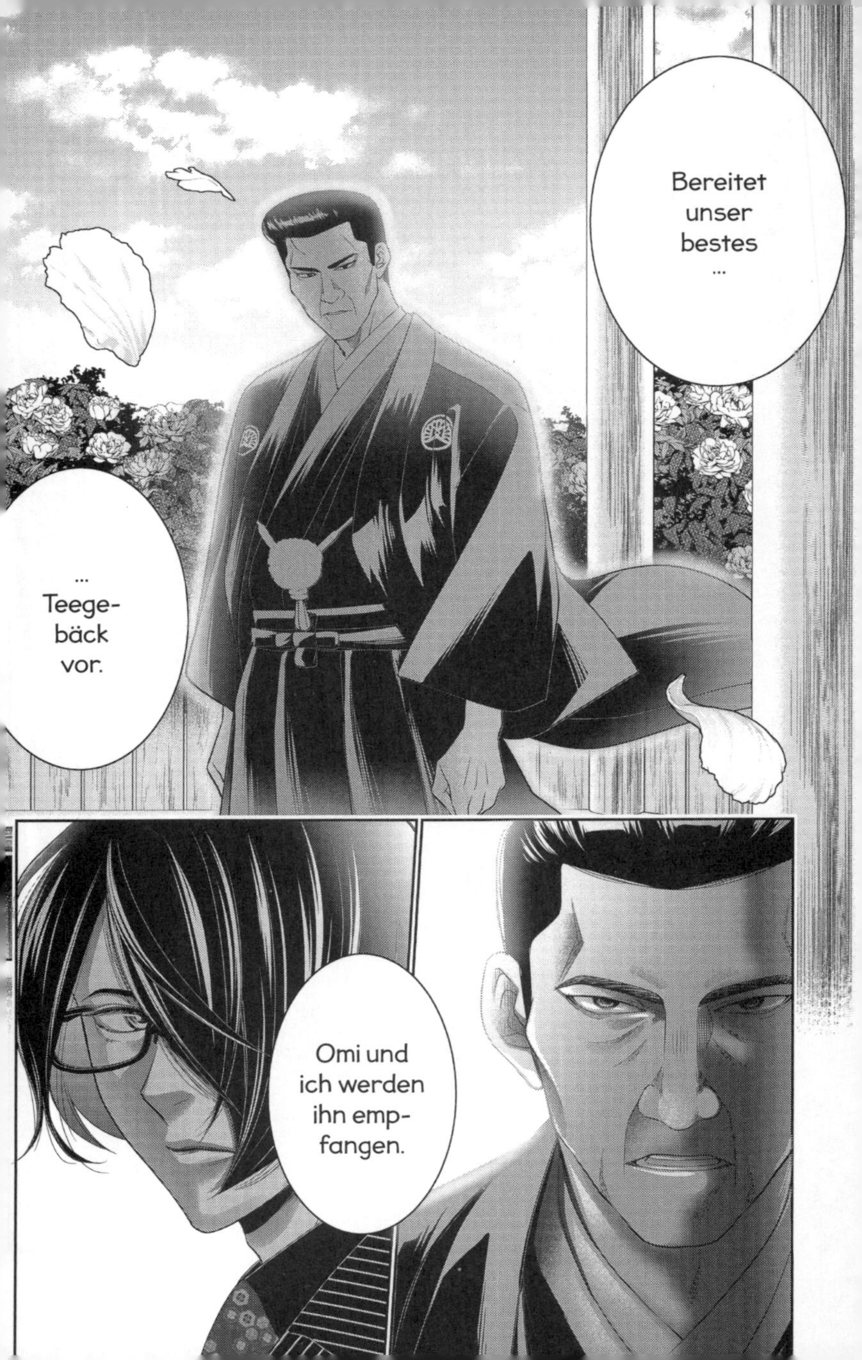
Bereitet unser bestes ...
... Teegebäck vor.
Omi und ich werden ihn empfangen.

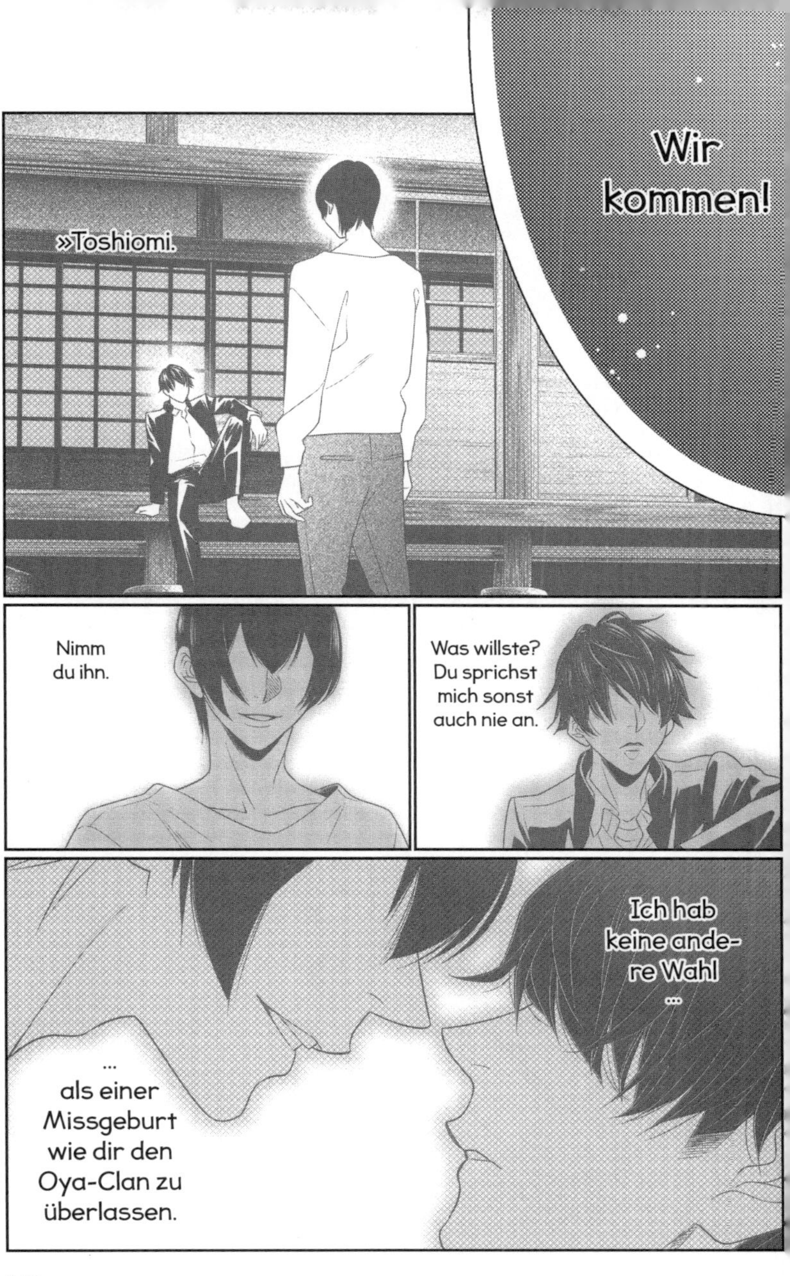
Wir kommen!
»Toshiomi.
Was willste? Du sprichst mich sonst auch nie an.
Nimm du ihn.
Ich hab keine ande-re Wahl ...
... als einer Missgeburt wie dir den Oya-Clan zu überlassen.

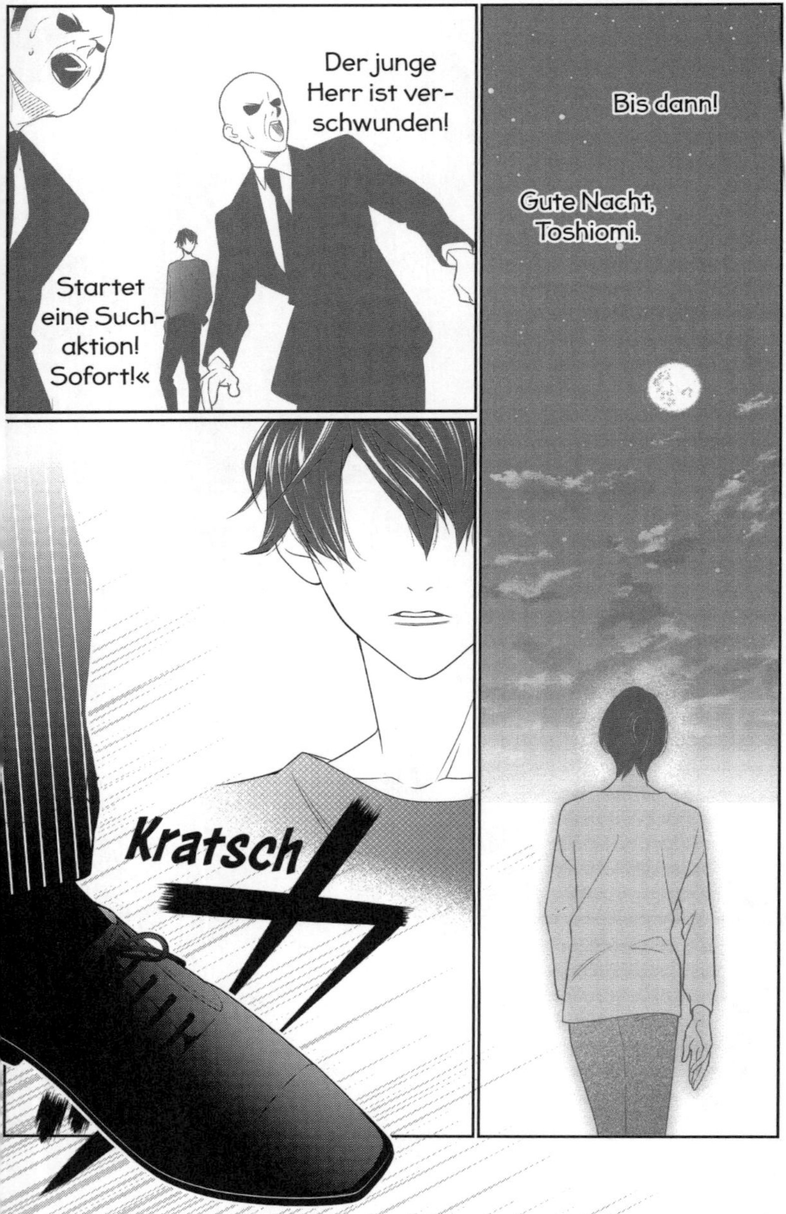
Bis dann!
Gute Nacht, Toshiomi.
Der junge Herr ist verschwunden!
Startet eine Suchaktion! Sofort!«
Kratsch

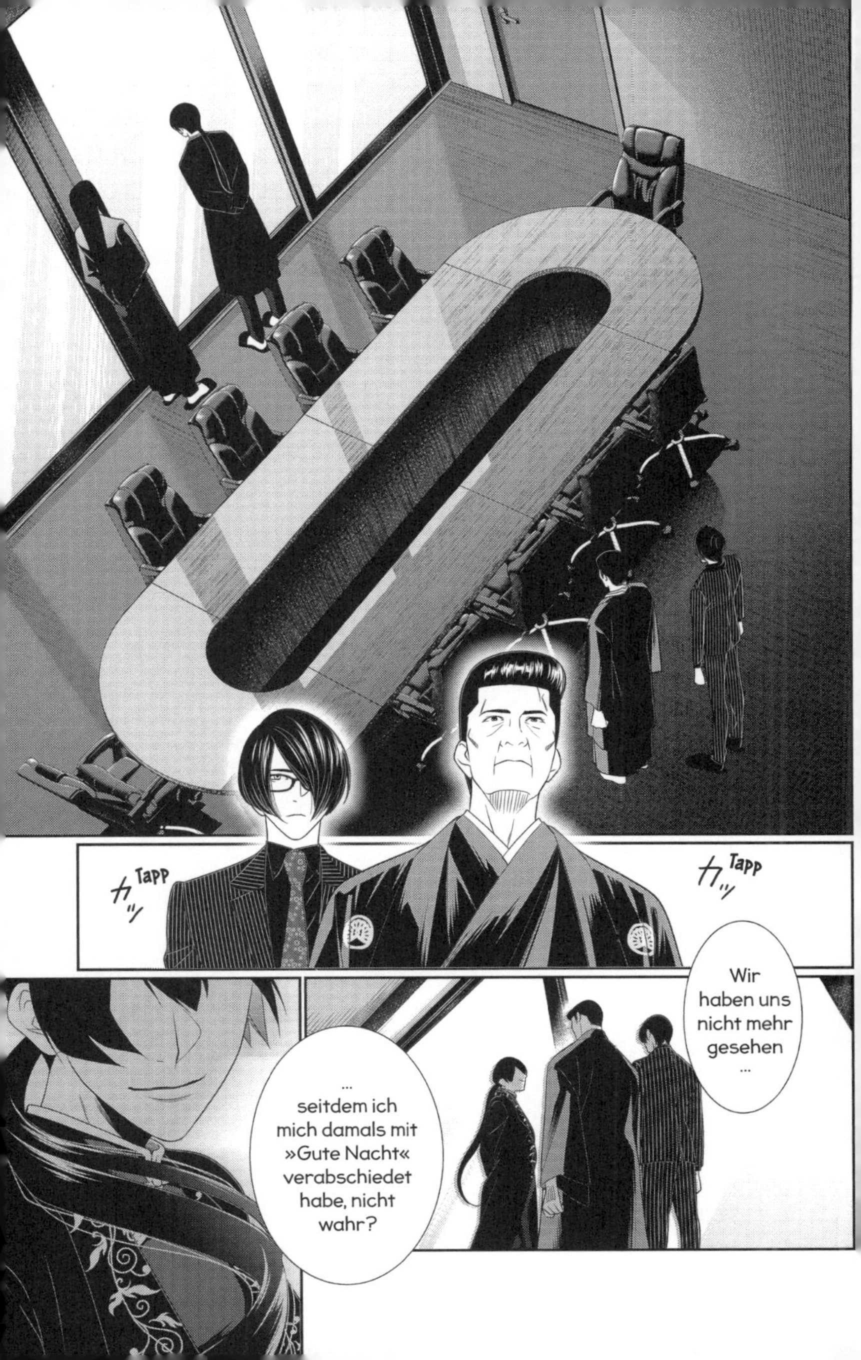

カッ Tapp
カッ Tapp
Wir haben uns nicht mehr gesehen ...
... seitdem ich mich damals mit »Gute Nacht« verabschiedet habe, nicht wahr?

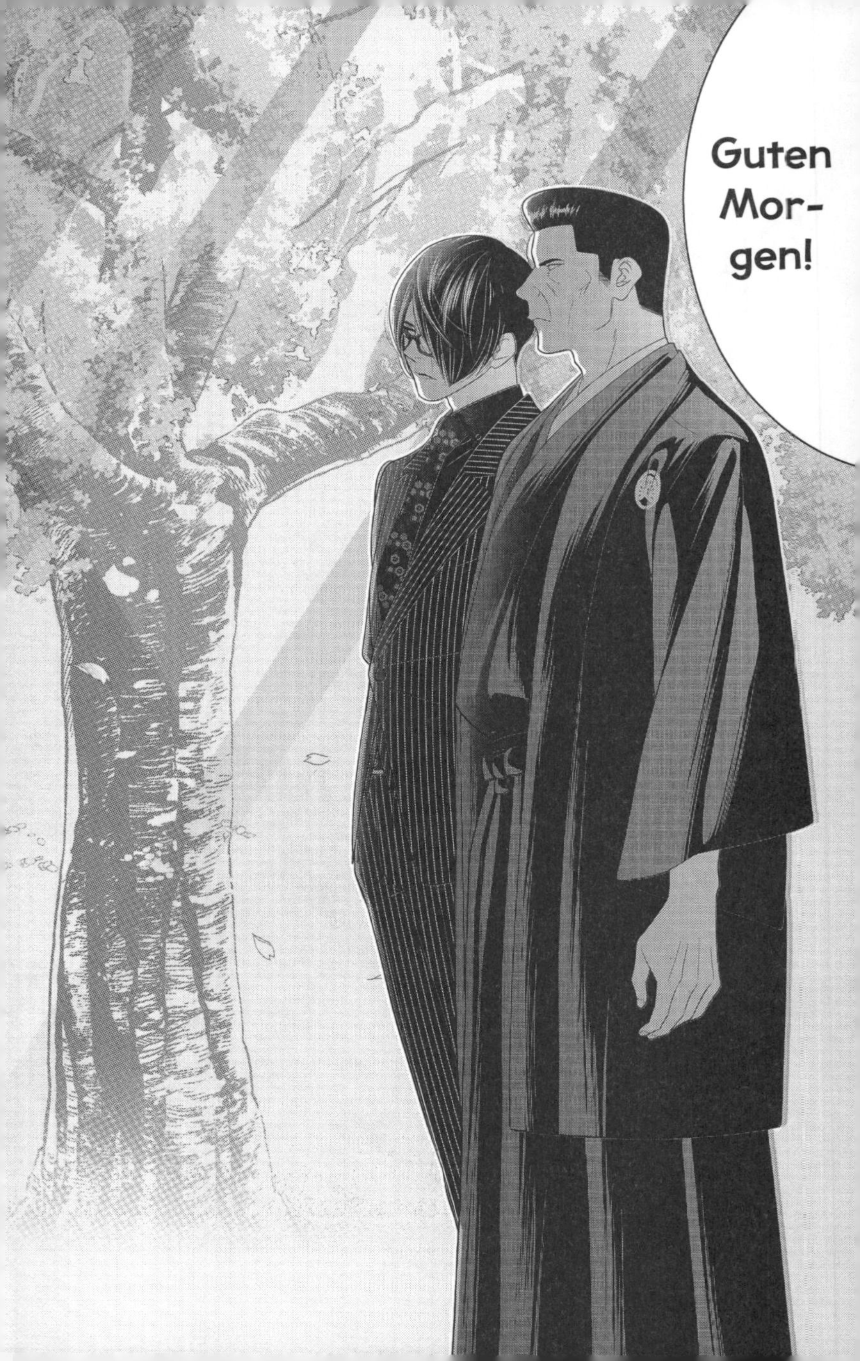
Guten Mor-gen!

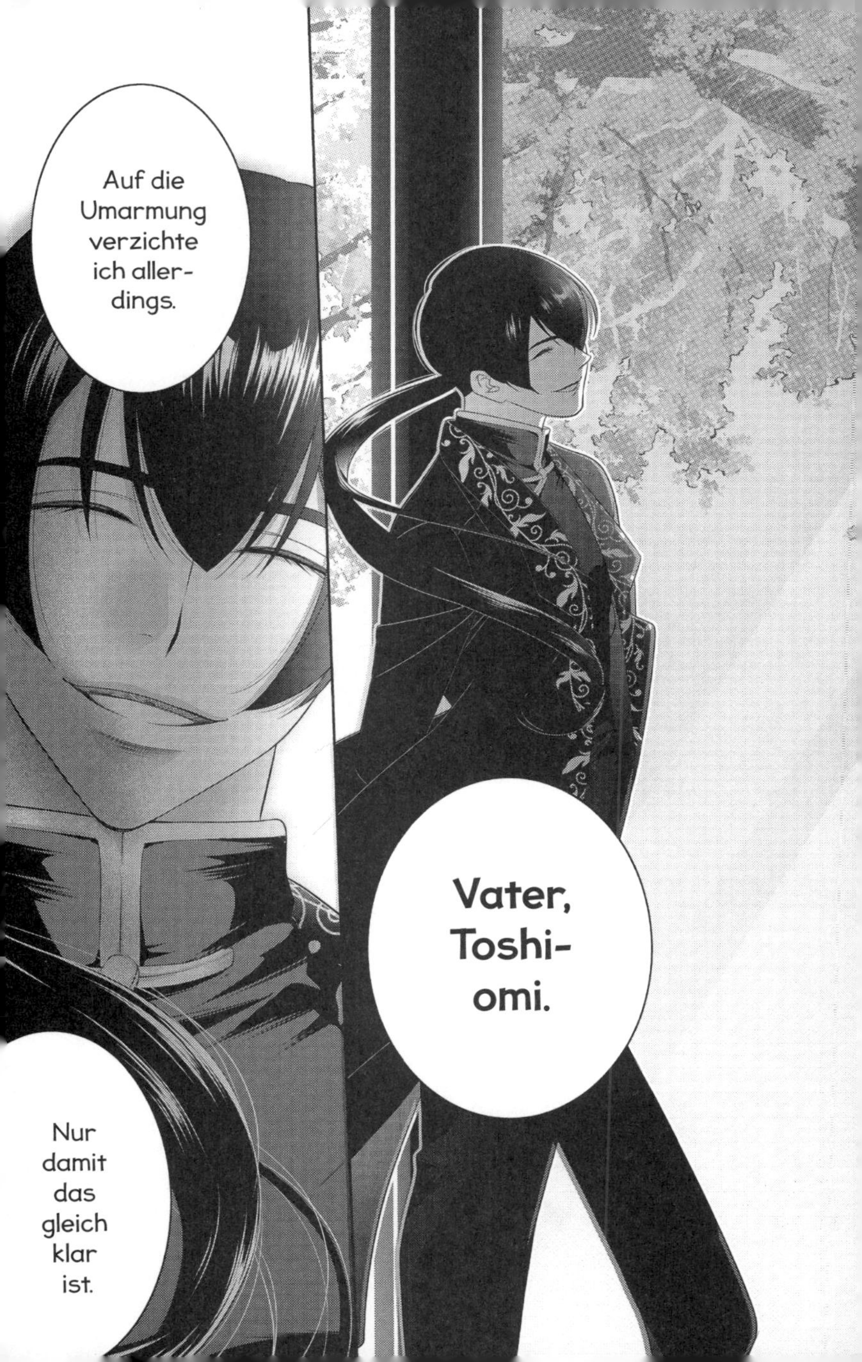

Auf die Umarmung verzichte ich allerdings.
Vater, Toshi-omi.
Nur damit das gleich klar ist.

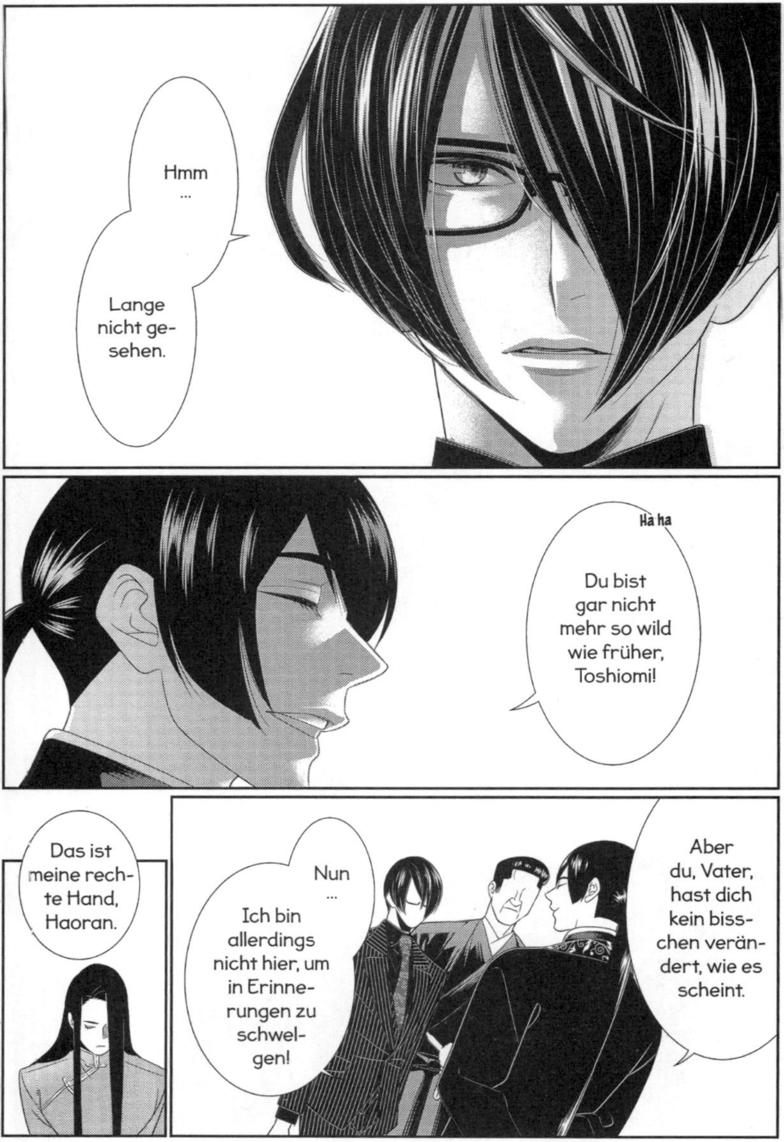
Hmm ...
Lange nicht gesehen.
Ha ha
Du bist gar nicht mehr so wild wie früher, Toshiomi!
Aber du, Vater, hast dich kein bisschen verändert, wie es scheint.
Nun ...
Ich bin allerdings nicht hier, um in Erinnerungen zu schwelgen!
Das ist meine rechte Hand, Haoran.

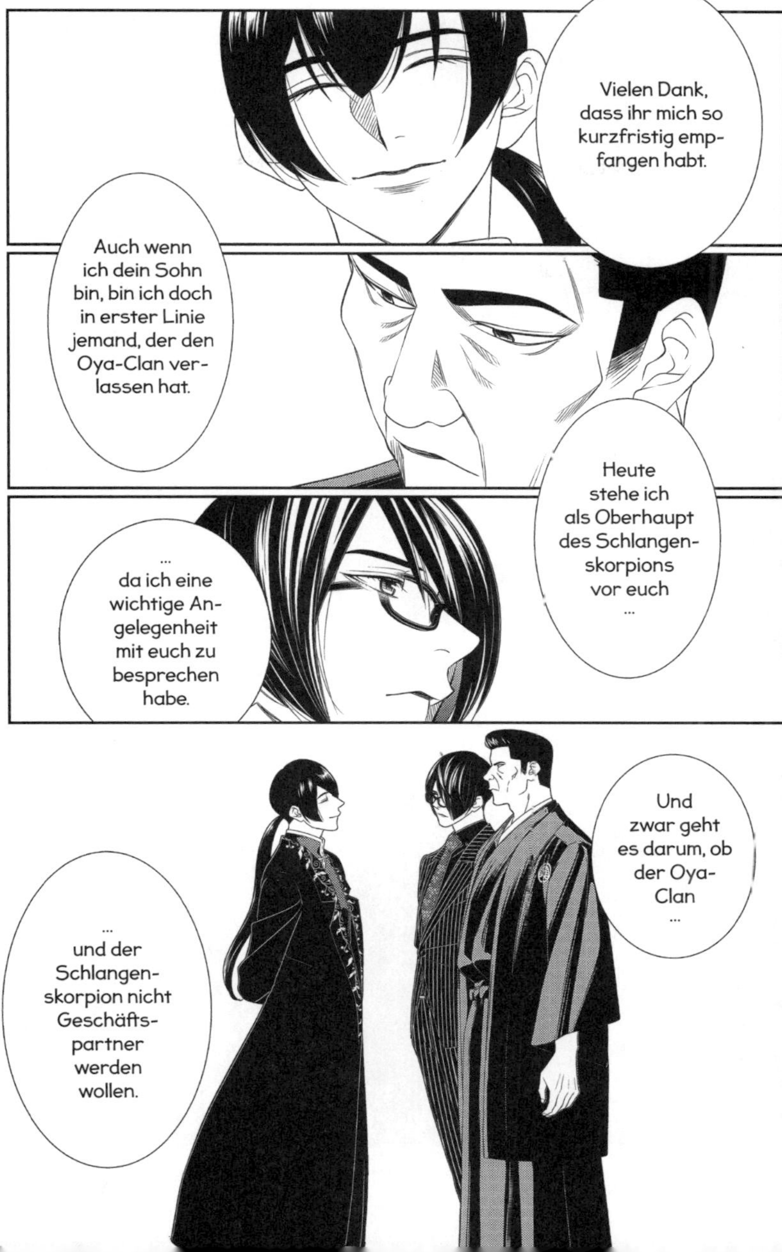
Vielen Dank, dass ihr mich so kurzfristig emp- fangen habt.
Auch wenn ich dein Sohn bin, bin ich doch in erster Linie jemand, der den Oya-Clan ver- lassen hat.
Heute stehe ich als Oberhaupt des Schlangen- skorpions vor euch …
… da ich eine wichtige An- gelegenheit mit euch zu besprechen habe.
Und zwar geht es darum, ob der Oya- Clan …
… und der Schlangen- skorpion nicht Geschäfts- partner werden wollen.

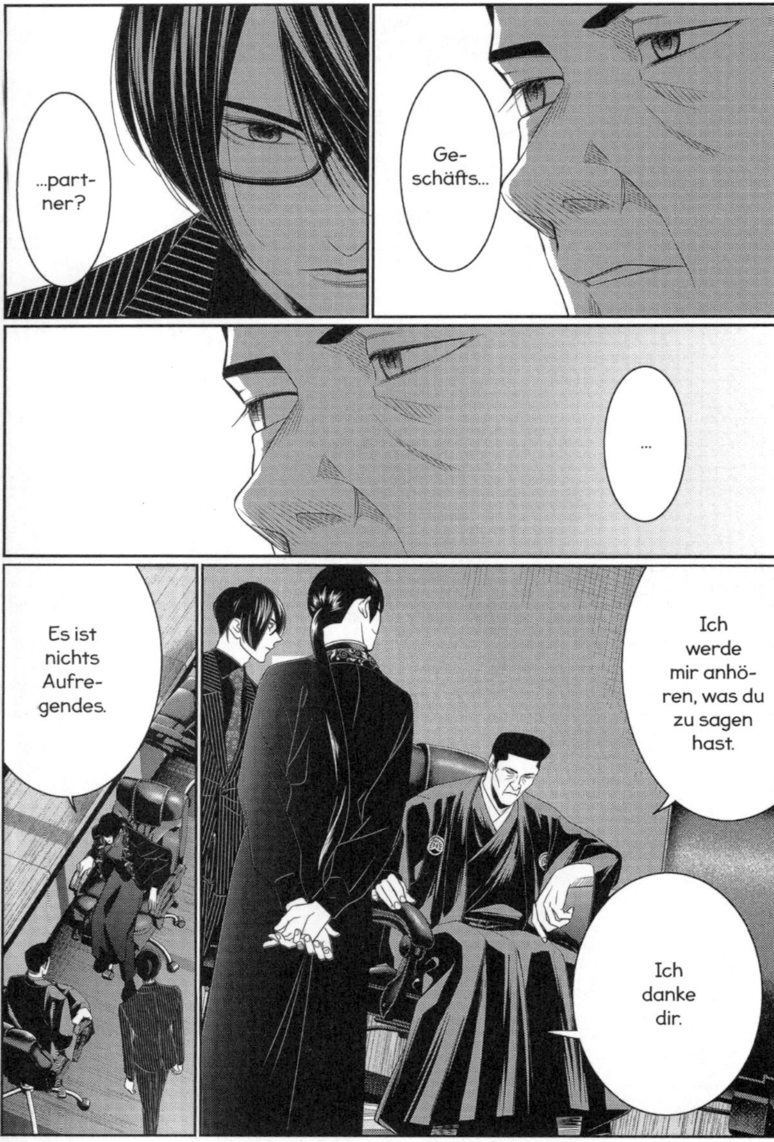
Ge-
schäfts...
...part-
ner?
...
Ich werde mir anhö-ren, was du zu sagen hast.
Ich danke dir.
Es ist nichts Aufre-gendes.

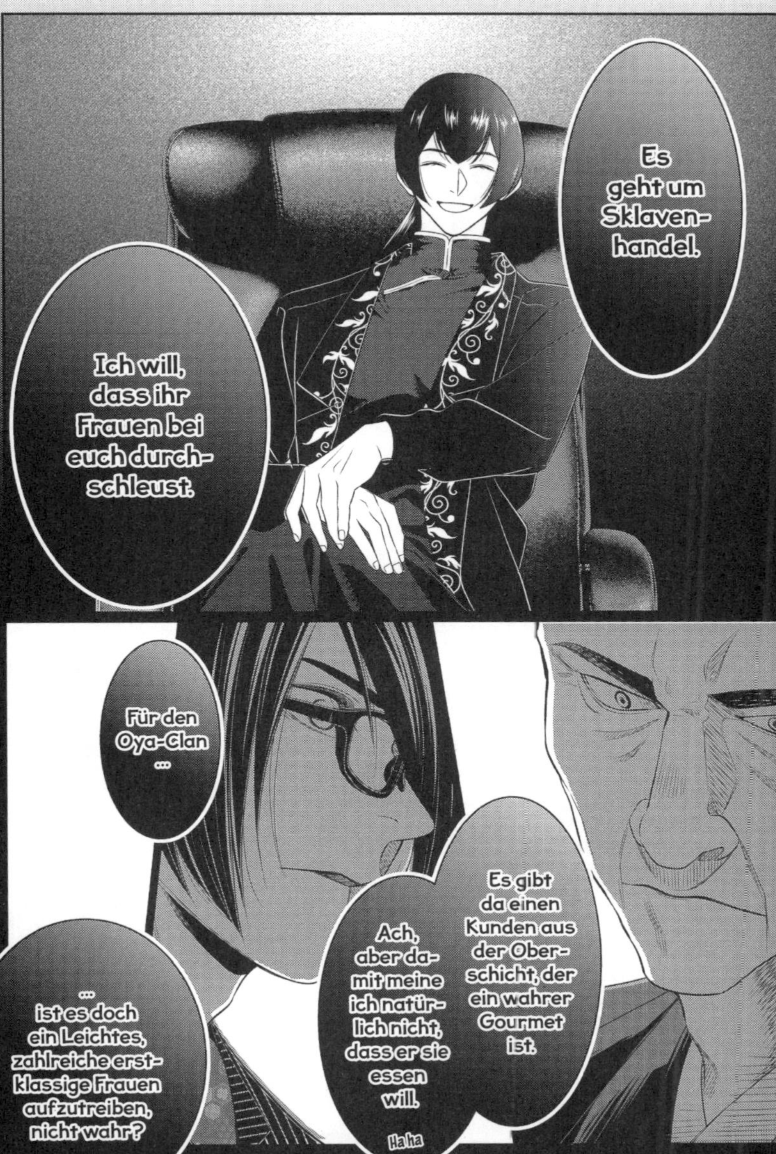
Es geht um Sklavenhandel.
Ich will, dass ihr Frauen bei euch durchschleust.
Es gibt da einen Kunden aus der Oberschicht, der ein wahrer Gourmet ist.
Ach, aber damit meine ich natürlich nicht, dass er sie essen will.
Ha ha
Für den Oya-Clan ...
... ist es doch ein Leichtes, zahlreiche erstklassige Frauen aufzutreiben, nicht wahr?

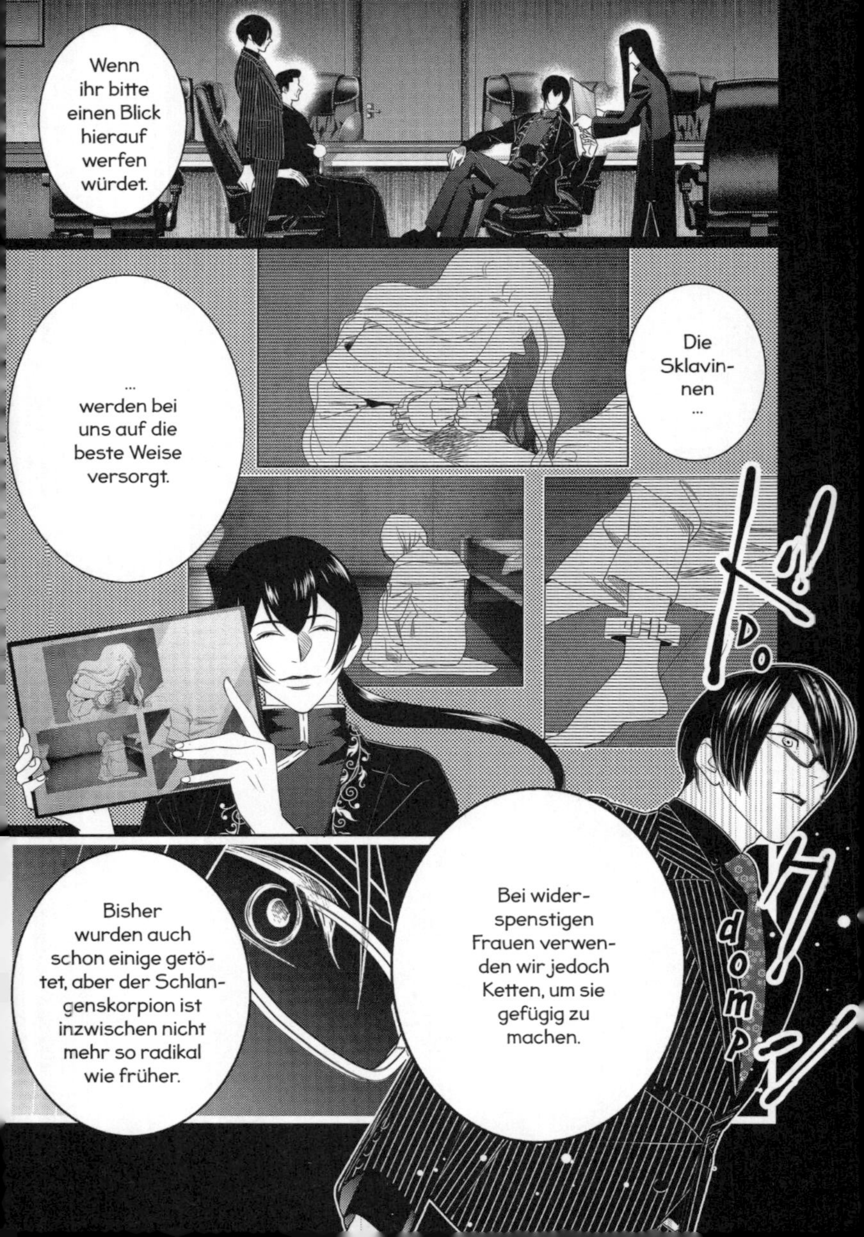
Wenn ihr bitte einen Blick hierauf werfen würdet.
Die Sklavinnen ...
... werden bei uns auf die beste Weise versorgt.
Do!
Bei widerspenstigen Frauen verwenden wir jedoch Ketten, um sie gefügig zu machen.
domp!
Bisher wurden auch schon einige getötet, aber der Schlangenskorpion ist inzwischen nicht mehr so radikal wie früher.

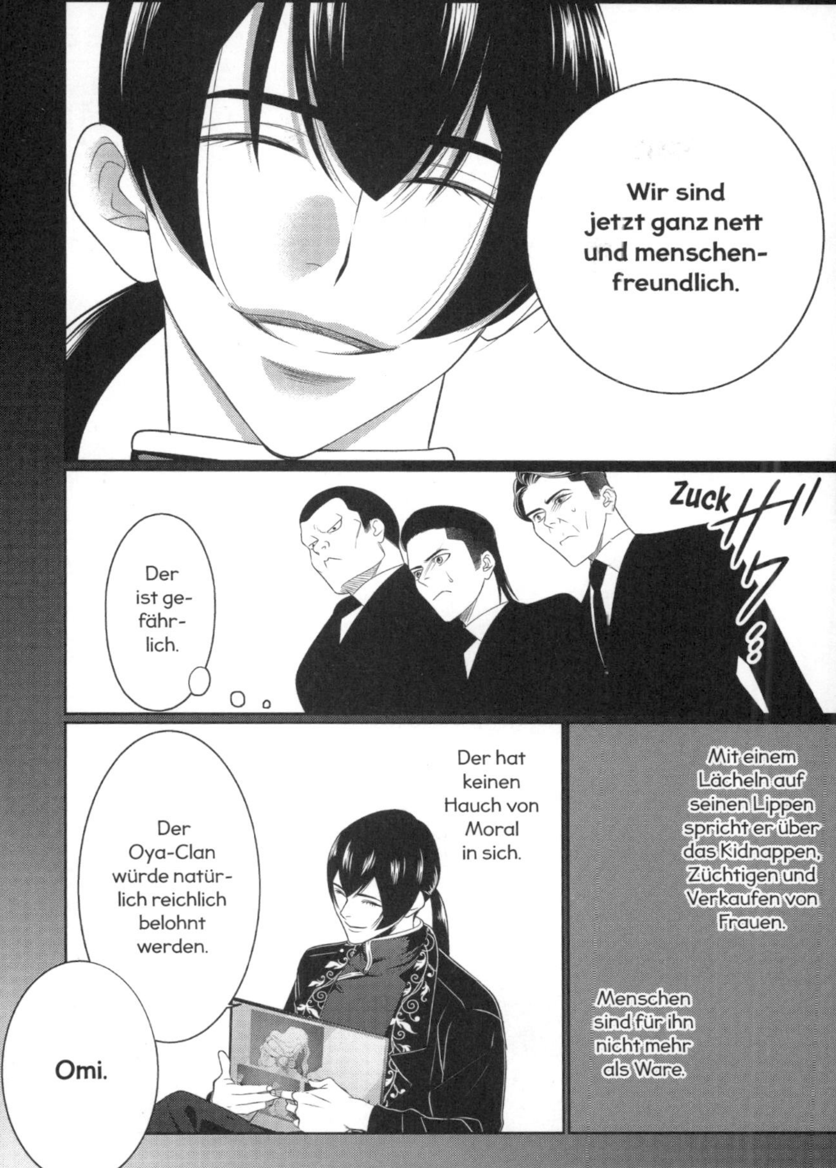
Wir sind jetzt ganz nett und menschen-freundlich.
Zuck
Der ist ge-fähr-lich.
Mit einem Lächeln auf seinen Lippen spricht er über das Kidnappen, Züchtigen und Verkaufen von Frauen.
Menschen sind für ihn nicht mehr als Ware.
Der hat keinen Hauch von Moral in sich.
Der Oya-Clan würde natür-lich reichlich belohnt werden.
Omi.

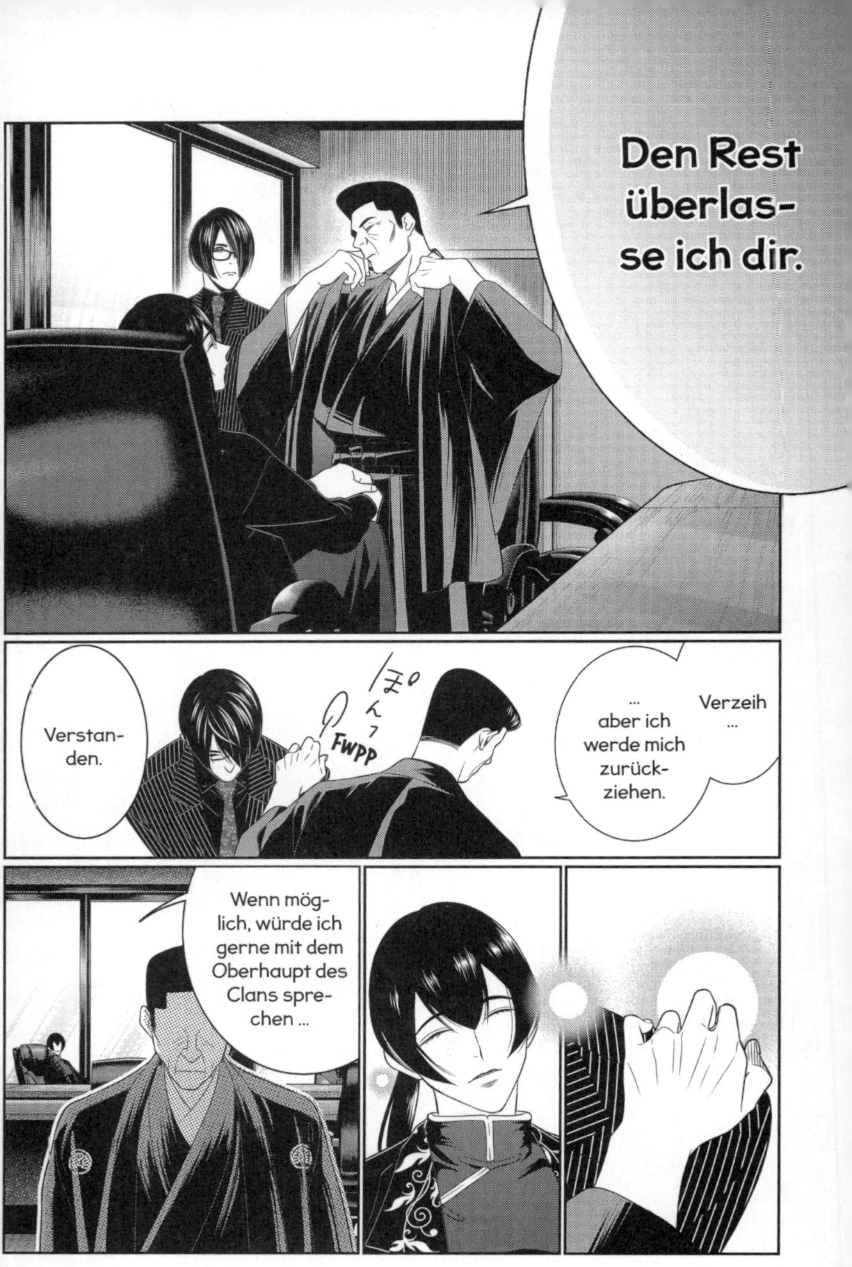
Den Rest überlas-se ich dir.
Verzeih …
… aber ich werde mich zurück-ziehen.
FWPP
Verstan-den.
Wenn mög-lich, würde ich gerne mit dem Oberhaupt des Clans spre-chen …

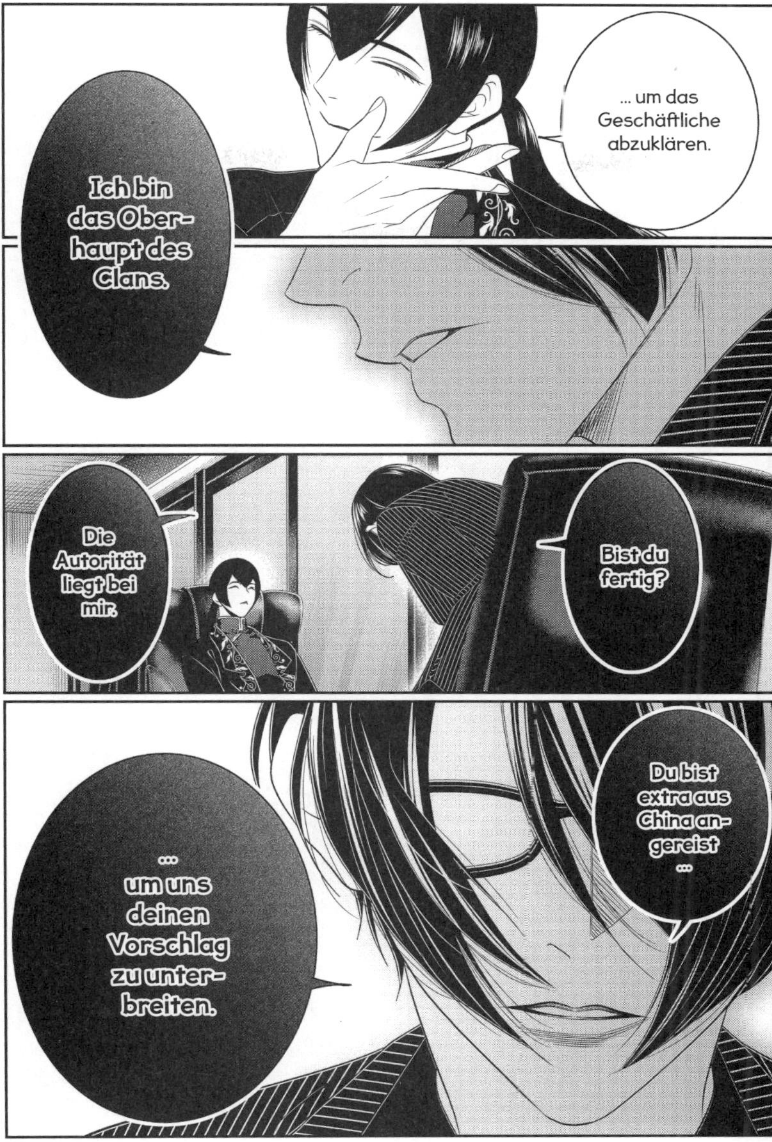

... um das Geschäftliche abzuklären.
Ich bin das Oberhaupt des Clans.
Bist du fertig?
Die Autorität liegt bei mir.
Du bist extra aus China angereist ...
... um uns deinen Vorschlag zu unterbreiten.

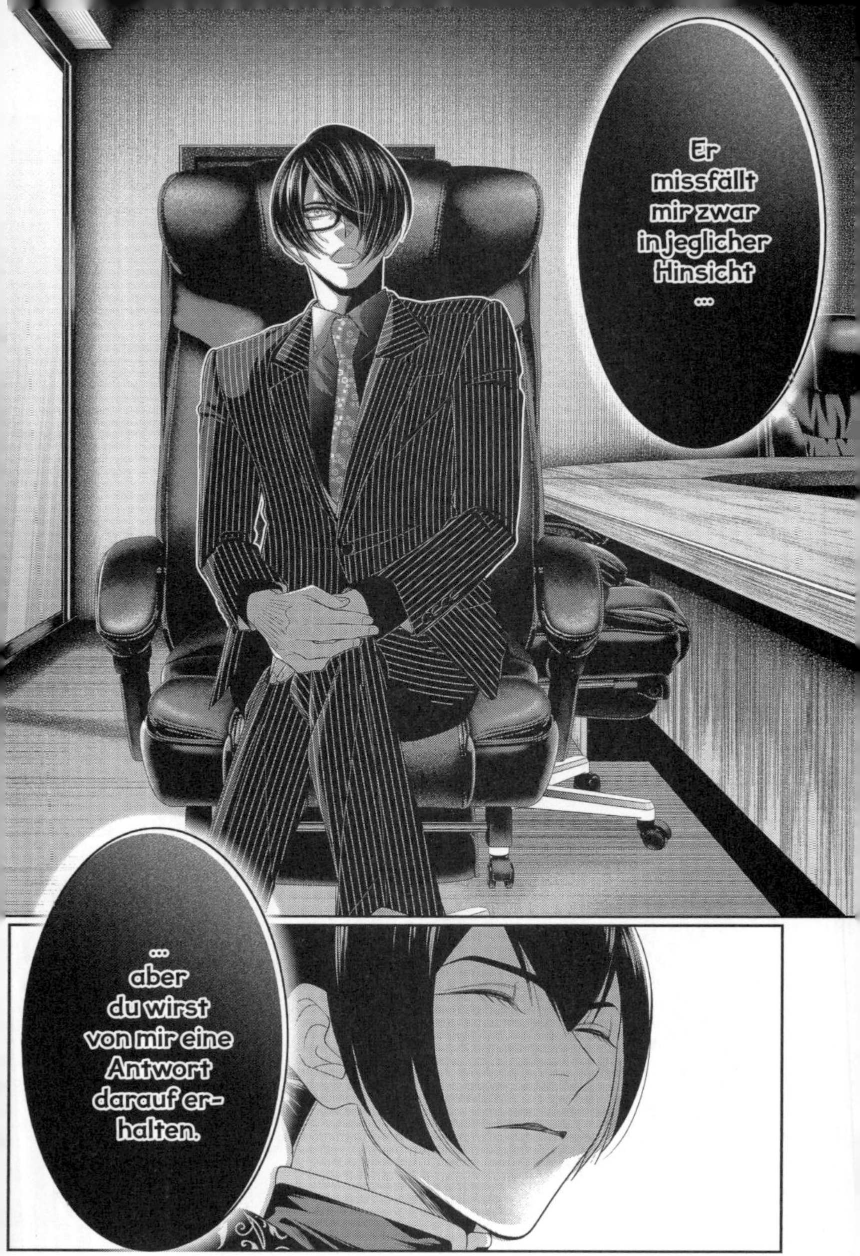
Er missfällt mir zwar in jeglicher Hinsicht …
… aber du wirst von mir eine Antwort darauf erhalten.

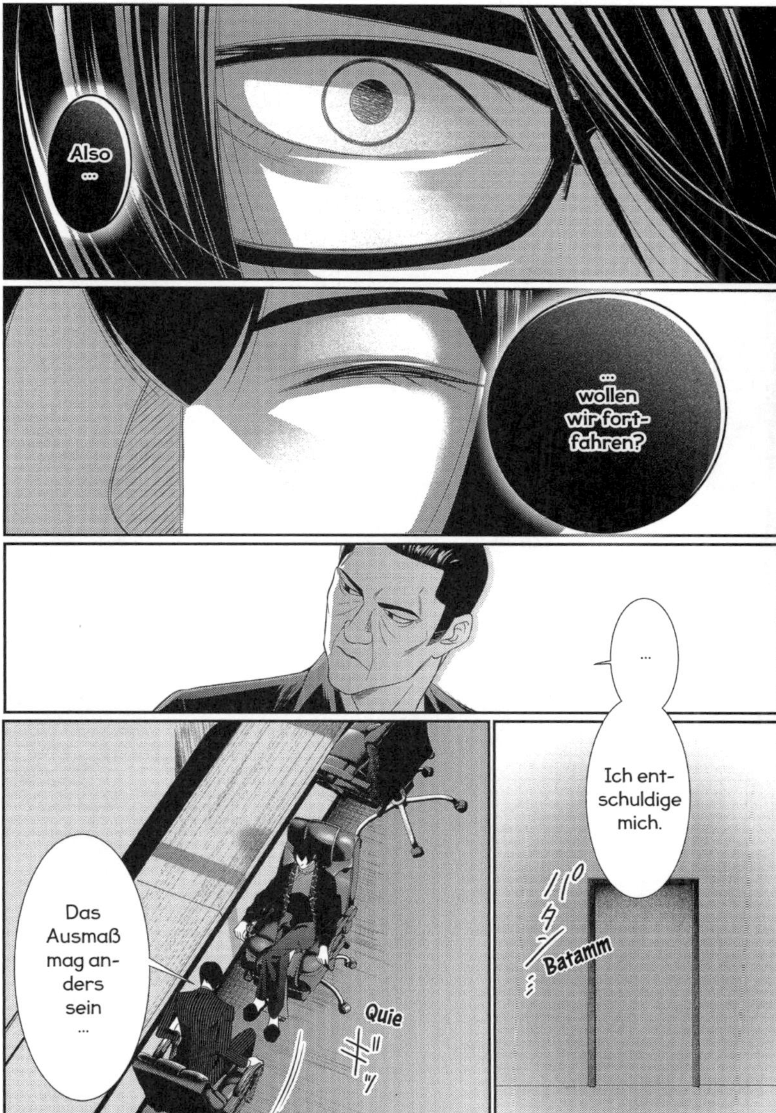
Also ...
... wollen wir fortfahren?
...
Ich entschuldige mich.
Batamm
Das Ausmaß mag anders sein ...
Quie

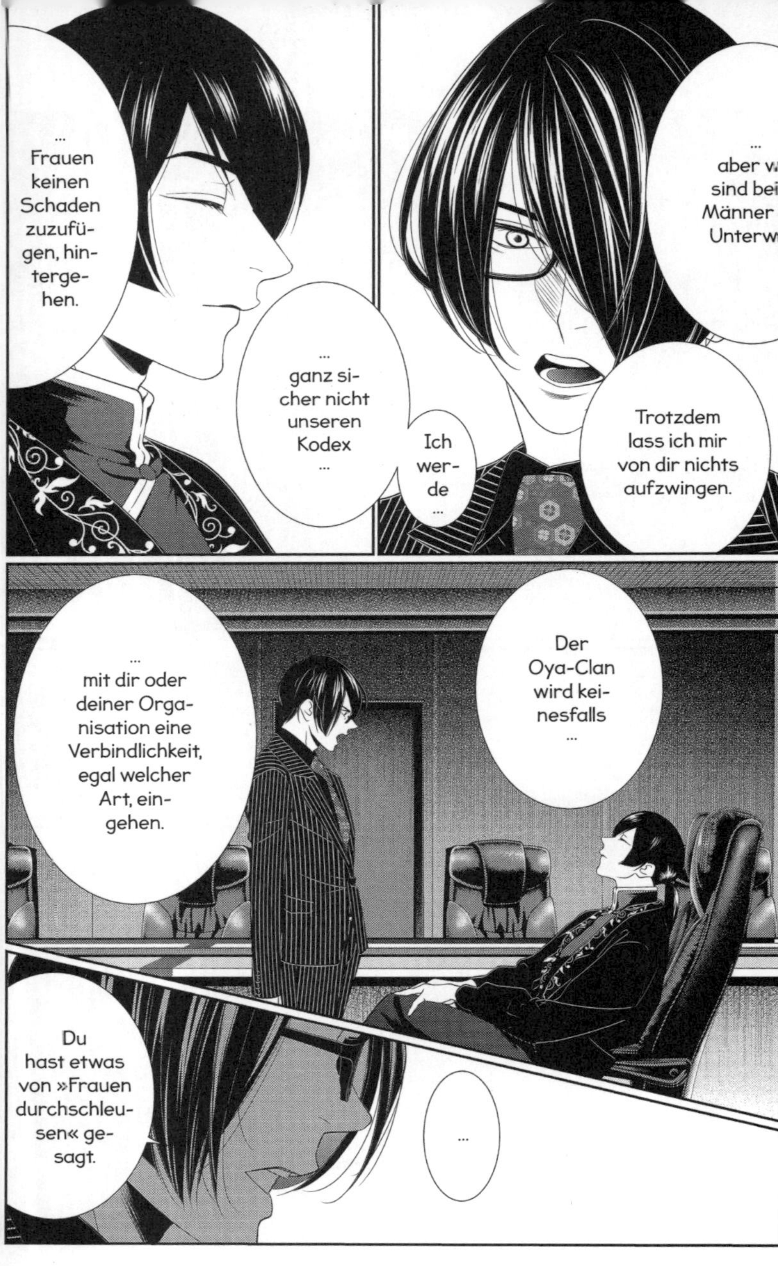

... aber wir sind beide Männer der Unterwelt.
Trotzdem lass ich mir von dir nichts aufzwingen.
Ich werde ...
... ganz sicher nicht unseren Kodex ...
... Frauen keinen Schaden zuzufügen, hintergehen.
Der Oya-Clan wird keinesfalls ...
... mit dir oder deiner Organisation eine Verbindlichkeit, egal welcher Art, eingehen.
...
Du hast etwas von »Frauen durchschleusen« gesagt.

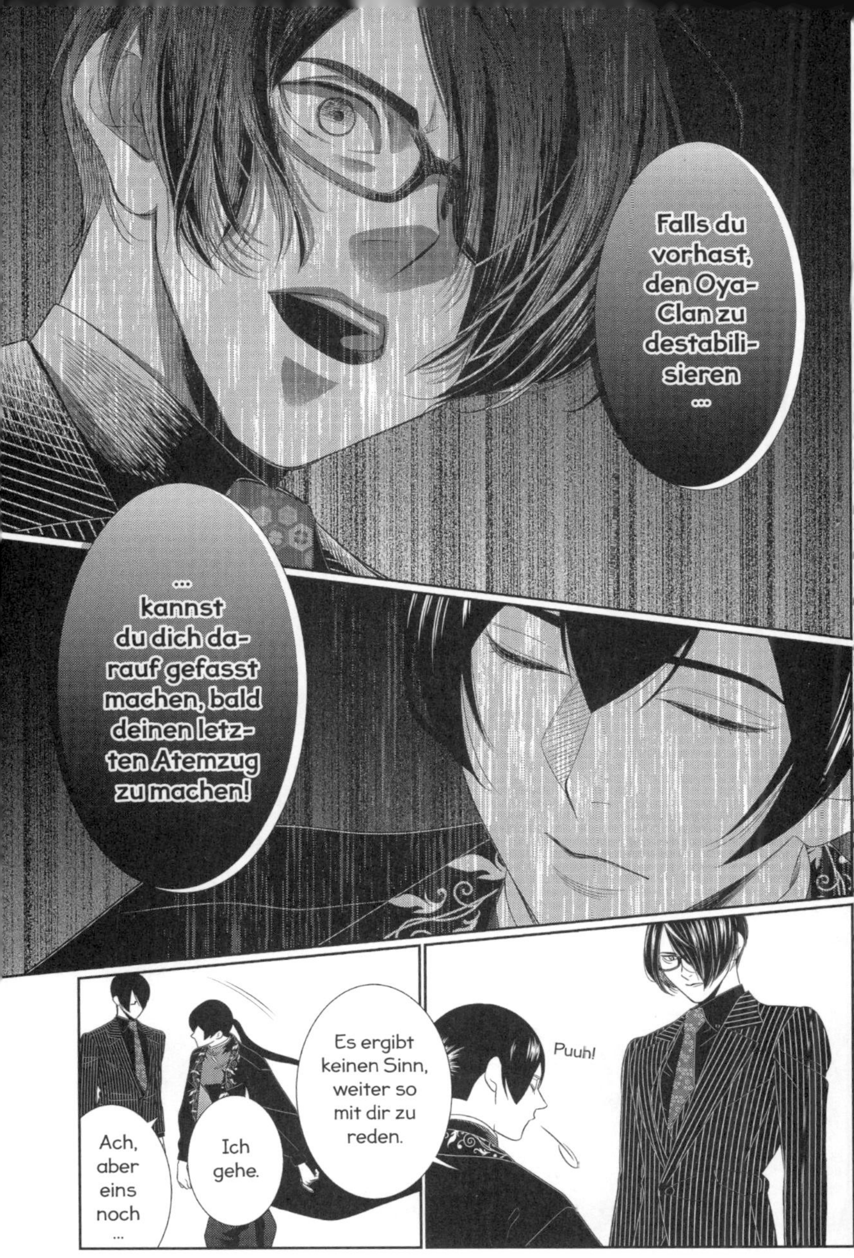
Falls du vorhast, den Oya-Clan zu destabilisieren ...
... kannst du dich darauf gefasst machen, bald deinen letzten Atemzug zu machen!
Puuh!
Es ergibt keinen Sinn, weiter so mit dir zu reden.
Ich gehe.
Ach, aber eins noch ...

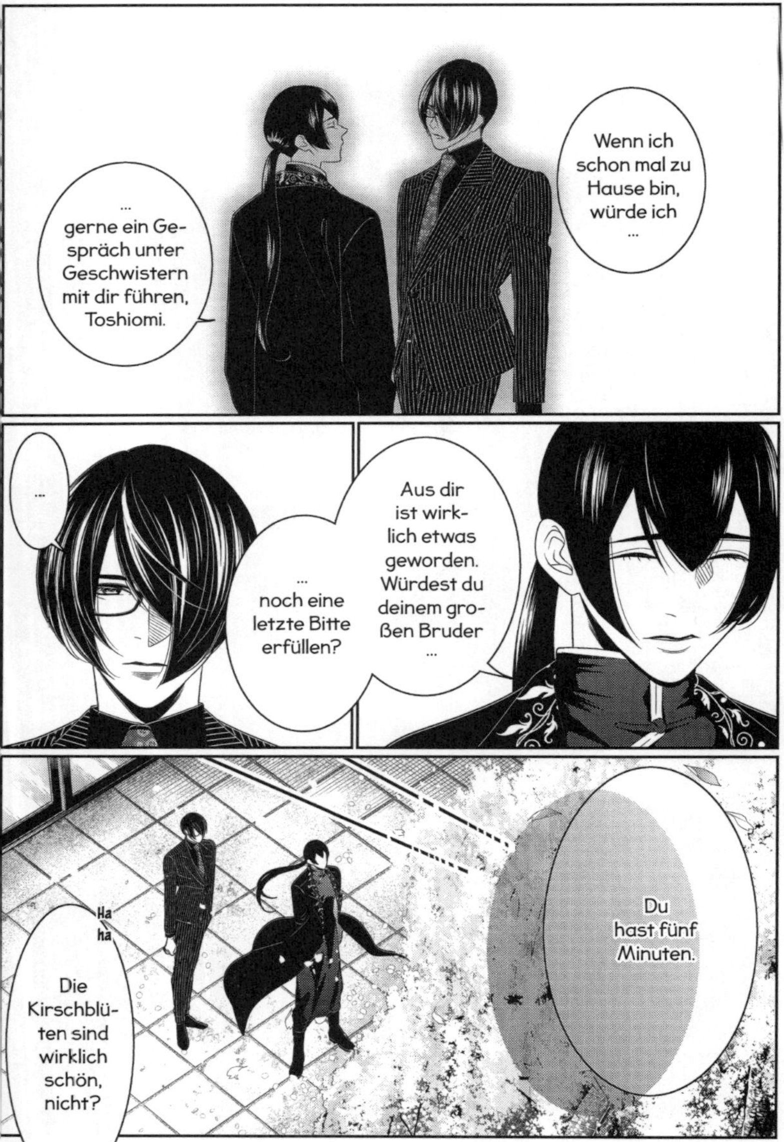
Wenn ich schon mal zu Hause bin, würde ich ...
... gerne ein Gespräch unter Geschwistern mit dir führen, Toshiomi.
Aus dir ist wirklich etwas geworden. Würdest du deinem großen Bruder ...
... noch eine letzte Bitte erfüllen?
...
Du hast fünf Minuten.
Ha ha
Die Kirschblüten sind wirklich schön, nicht?

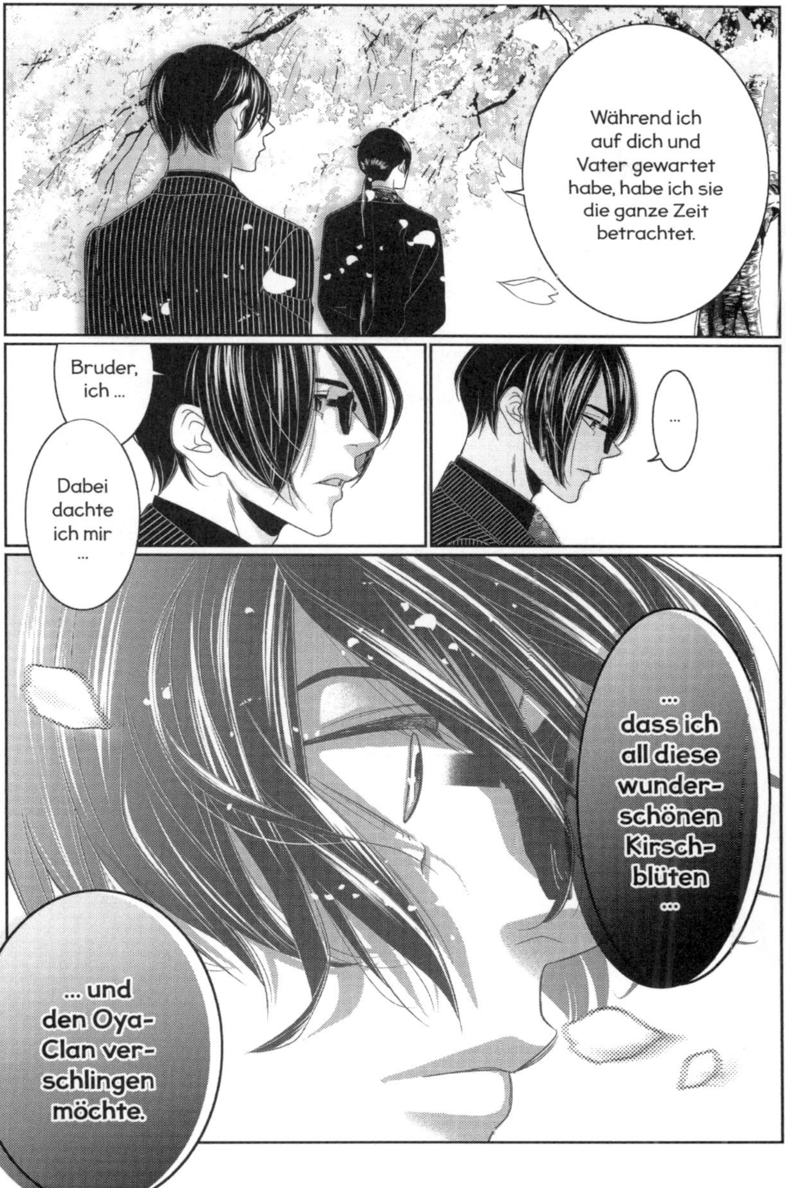
Während ich auf dich und Vater gewartet habe, habe ich sie die ganze Zeit betrachtet.
...
Bruder, ich ...
Dabei dachte ich mir ...
... dass ich all diese wunder-schönen Kirsch-blüten ...
... und den Oya-Clan ver-schlingen möchte.

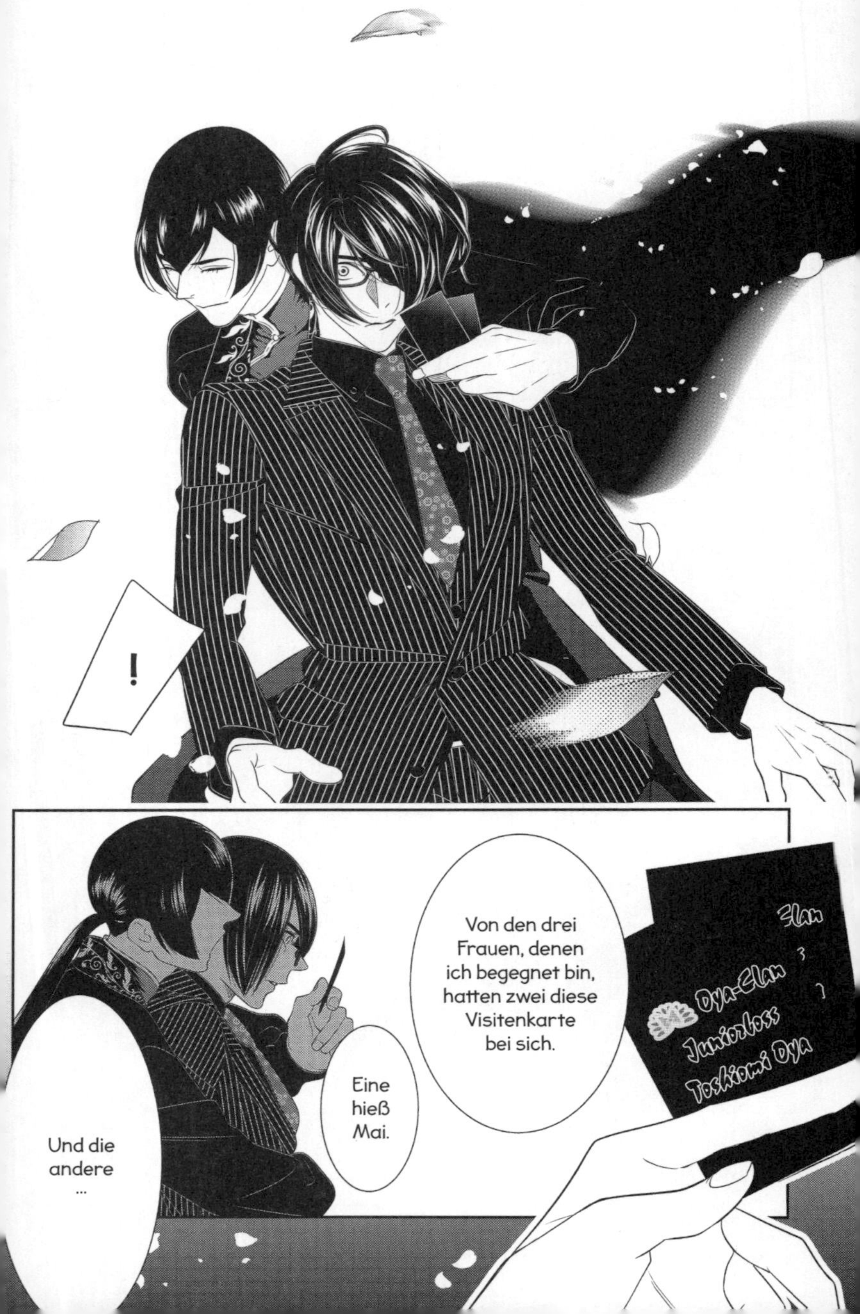
!
Oya-Clan
Juniorboss
Toshiomi Oya
Von den drei Frauen, denen ich begegnet bin, hatten zwei diese Visitenkarte bei sich.
Eine hieß Mai.
Und die andere ...

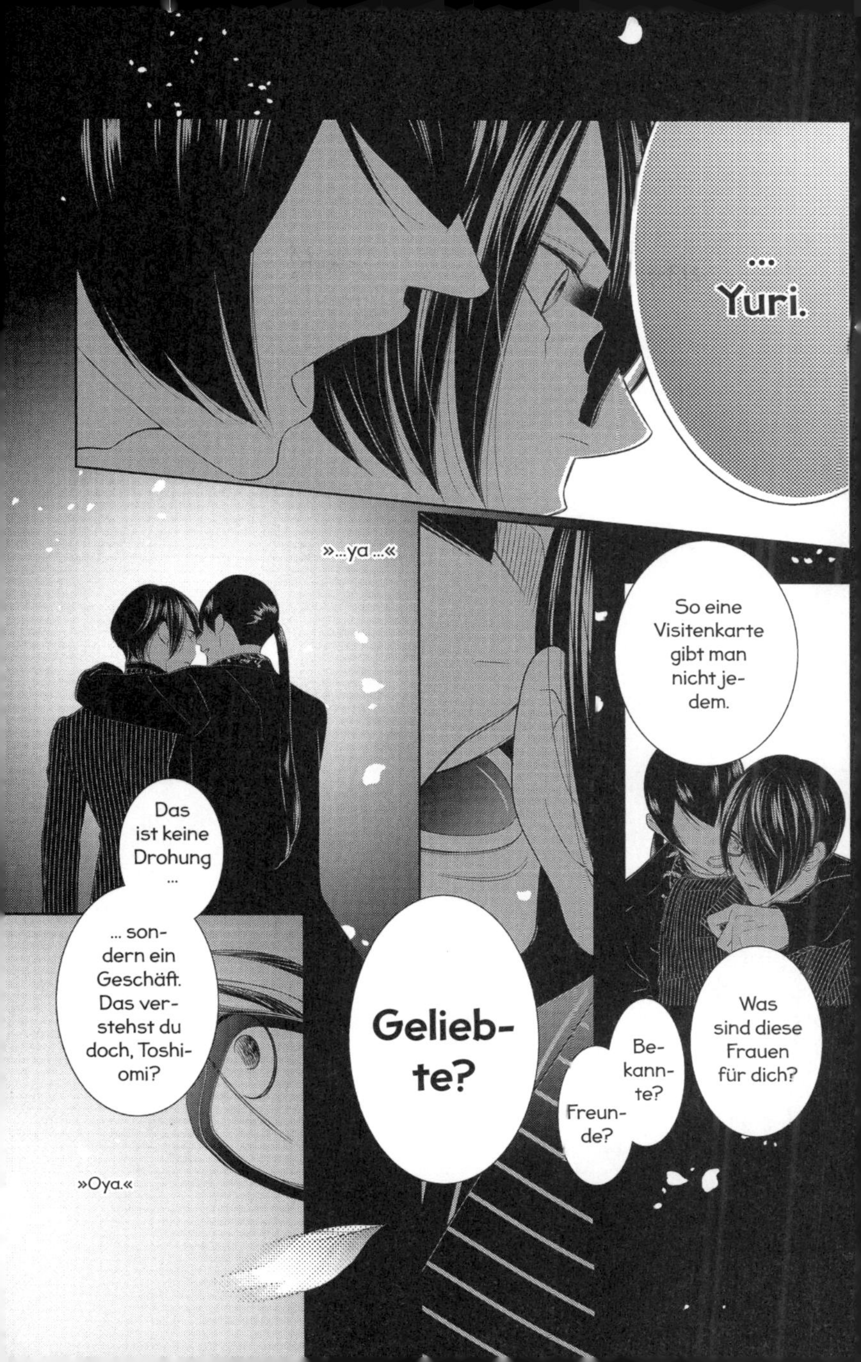

... Yuri.
So eine Visitenkarte gibt man nicht jedem.
»...ya ...«
Das ist keine Drohung ...
Was sind diese Frauen für dich?
Bekannte?
Freunde?
Geliebte?
... sondern ein Geschäft. Das verstehst du doch, Toshiomi?
»Oya.«

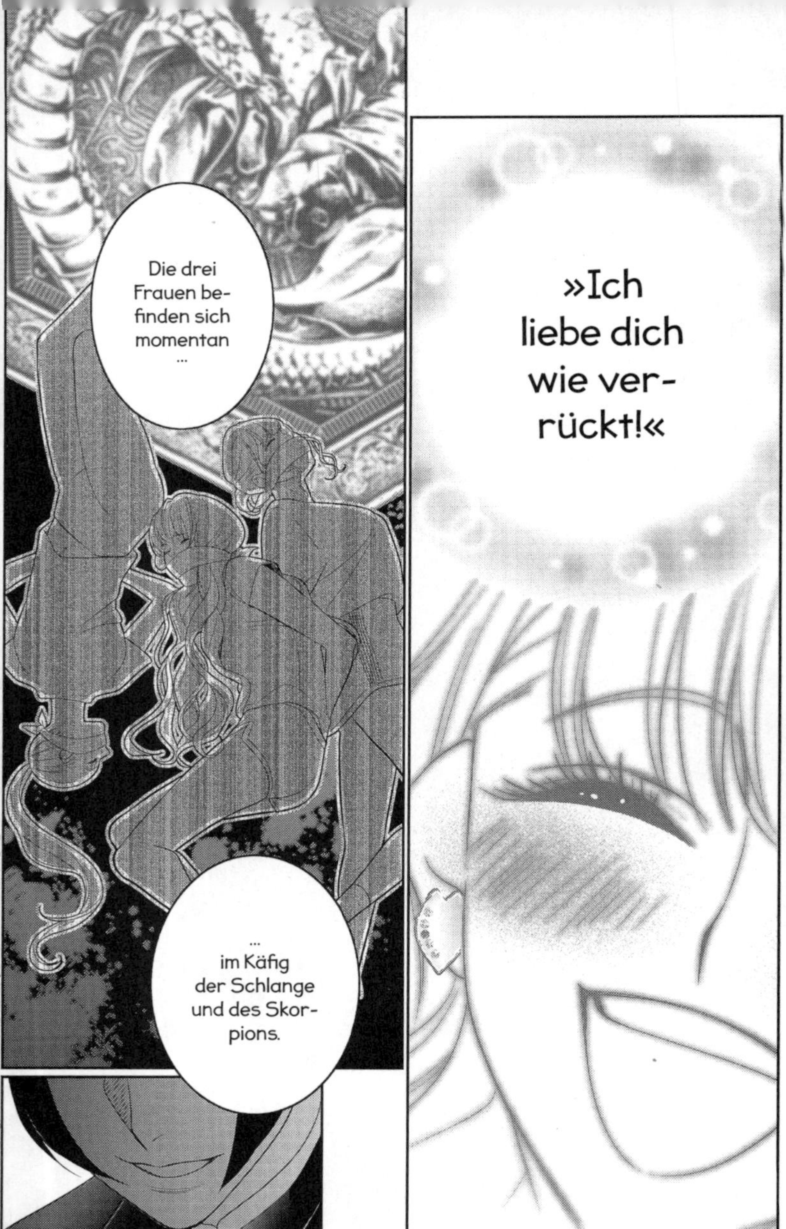
Die drei Frauen befinden sich momentan …
… im Käfig der Schlange und des Skorpions.
»Ich liebe dich wie verrückt!«

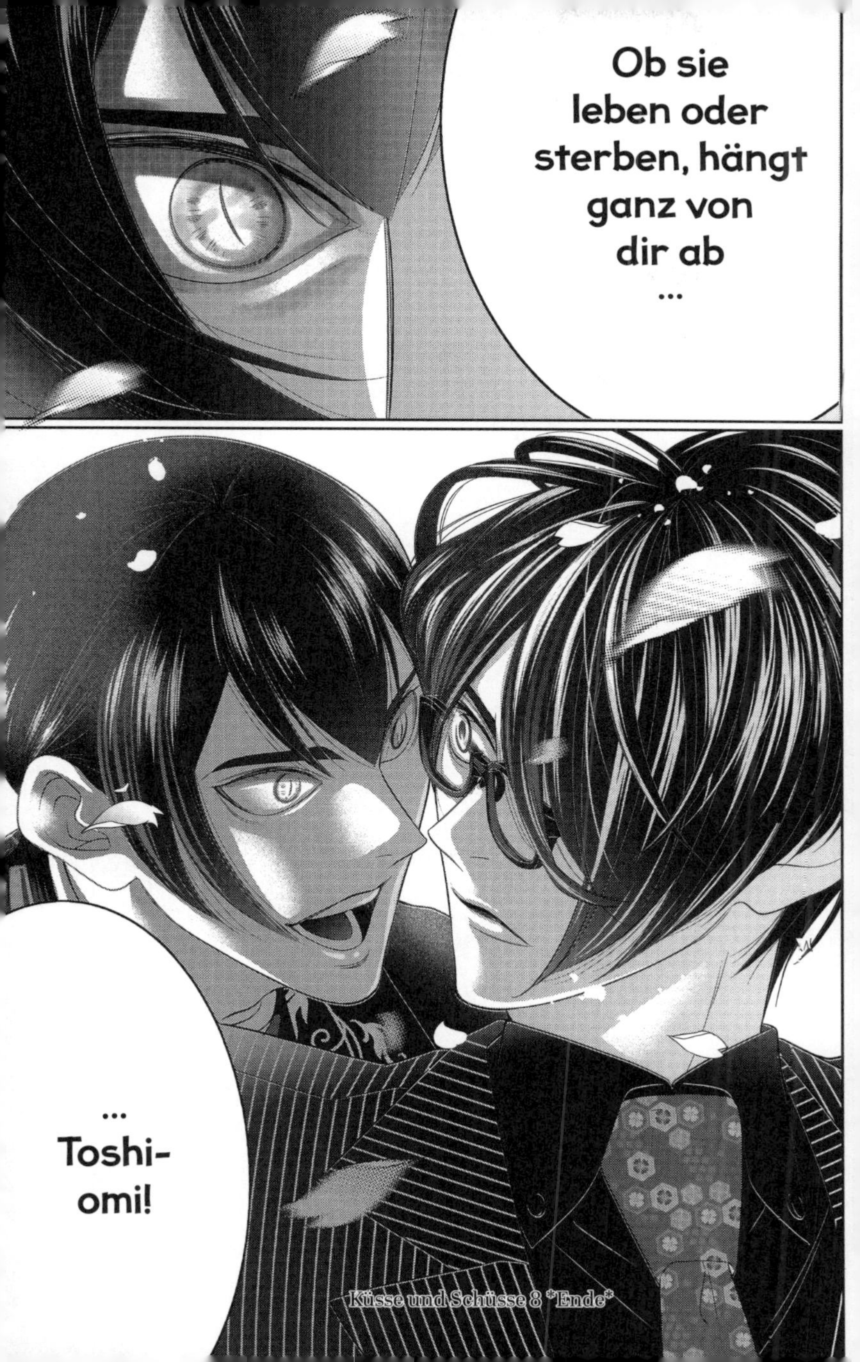
Ob sie leben oder sterben, hängt ganz von dir ab ...
... Toshi-omi!
Küsse und Schüsse 8 *Ende*

Hinter den Kulissen – Extraschuss –

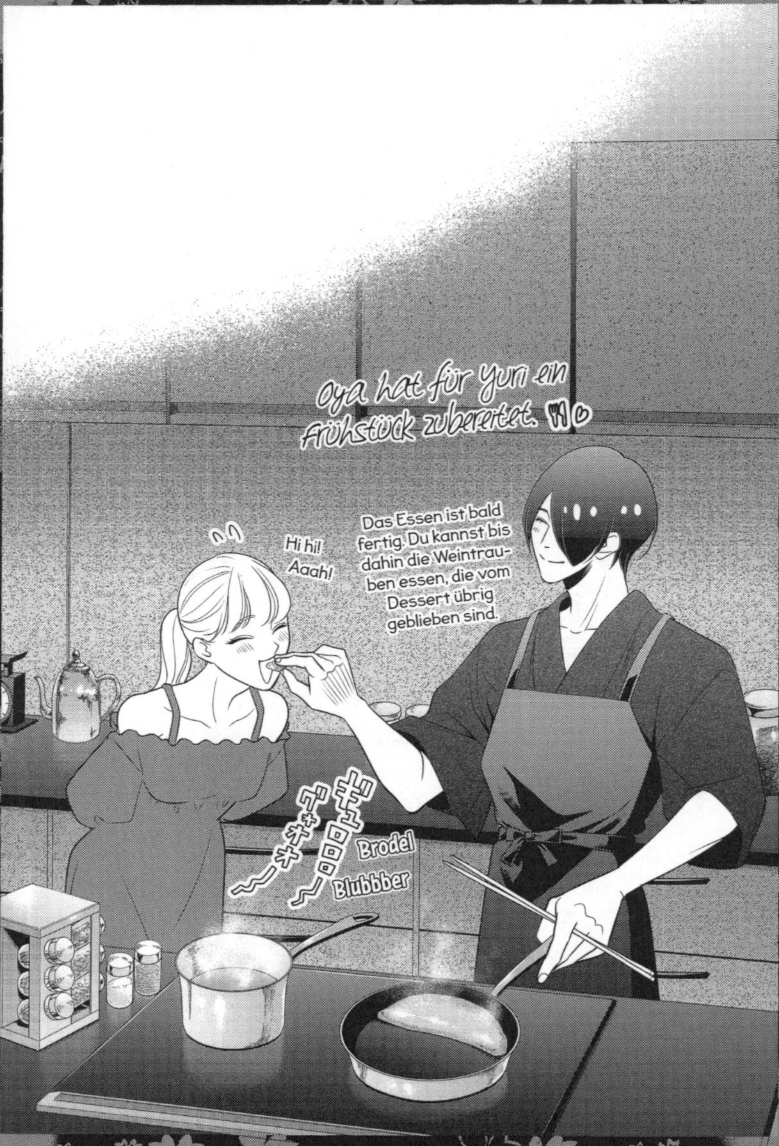

Hinter den Kulissen – Der innere Kreis des Oya-Clans

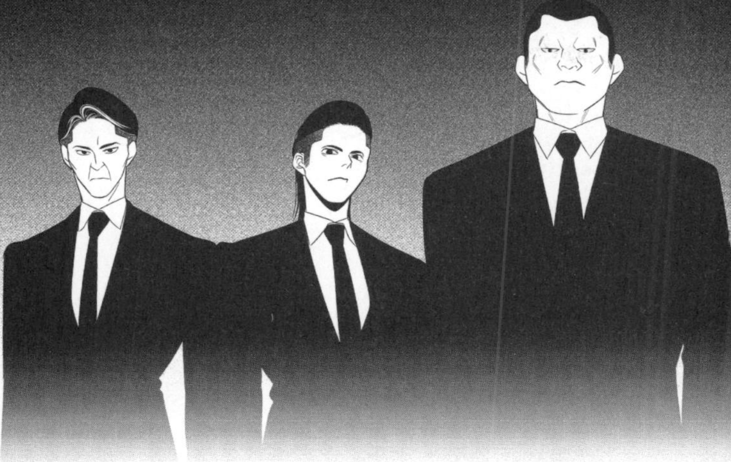

Shogo

Seit seiner Jugend lebt er zusammen mit dem Clanführer Shuichiro in der Unterwelt. Er kennt sowohl die guten als auch die schlechten Seiten des Bosses. Er wirkt eher kühl und abwesend, doch im Grunde ist er sehr freundlich.
Den Juniorboss Oya kennt er bereits seit seiner Geburt und er hat sich häufig um ihn gekümmert.
Als Oya noch klein war, haben sie sogar zusammen mit einer nicht mehr funktionierenden Pistole »Versteck dich oder ich töte dich« gespielt. Shogo spielte die Rolle des Opfers. Es war eine meisterhafte Darbietung.
Allerdings spricht er mit Oya nicht über Vergangenes und würde das Thema von sich aus auch nie ansprechen.

Kinji

Er hat früher eine berüchtigte Bande angeführt und deshalb viel Insiderwissen über die Unterwelt. Sein Charakter ist etwas verschroben. Anfangs unterstellte er Yuri, dass sie es nur auf das Geld und die Macht des Oya-Clans abgesehen habe, änderte aber allmählich seine Meinung. Nach dem Angriff der russischen Mafia und dem Vorfall mit Fräulein Choko, bei dem Oya im Krankenhaus landete, bekam er nämlich mit, wie aufopfernd Yuri sich um ihn gekümmert hat. An ihrem Geburtstag trifft er erstmals auf sie.
Aufgrund der Geschichten, die er über sie gehört hatte, hatte er den Eindruck, Yuri bereits zu kennen. Er scheint ein wenig Interesse an ihr zu haben, auch wenn er sich dessen selbst nicht bewusst ist.
Seine Loyalität gilt jedoch ohne Zweifel zu hundert Prozent Oya. Darum würde er niemals auf Yuri zugehen, selbst wenn er sich seine Gefühle eingestehen würde.
Ihr großer Appetit an ihrem Geburtstag hat ihm ziemlich imponiert.

Yasu

Er ist ein eher schweigsamer Charakter, der außer »Ja« und »Nein« kaum etwas sagt. Wenn es um den Boss oder Juniorboss geht, lockert sich seine Zunge allerdings ein wenig. »Typisch Juniorboss eben«, »Typisch Boss eben« sind häufige seiner Phrasen.
Seine Hände sind enorm groß und stark, sodass er eine Kugel mit der bloßen Hand abfangen kann.
In Kapitel 27 schützt er Yuri davor, nass zu werden. Der Juniorboss bedankt sich danach bei ihm mit den Worten: »Ich wusste, dass du sie schützen würdest. Danke.«
Wegen seiner Körpergröße von 2,30 Metern ist er meistens nie ganz auf den Bildern zu sehen.

Hinter den Kulissen von Schuss 27 – Zusammen mit Oya und dem Drachen –

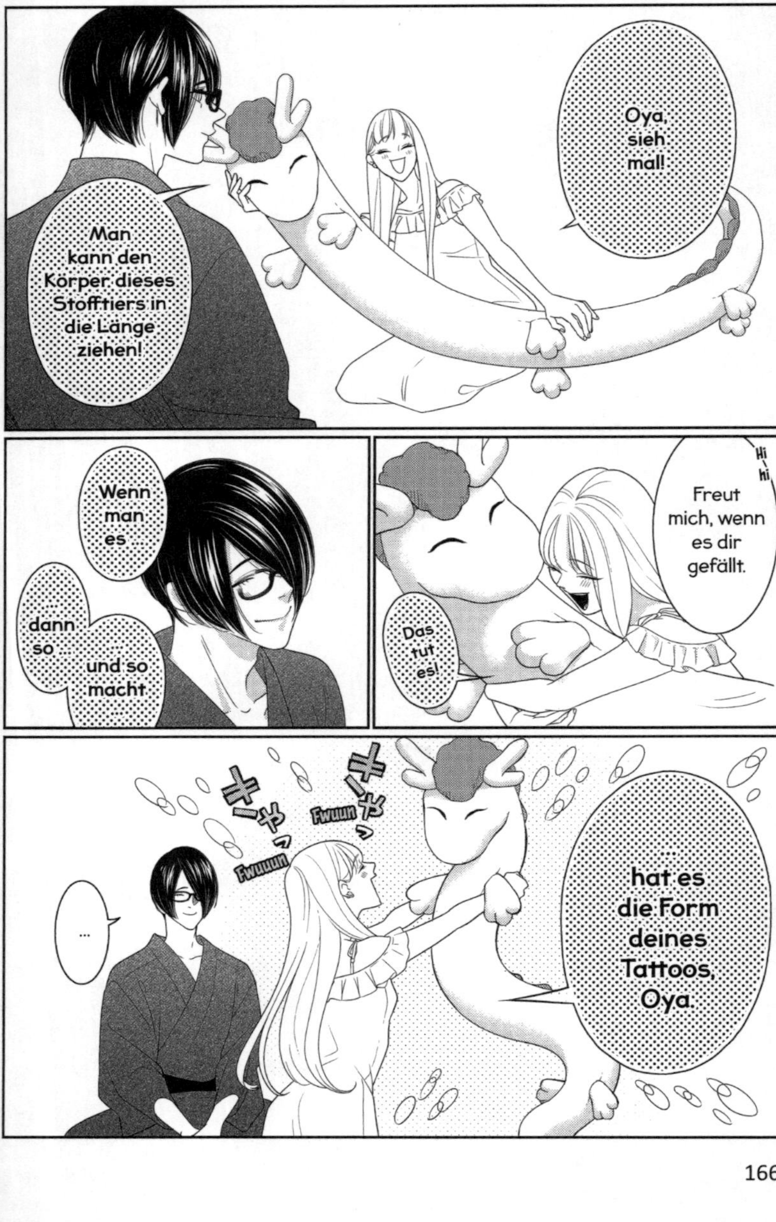

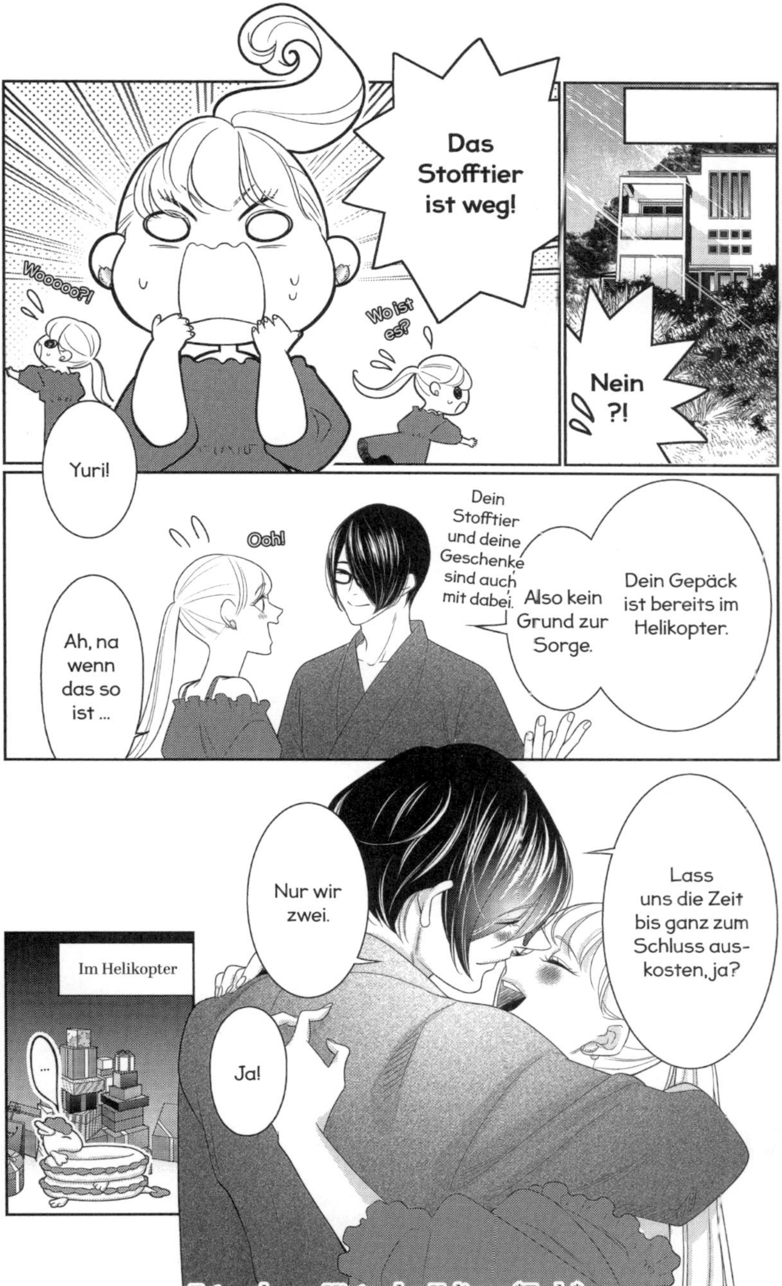

Extraschuss – Hinter den Kulissen *Ende*

Ein besonderer Dank geht an:

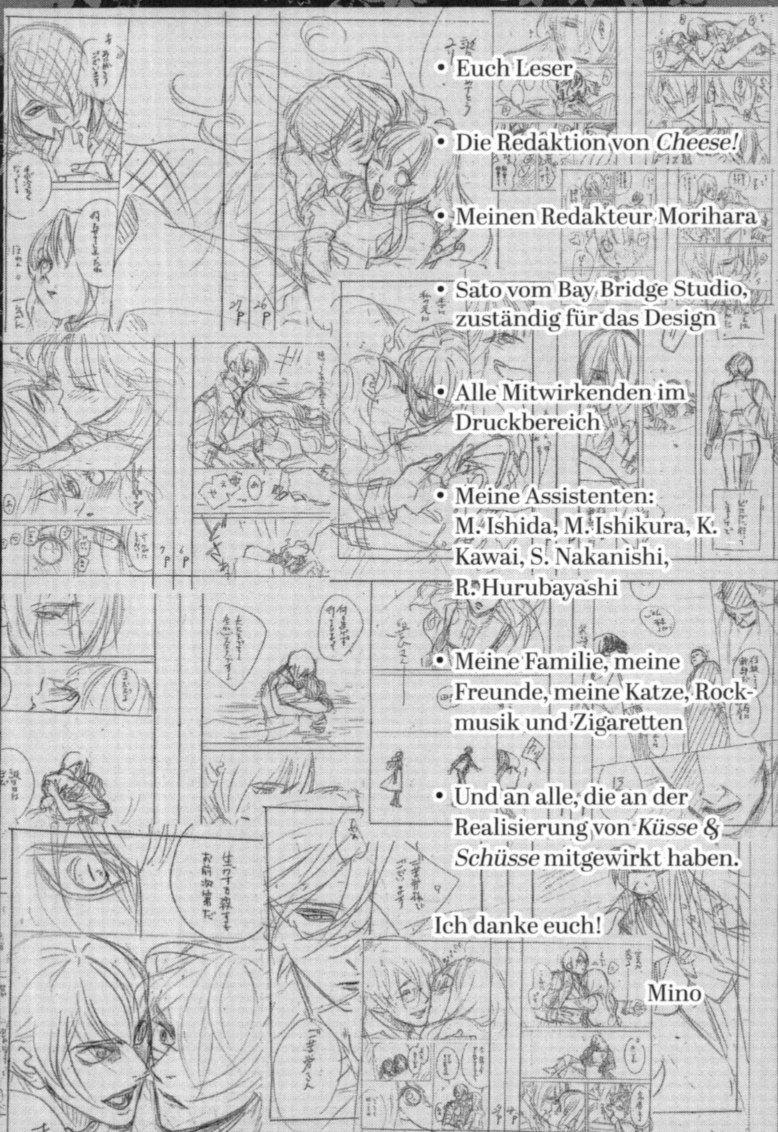

- Euch Leser
- Die Redaktion von *Cheese!*
- Meinen Redakteur Morihara
- Sato vom Bay Bridge Studio, zuständig für das Design
- Alle Mitwirkenden im Druckbereich
- Meine Assistenten: M. Ishida, M. Ishikura, K. Kawai, S. Nakanishi, R. Hurubayashi
- Meine Familie, meine Freunde, meine Katze, Rockmusik und Zigaretten
- Und an alle, die an der Realisierung von *Küsse & Schüsse* mitgewirkt haben.

Ich danke euch!

Mino

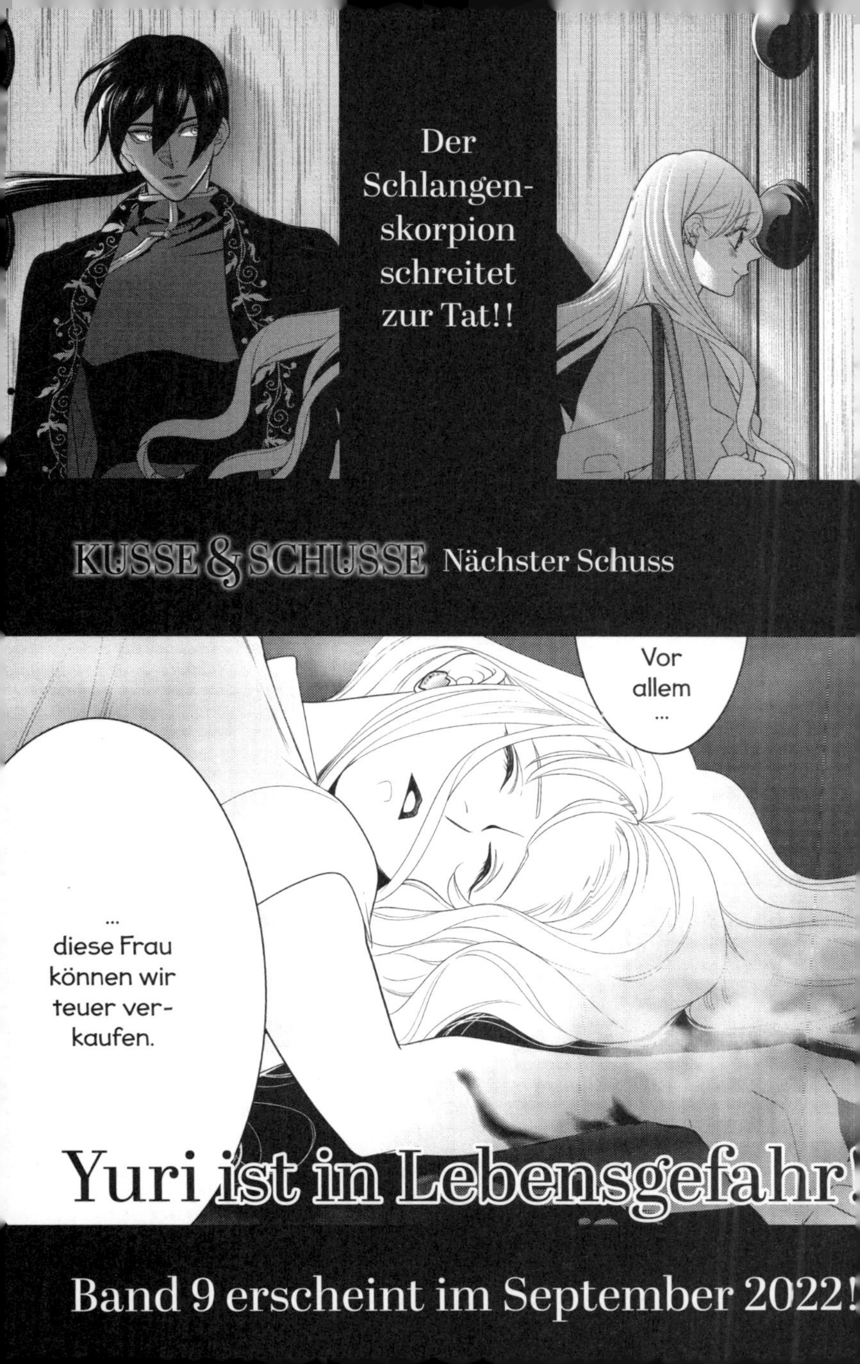
Der Schlangenskorpion schreitet zur Tat!!
KUSSE & SCHUSSE Nächster Schuss
Vor allem ...
... diese Frau können wir teuer verkaufen.
Yuri ist in Lebensgefahr!
Band 9 erscheint im September 2022!

Bonus KÜSSE & SCHÜSSE

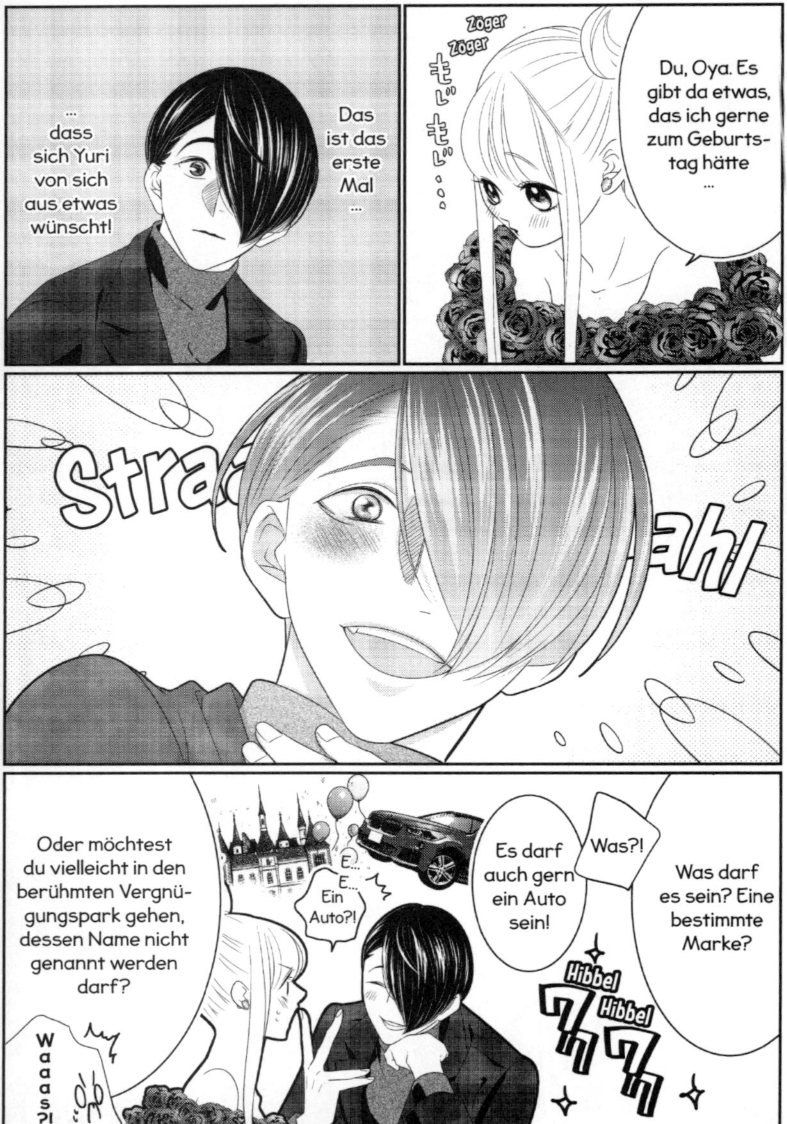

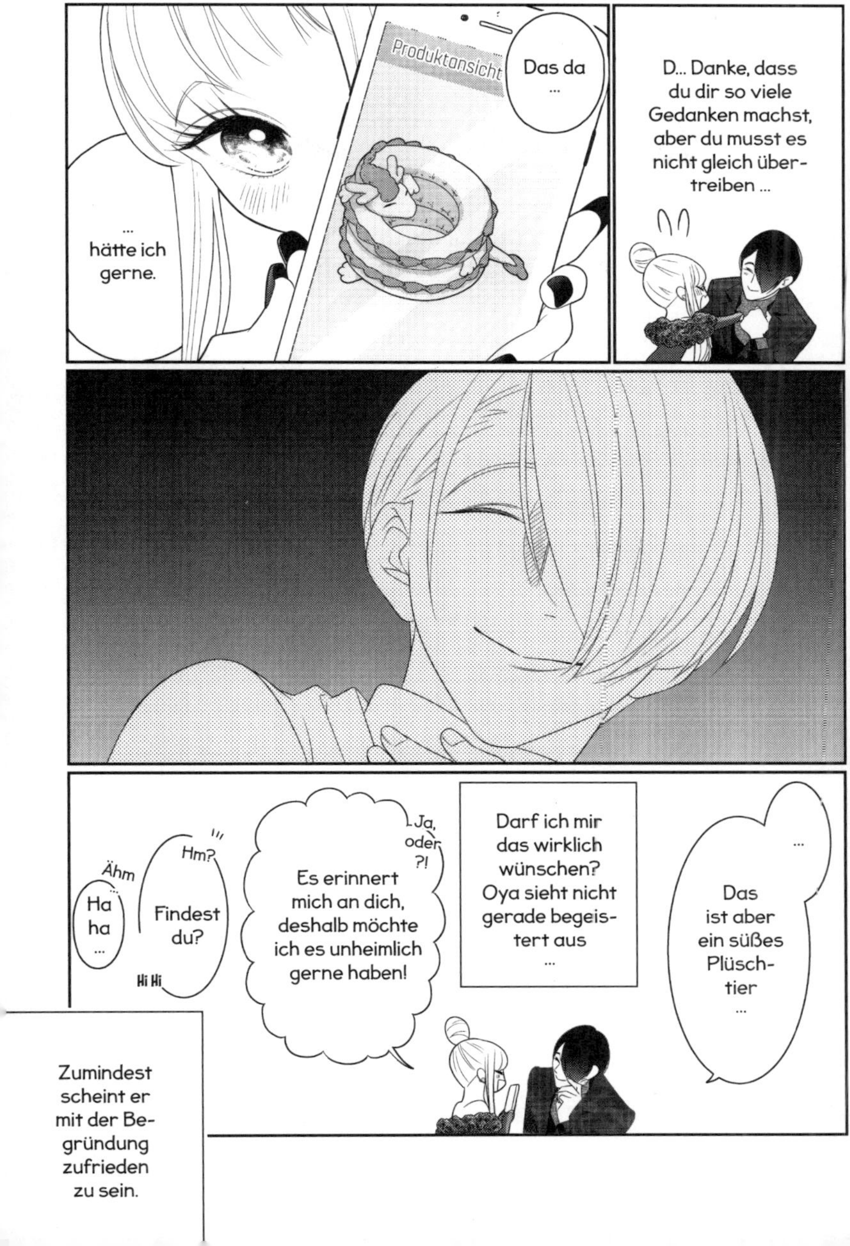
D... Danke, dass du dir so viele Gedanken machst, aber du musst es nicht gleich übertreiben ...
Das da ...
Produktansicht
... hätte ich gerne.
... Das ist aber ein süßes Plüsch-tier ...
Darf ich mir das wirklich wünschen? Oya sieht nicht gerade begeis-tert aus ...
Ja, oder?!
Es erinnert mich an dich, deshalb möchte ich es unheimlich gerne haben!
Hm?
Findest du?
Hi Hi
Ähm ...
Ha ha ...
Zumindest scheint er mit der Be-gründung zufrieden zu sein.

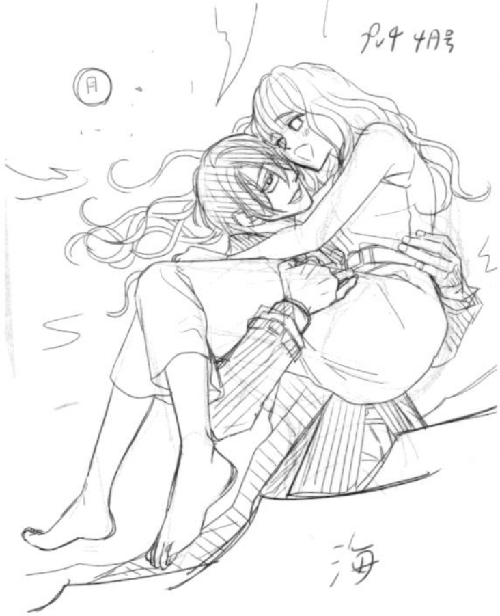

Über Nozomi Mino

● Geboren am 12. Februar (Wassermann). Blutgruppe B. Kommt aus Himeji (Präfektur Hyogo). Macht gerne Spritztouren mit dem Auto und geht in Cafés.
● Erstlingswerk *0 Manten* (erschien im Mai 2006 im *Cheese!*-Magazin)
● Hat eine aktuell laufende Serie bei *Cheese!*

Autorengruß

Danke für eure Fanpost! Es freut mich, dass euch die Kapitel mit Yuris Geburtstag gefallen haben.
Küsse & Schüsse auf Twitter: @koidan_o_y

KÜSSE & SCHÜSSE

Verliebt in einen Yakuza

Romance 16 +

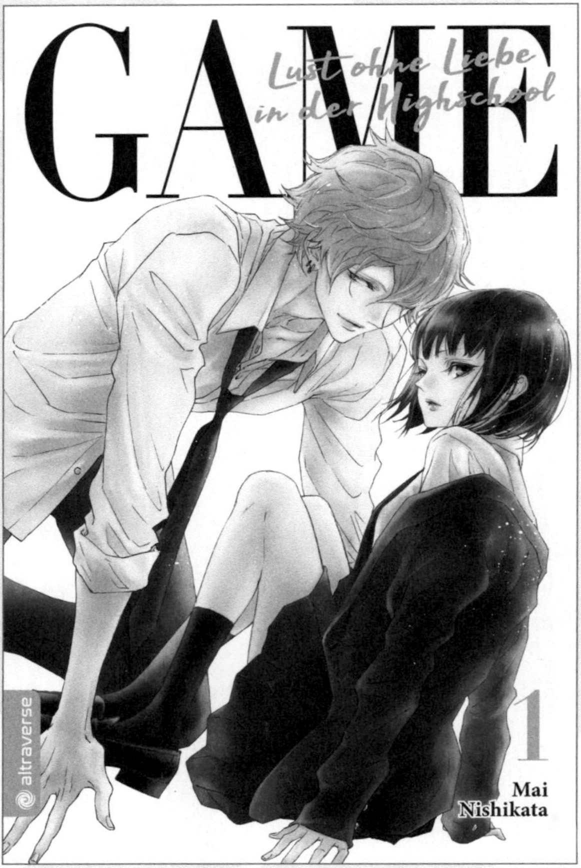

Game – Lust ohne Liebe in der Highschool
Mai Nishikata

Für Kinu ist Lernen alles, was zählt. Selbst mit einem Freund trifft sie sich höchstens in der Bibliothek, geschweige denn, dass sie Küsse und andere Zärtlichkeiten zulässt. Doch als sie den Sonnyboy Haruka heimlich mit einem Mädchen auf Tuchfühlung gehen sieht, ändert sich alles. Sie beschließt, ihm ein Angebot zu machen, das er nicht ablehnen kann.

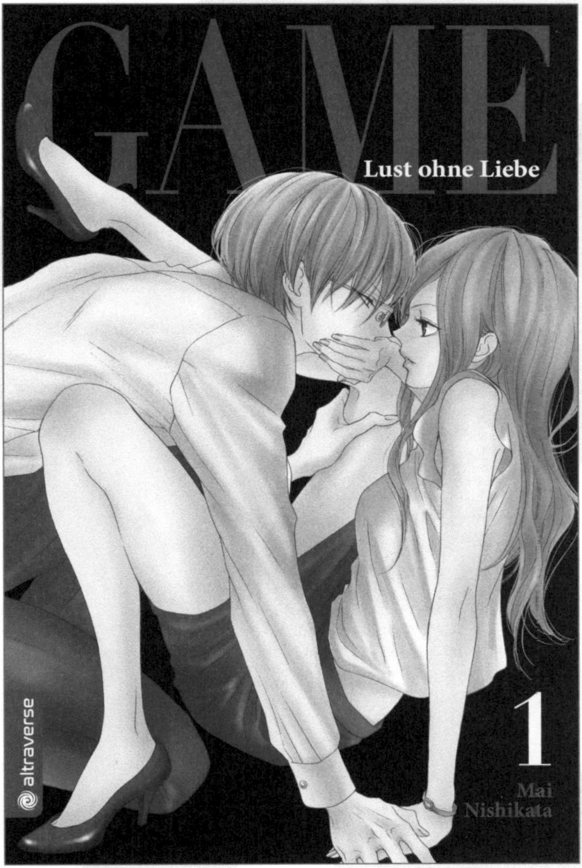

Game – Lust ohne Liebe

Mai Nishikata

Sayo ist eine echte Karrierefrau. Doch das schreckt die Männer ab. Keiner von ihnen scheint mit einer Frau umgehen zu können, die erfolgreicher ist als er. Frustriert lässt sie sich auf ein erotisches Spiel mit ihrem neuen Kollegen ein: Nur Sex, keine Gefühle, lautet die Devise!

altraverse

Deutsche Ausgabe / German Edition
Altraverse GmbH – Hamburg 2022
Aus dem Japanischen von Victoria Zach

KOI TO DANGAN Vol. 8 by Nozomi MINO

Original Japanese edition published by SHOGAKUKAN.
German translation rights arranged with SHOGAKUKAN
through The Kashima Agency.
Original Cover Design: Chie SATO + Bay Bridge Studio

Redaktion: Anne Faltin
Herstellung: Michaela Müller
Lettering: Vibrant Publishing Studio

Druck: CPI books GmbH, Leck
Printed in Germany

MIX
Papier
FSC FSC® C083411

ISBN 978-3-7539-0743-7
1. Auflage 2022

www.altraverse.de